国家级职业教育规划教材
全国职业院校城市轨道交通专业教材

城市轨道交通概论

人力资源社会保障部教材办公室组织编写

高　洁　主编

中国劳动社会保障出版社

简介

本书紧扣职业教育的特点和要求，结合职业院校城市轨道交通专业的教学实际进行编写，对城市轨道交通系统进行了较全面的介绍，主要内容包括城市轨道交通线网与线路、车辆、车站、供配电系统、信号与通信系统、环境控制系统，以及运营管理和安全。本书内容选取以“适度够用”为原则，坚持理论与实践相结合，力求实用为主，突出技能培养，语言简洁明了，文字通俗易懂，具有较强的针对性。本书配有电子课件，可通过技工教育网（http://jg.class.com.cn）下载。

本书由高洁任主编，高扬、李亚东、鞠峰参加编写。

图书在版编目（CIP）数据

城市轨道交通概论 / 高洁主编 . -- 北京：中国劳动社会保障出版社，2020
全国职业院校城市轨道交通专业教材
ISBN 978-7-5167-4593-9

Ⅰ. ①城… Ⅱ. ①高… Ⅲ. ①城市铁路 – 概论 – 高等职业教育 – 教材 Ⅳ. ①U239.5

中国版本图书馆 CIP 数据核字（2020）第 164929 号

中国劳动社会保障出版社出版发行
（北京市惠新东街 1 号 邮政编码：100029）
*
河北品睿印刷有限公司印刷装订 新华书店经销

787 毫米 ×1092 毫米 16 开本 13.75 印张 268 千字
2020 年 10 月第 1 版 2025 年 5 月第 8 次印刷
定价：30.00 元

营销中心电话：400-606-6496
出版社网址：http://www.class.com.cn
http://jg.class.com.cn

前　言

我国城市轨道交通自 1965 年北京地铁一期工程建设开始，经过了 50 余年的建设和发展，取得了显著成就。近年来，城市轨道交通正处于大规模高速发展时期，以北京、上海、广州为代表的特大城市已进入网格化建设阶段，尚有几十个城市正在建设或规划中。实践证明，发展城市轨道交通是解决城市交通问题的有效途径，对促进城市经济持续发展也起到了重要作用。

随着城市轨道交通行业的高速发展，城市轨道交通企业对从业人员的知识水平和职业能力提出了更高的要求。为了培养更加符合城市轨道交通企业需求的技能人才，我们组织了一批教学经验丰富、实践能力强的一线教师和行业、企业专家，在充分调研的基础上，编写了这套全国职业院校城市轨道交通专业教材。

这套教材包括《城市轨道交通概论》《城市轨道交通车辆基础》《城市轨道交通车站设备基础》《城市轨道交通行车组织》《城市轨道交通客运组织》《城市轨道交通车辆驾驶》《城市轨道交通乘客服务》《城市轨道交通车辆维护与检修》和《城市轨道交通安全管理》。

本次教材编写工作的重点主要体现在以下几个方面：

第一，突出教材的实用性。本着“学以致用”的原则，根据城市轨道交通企业的工作实际安排教材的结构和内容，对操作性较强的课程，教材在编写中安排了技能训练，突出对学生实际操作能力的培养。

第二，突出教材的先进性。根据城市轨道交通行业的现状和发展趋势，教材在编写过程中尽可能多地体现了新知识、新技术、新方法、新设备，以期缩短学校教育与企业岗位需求的距离，同时，严格执行国家最新技术标准。

第三，突出教材的易用性。新版教材充分考虑学生的认知规律，注重利用图表、实物照片和案例辅助讲解知识点和技能点，为学生营造生动、直观的学习环境，激发学生的学习兴趣。同时，教材还配有电子课件和习题册，便于教师开展教学和学生课后复习。

本套教材的编写得到了有关省市教育部门、人力资源社会保障部门和一批职业院校的大力支持，教材编审人员做了大量的工作，在此，我们表示诚挚的谢意！同时，恳切希望广大读者对教材提出宝贵的意见和建议。

人力资源社会保障部教材办公室

目　录

第一章　城市轨道交通概述

学习目标：

- ◆ 了解发展城市轨道交通的必要性。
- ◆ 掌握城市轨道交通系统的定义与组成。
- ◆ 掌握城市轨道交通系统的特点与基本类型。
- ◆ 熟悉国内外城市轨道交通系统的发展历程与发展趋势。

随着国民经济的高速发展，我国各大城市的规模都在不断扩张，在城市发展的过程中慢慢出现了交通拥堵、用地紧张和环境污染等一系列"城市病"。因此，具有运量大、用地少与污染小等特点的城市轨道交通系统得到了广泛关注并不断发展，已成为大型城市公共客运交通体系中的骨干力量，是市民日常出行的重要选择。

第一节　发展城市轨道交通的必要性

伴随着城市化进程的不断深入，城市交通涌现出了一系列的发展问题。回顾城市交通发展规律，人们逐渐意识到应重点发展以轨道交通为骨干的公共客运交通网络，积极引入具有大、中、小客运量的轨道交通方式。这是解决城市交通发展问题的一项重大技术措施。

一、城市轨道交通的发展背景

城市的形成和发展与交通工具的演变发展有关，新技术在城市交通中的应用首先表现在交通工具的发展。新型交通工具如果符合城市发展要求、满足居民出行需求，就可能成为城市发展中的主导交通工具。

1. 城市与城市交通

城市是人类居住、工作、教育与娱乐的聚集地，同时也是各类政治、经济、社会与文化活动的中心。城市的形成象征着人类的文明进步、经济发展，并使社会结构日趋复杂化。在城市发展的过程中，随着城市数量的不断增加和城市人口的急剧扩张，出现了"城市化"这一人类社会发展趋势。

城市化初期，所有先进交通工具一般用于解决城际交通问题，并进一步推动着城市化的进程。当城市规模发展到依靠交通工具才能保证城市经济生活正常进行时，城市内部交通系统开始出现，并根据需求不断发展。

总体来说，城市交通是城市内部或外部的人员和物资实现空间位移的载体，涉及地面、地下、水路、空中等各种交通运输方式，其结构组成如图 1–1 所示。

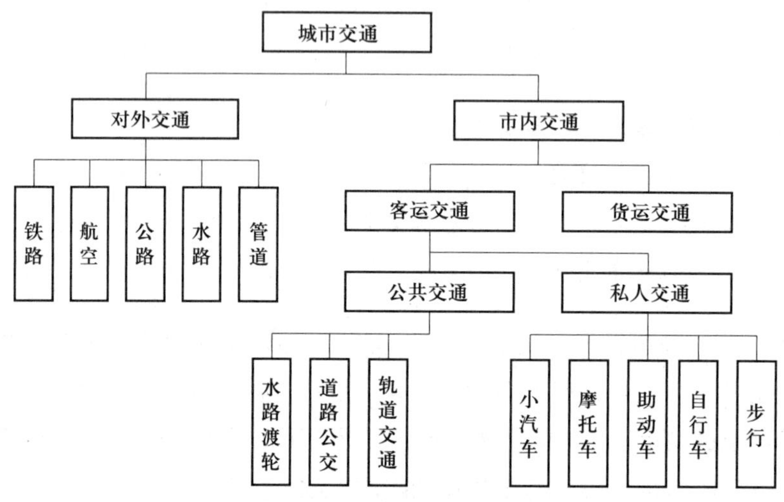

图 1–1　城市交通结构组成

2. 城市交通发展问题

城市社会经济的发展与城市交通的发展是相辅相成的。一方面，城市社会经济的发展产生不断增长的交通需要，促使城市交通便捷程度的提高；另一方面，城市交通的发展吸引更多的客流向城市集中，进一步促进了城市社会经济的发展。然而，在城市化的进程中，城市交通发展也不断暴露出一系列的问题，对城市发展造成了一定的困扰。

（1）交通拥堵

研究表明，城市中心区域交通流的速度逐年降低，交通拥堵的严重程度随城市规模的不断扩大而增加。交通拥堵不仅大大增加了居民在出行过程中的时间、财力与精力等消耗，还使得发生交通事故的可能性不断提高，已经成为城市发展过程中的通病。城市交通拥堵如图 1–2 所示。

（2）环境污染

燃油机动车行驶时会产生含有上百种不同化合物的废气，其中的污染物包括固体悬浮微粒、一氧化碳、二氧化碳、碳氢化合物、氮氧化合物、铅及硫氧化合物等。机动车尾气不仅直接危害人体健康，还会对人类生活的环境造成深远的影响，如形成酸雨、导致气候变暖等。燃油机动车的尾气排放如图 1–3 所示。

图 1–2　城市交通拥堵

图 1–3　燃油机动车的尾气排放

（3）用地紧张

随着城市的高速发展，城市规模不断扩大，快速路、高架桥（见图 1–4）等一系列交通设施骤然增加，不仅会占用大量的城市土地资源，也必然会不同程度地影响城市原有历史建筑群风貌。另外，当大量的机动车辆涌上街道，不但增加对道路的占有量，而且需要相应地建设大面积的停车设施，消耗大量土地资源，破坏城市景观。

（4）能源消耗

在城市交通体系中，机动车是汽油与柴油的主要消耗者，我国目前一辆汽车的年平均油耗是 2.1 t。由于我国车辆装备经济技术水平较世界平均水平低，燃油经济性差，机动车的百公里油耗比欧洲国家要高出 25%。据预测，若不提高燃油的利用效率，我国道路交通所需要的石油将以平均 6% 的速度增长，到 2030 年将达到 3.6 亿吨。等待加油的机动车如图 1–5 所示。

图 1–4　城市中的高架桥

图 1–5　等待加油的机动车

（5）城市分散化

随着社会经济的发展，城市数量不断增加，城市规模也在进一步扩大。机动车交通的发展有效地解决了居民出行距离与时间增加的难题，从而使得出行时间与空间更为分散。同时，城市规模扩大化和分散化又增加了居民对机动车交通的依赖，降低了城市公共交通发展的可能性。

3. 城市交通发展态势

工业革命后期，西方发达国家纷纷开始了现代化的历程，而许多发展中国家则相继进入工业化阶段，世界城市和城市化发展又出现了新的特点。例如，城市定位向高质量、多功能、综合性方向发展，城市产业结构进一步完善，发达国家城市中的金融、保险与服务等第三产业比重迅速上升，许多国际化大都市中第三产业的就业和产值比重已占绝对优势。

20 世纪 70 年代以来，以信息技术为突破口的新技术革命正在以前所未有的气势，冲击着人类社会生产和生活的各个方面，信息化的浪潮将给人口和产业高密度的城市带来深远的影响。城市交通应与信息通信业高度结合，向智能化方向发展，计算机与自动控制技术广泛应用于城市交通领域，使得城市交通技术水平与管理水平得到进一步的提升。

在经历了私家车交通过度发展所导致的一系列社会问题以后，人们重新认识城市与城市交通的发展规律，寻求城市交通的可持续发展道路成为世界所有城市开始关注的问题。因此，现代城市需要有一个与其现代化生活相适应的现代化交通体系，形成一个与城市发展布局高度协调的综合交通格局。发展多层次、立体化、智能化的交通体系将是城市建设中普遍追求的目标。

在现代化城市发展中，优化城市结构，研发能耗低、绿色环保的交通工具，发展与不同等级客运量相匹配的多种形式的城市客运交通系统，走可持续发展的道路，是解决城市交通问题的有效方法与根本途径。因此，各个城市正在积极规划和建设以公共交通系统为主（公共交通系统中，轨道交通为骨干），其他方式为辅的综合性、立体型城市交通系统，解决大型城市的交通问题。这是 21 世纪世界城市交通发展的必然趋势。

二、城市轨道交通的地位和作用

城市轨道交通系统具有运量大、速度快、安全可靠、绿色环保和节约用地等优势，从现代城市的发展趋势看，其对城市尤其是大城市的发展具有极其重要的作用。

1. 承担城市交通重要运输任务

城市轨道交通是城市公共客运交通系统的主干线、客流运输的大动脉，是城市发展的生命线。城市轨道交通建成投入运营后，将直接影响城市居民的出行、工作、购物等方方面面。国际知名大都市的城市轨道交通系统均十分发达且便利，人们出行很少驾驶私家车，主要依靠地铁、轻轨等轨道交通，故城市交通秩序井然，市民出行方便，有利于提高市民出行的效率，节省时间，改善生活质量。

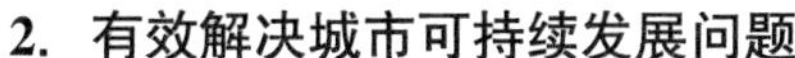

2. 有效解决城市可持续发展问题

城市轨道交通系统采用电力驱动，是世界公认的低能耗、少污染的“绿色交通”方式，是解决城市能源消耗与空气污染的有效手段与根本途径。另外，城市轨道交通在一般情况下多采用地下隧道或高架桥梁形式，大大减少了对土地资源的占用。因此，城市轨道交通对于实现城市可持续发展具有非常重要的意义。

3. 科学引导调整城市空间布局

城市轨道交通对城市的全域发展模式将产生深远的影响。为了建设生态城市，应把摊大饼式的城市发展模式转变为伸开的手掌形发展模式，而手掌形城市发展的骨架就是城市轨道交通。其建设可以带动城市沿轨道交通廊道的发展，促进城市繁荣，形成郊区卫星城与多个副中心，缓解中心城区人口密度大、住房紧张、绿化面积小、空气污染严重等问题。

第二节　城市轨道交通基本内容

城市轨道交通是在城市中利用轨道列车进行人员运输的交通方式。随着科学技术的进步与城市的高速发展，城市轨道交通在现代城市中起着越来越重要的作用，是城市公共客运交通的中坚力量。

一、城市轨道交通的定义及组成

1. 城市轨道交通的定义

城市轨道交通是一个包含范围较大的概念，一般而言，广义的城市轨道交通是指以轨道承载列车运行和导向，以信号系统为控制手段，集中、快速运输乘客的轨道交通系统，是城市公共客运交通系统中具有中等以上运量、专门为城市内公共客运服务的轨道交通系统。

随现代轨道交通技术的不断发展，城市轨道交通以其载客量大、快速、准时、安全、环保等优势，成为解决城市交通拥堵问题的最有效手段，也是一个城市现代化程度的重要标志之一。

2. 城市轨道交通的组成

城市轨道交通系统是一个极其复杂而庞大的技术系统，所涵盖的专业包括土建、机械、电气、电子信息、环境控制、运输组织等各门类，是由车辆、线路、车站、轨道、供电、通信、信号和环境控制等一系列相关设备设施组成的，它们之间的协同合作保障了城市轨道交通系统为乘客提供优质的服务。

（1）车辆

城市轨道交通车辆一般是指地铁列车与轻轨列车，它们是城市轨道交通系统最重要的设备之一，也是技术含量最高的机电设备，如图 1–6 所示。城市轨道交通车辆不仅需要具有运行安全、可靠、快速的特点，还应保证乘客乘坐的舒适度与方便性。

（2）线路

城市轨道交通一般在城市中心区域宜采用地下线敷设方式，其他地区或特殊条件时可选用高架线路或地面线路。轨道交通高架线路如图 1–7 所示。

图 1–6　城市轨道交通车辆

图 1–7　轨道交通高架线路

按运营作用不同，城市轨道交通线路可分为正线、辅助线和车场线。正线如图 1–8 所示，是车辆载客运营的线路，由于行车速度快、密度大，正线要保证行车安全及乘客舒适度。辅助线是为了保证正线运营而设置的线路，其标准要求相对低于正线。车场线如图 1–9 所示，是用于车辆检修作业的线路，其线路标准只需满足场段作业要求。

图 1–8　正线

图 1–9　车场线

（3）车站

城市轨道交通车站是乘客进行乘降的地点，是城市轨道交通面向公众开放的窗口，也是对外展示城市风貌的重要场所。按运营性质不同，车站可分为中间站、尽端站、换乘站与折返站；按结构形式不同，车站可分为地下站、地面站与高架站；按功能不同，车站可分为郊外站、市内站、联络站与待避站；按站台与轨道的相对位置不同，车站又可分为岛式车站、侧式车站与岛侧混合式车站，如图 1–10 所示。

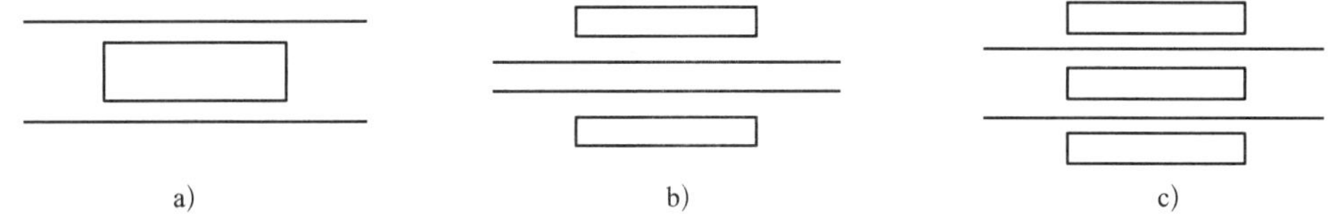

图 1–10　车站按站台与轨道的相对位置分类

a）岛式车站　b）侧式车站　c）岛侧混合式车站

（4）轨道

轨道是城市轨道交通列车运行的基础，直接承受列车荷载，并引导列车运行，是城市轨道交通系统的重要组成部分，一般由钢轨、扣件、轨枕、道床、道岔及其他附属设施组成，如图 1–11 所示。为保证列车安全运行，轨道结构应具备足够的强度、稳定性、耐久性、绝缘性与适量弹性，且养护工作量小。

（5）通信信号系统

通信信号系统可分为通信系统与信号系统，在城市轨道交通系统中具有极其重要的作用，既要确保行车安全、指挥列车运行，又要提高运营效率、充分利用线路通过能力。通信系统是一个自成体系、独立、完整的内部通信网，由光纤数字传输系统、数字电话交换系统、闭路电视监视系统、无线调度系统和车站广播系统组成；信号系统按运营功能不同可分为自动闭塞系统、联锁系统、列车自动监视系统、列车自动监控系统、列车自动防护系统和列车自动控制系统。中心级信号系统如图 1–12 所示。

图 1–11　轨道结构

图 1–12　中心级信号系统

（6）供电系统

电能是整个城市轨道交通系统必需的能源，绝大部分设施设备都需要电力供应，因此，安全可靠的供电系统是保障城市轨道交通系统平稳运营的重要条件之一。城市轨道交通供电系统一般由牵引供电系统、动力照明供电系统与高压供电系统组成。牵引供电系统负责为电动车辆运行提供电能，由牵引变电所与牵引网组成。动力照明供电系统负责为车站和区间的各类照明设备、扶梯、风机、水泵，以及通信、信号、自动化等设备提供电源，由降压变电所与动力照明配电线路组成。

（7）环境控制系统

城市轨道交通环境控制系统关系到轨道交通系统的安全运行与广大乘客出行的舒适度，也影响着轨道交通对广大乘客的吸引力。例如，早期建成的地铁系统较少考虑到环境因素，系统内部往往存在高温、高湿、空气污浊等问题。随着社会经济发展水平的提高，乘客对乘车环境有了更高的要求，地铁系统开始逐步增设环境控制系统，满足乘客要求。城市轨道交通环境控制系统主要包括通风、空调及采暖等相关设备设施。

二、城市轨道交通的特点

1. 城市轨道交通的优势

与常规城市公共交通相比，现代城市轨道交通的主要优势体现在运输能力大、运行速度快、能源消耗低、环境污染小、安全可靠、舒适性好与节约用地等多个方面。

（1）运输能力大

由于运用了先进科学技术，现代城市轨道交通系统具备行车间隔小、行车速度高、列车编组多等特点，从而具有较大的运输能力，见表 1–1。根据实际运营情况，世界各大城市的轨道交通系统已成为城市公共客运交通体系的骨干力量，每天承担着大量的乘客运输任务。

表 1–1　　城市轨道交通运输能力　　万人次

城市轨道交通类型	市郊铁路	地铁	轻轨	有轨电车
单向高峰每小时运输能力	6 ~ 8	4 ~ 6	1 ~ 4	1

（2）运行速度快

现代城市轨道交通系统采用先进的电动车组动力牵引方式和自动控制系统，又享有独立路权，不受其他交通工具的干扰，在正常运营的条件下具有较高的运行速度。另外，城市轨道交通系统多采用高站台形式，列车停站时间短，乘客乘降迅速，换乘方便，因而也大大缩短了出行时间。

（3）能源消耗低

由于城市轨道交通系统多为大运量规模化客运系统，且又多运用高新技术，在客流得到保证的前提下，每位乘客的平均能源消耗远远低于其他任何一种常规公共交通系统。

（4）环境污染小

城市轨道交通系统多采用电气牵引，与常规公共交通相比，不产生废气污染。城市轨道交通的快速发展还能有效减少公共汽车的数量，进一步降低废气排放量。另外，城市轨道交通在线路和车辆上均采用了各类降噪措施，使得噪声污染对城市环境的影响降到最低。

（5）安全可靠

城市轨道交通线路多采用地下或高架形式，与地面其他交通方式完全隔离，不受地面交通干扰。同时，现代城市轨道交通采用先进的信号系统保障列车的安全运行，尤其是在早晚高峰时段或恶劣天气条件下，其准时性是其他交通方式难以比拟的。

（6）舒适性好

与常规公共交通相比，城市轨道交通由于运行在专业行车道上，不受外界干扰，并且车辆具备良好的运行特性，车辆与车站装配有空调、导向标志、自动售检票系统等现代化服务设施。因此，城市轨道交通具有较好的乘车环境，其舒适性远优于常规公共交通。

（7）节约用地

目前，各城市用地紧张，土地费用高昂，但城市轨道交通系统能够充分利用地上与地下空间，不占用地面道路，能够有效缓解城市道路拥堵情况，解决大城市中心城区过于拥挤的问题，有利于城市空间的科学合理利用，提高了土地利用价值，并能改善城市景观。

2. 城市轨道交通的局限

城市轨道交通虽然拥有许多优点，但在其具体的发展过程中仍然存在建设投入大、线路建成后不易调整与运营成本高等局限性。

（1）前期建设投入大

为了使城市轨道交通的优势得以体现，城市轨道交通线路在建设时往往采用立体交叉等形式，并且需要形成网络。同时，城市轨道交通系统建设要求高、施工难度大、设备技术标准高，每千米线路的建设资金达上亿元，特别是地下线路每千米造价可达 4 亿元以上。因此，城市轨道交通系统一次性工程建设投入巨大。

（2）线路建成后不易调整

城市轨道交通一般采用永久性结构，如地下隧道、高架桥梁等，建成后几乎没有调整的可能性。因此，城市轨道交通线路的选线及路网规划应严格按照城市发展规划方案进行，否则将会造成巨大的工程投资浪费。

（3）运营成本高，经济效益有限

城市轨道交通系统采用科技含量较高的各类设备设施，为了使各个子系统处于良好的工作状态，必须加强日常维修与养护工作，而用于日常维修与养护的费用则很高。城市轨道交通系统需要大量素质较高的从业人员，必须定期对员工进行技术、安全培训，培训教育经费及员工工资成本也较高。这些因素均会导致城市轨道交通系统运营成本居高不下。

另外，城市轨道交通系统具有较强的公益性，注重社会整体效益，无法按运输成本核收票款，极易导致运营亏损。虽然已有部分城市轨道交通企业因巨大的客流量、较好的产业开发经营模式而略有盈余，但大部分城市轨道交通企业仍然入不敷出，要依靠国家与地方政府、社会机构提供资金补贴。

三、城市轨道交通的分类

城市轨道交通种类繁多，技术经济指标差异较大，世界各国评价标准不一，并无严格的基本分类。因此，根据不同的分类标准与方法，可获得不同的结果。按照国家标准《城市轨道交通技术规范》(GB 50490—2009)的定义，城市轨道交通是“采用专用轨道导向运行的城市公共客运交通系统”，一般包括地铁系统、轻轨系统、单轨系统、有轨电车、磁浮系统、市域快速轨道系统、自动导向轨道系统七种制式，如图 1–13 所示。

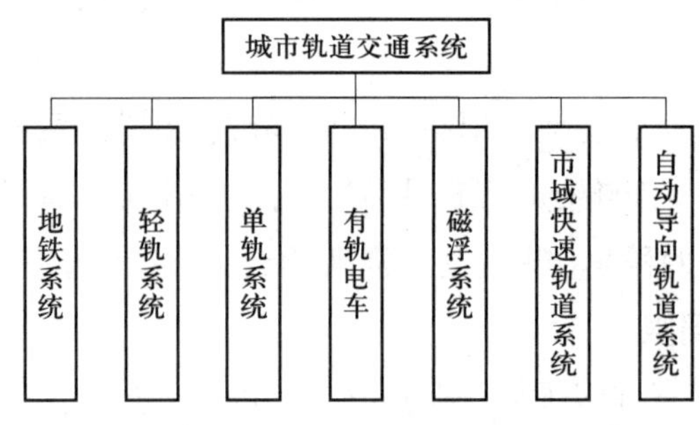

图 1–13　城市轨道交通的分类

1. 地铁系统

地铁即地下铁道的简称，原指修建在地下隧道中的铁路。随着地下铁道的发展，地铁线路的敷设已不仅仅局限于地下隧道中，而是根据实际需要也可以布置在地面或采用高架的方式修建，但城区多以地下线路为主。世界各地地下铁道所采用的技术标准不同，可分为重型地铁、轻型地铁与微型地铁三种类型。目前，地铁的概念多指重型地铁，其单向小时最大运输能力为 4 万 ~6 万人次，服务范围主要集中在城市市区。

地铁采用电力驱动，运行线路封闭，享有独立路权，实现信号自动化控制，具有运量大、速度快、安全、准时、舒适、环保、节约用地等优点，是发达国家主要城市公共交通的骨干力量。虽然地铁具有其他交通方式并不具备的优势，但其也具有建设费用高、建设周期长、发生突发事件时乘客不易疏散等缺点。广州地铁列车如图 1–14 所示。

2. 轻轨系统

轻轨即轻轨铁路的简称。轻轨系统使用的钢轨比重型地铁所使用的钢轨轻，其整体技术标准也低于地铁，运输能力也远小于地铁。早期的轻轨系统一般为旧式有轨电车系统直接改建而成，后期一些国家开始修建全新的轻轨系统，其行车速度、乘坐舒适程度及运行噪声得到了很大程度的改善。

随着轻轨线路越来越多采用高架敷设方式，其相关技术标准也与地铁越来越接近，轻轨系统的运输能力也得到相应的提高，单向小时最大运输能力为 1 万 ~ 4 万人次，为中运量中速客运系统。轻轨的建设投入费用较低，经济效益较高，适应性较强，节能，污染少，安全舒适，车辆噪声小，易融入城市现有格局，其服务范围主要连接市区与郊区，构成市域大运能通道。长春轻轨列车如图 1–15 所示。

图 1–14 广州地铁列车

图 1–15 长春轻轨列车

3. 单轨系统

单轨系统是指车辆或列车在单一轨道梁上运行的城市客运交通系统，一般采用高架结构形式，车辆则大多采用橡胶轮胎。根据构造形式不同，单轨系统还可以分为跨坐式单轨与悬挂式单轨两类。单轨系统道岔转换时间较长，制约着线路的通过能力，单向小时最大运输能力为 0.5 万 ~ 2 万人次，但其运行噪声较小，具有很好的爬坡性能，适宜于在地面起伏较大的城市修建。我国重庆轨道交通 3 号线跨坐式单轨列车如图 1–16 所示。

4. 有轨电车

有轨电车是一种修建在城市道路上并采用空中架设输电系统的城市轨道交通系统，通常采用地面线，有时也设置有隔离设施的专用路基或轨道，在交通拥挤区会采用隧道或高架形式。有轨电车系统具有建设投资小、缓堵见效快等优点，但运输能力也相对较低。

由于人们的环保意识和能源危机意识不断提升，现代有轨电车在我国不少大中城市得到进一步发展。其中，沈阳、苏州等城市运行线路已成网络；天津泰达、上海张江有轨电车采用胶轮导轨，运行于人流较少的开发区；广州则在全国首次采用超级电容供电的有轨电车，不需要架空式接触网受电，如图 1–17 所示。

图 1–16　重庆的跨坐式单轨列车

图 1–17　超级电容供电的有轨电车

5. 磁浮系统

磁浮系统依靠电磁吸力或电动斥力使列车悬浮于空中并进行导向，实现列车与地面轨道间无机械接触，再利用线性电动机驱动列车运行。因此，磁浮系统从根本上解决了传统列车的轮轨黏着限制、机械噪声和磨损等问题，具备速度快、爬坡能力强、能耗低、安全舒适等优点。

2001 年 3 月开工建设的上海磁浮列车示范线是我国乃至世界上第一条高速磁浮商业运行线，如图 1–18 所示。该线路西起上海轨道交通龙阳路站，东至浦东国际机场，线路总长为 31.17 km，设计时速为 505 km/h，运行时速为 430 km/h。2014 年 5 月开工建设的长沙中低速磁浮工程是我国第一条自主设计、自主制造、自主施工、自主管理的中低速磁浮线路，连接高铁长沙南站与长沙黄花国际机场，线路总长为 18.54 km，设计时速为 100 km/h，如图 1–19 所示。

图 1–18　上海高速磁浮列车

图 1–19　长沙中低速磁浮列车

6. 市域快速轨道系统

市域快速轨道系统是指服务范围覆盖城市市域范围内的城市轨道交通系统。市域快速

轨道系统是一种大运量的客运系统，适用于城市区域内重大经济区之间中长距离的客运交通，主要在地面或高架桥上运行，必要时可不设中间车站，可选用快速专用车辆，也可选用中低速磁浮列车。北京、上海、南京、成都、郑州、兰州、青岛等城市开通了市域快速轨道系统。

北京市郊铁路 S2 线开通于 2008 年 8 月 6 日，是在京包铁路和康延支线上开行的通勤列车，如图 1–20 所示。该线路由北京昌平区黄土店站至延庆区延庆站、沙城站，是北京第一条快速通勤铁路运输系统。

7. 自动导向轨道系统

自动导向轨道系统是指在混凝土轨道上运行，采用橡胶轮胎，并通过导向装置自动导引车辆运行方向的轨道交通系统。自动导向轨道系统的车辆运行和车站管理采用计算机控制，可实现全自动化的无人驾驶技术，适用于城市机场专用线或城市中客流相对集中的点对点运营线路。

上海轨道交通浦江线（全自动旅客捷运系统）于 2018 年 3 月试运营，线路全长 6.644 km，采用胶轮 4 节编组列车，如图 1–21 所示。

图 1–20　北京市郊铁路 S2 线

图 1–21　上海轨道交通浦江线

城市轨道交通系统技术等级见表 1–2。

表 1–2　城市轨道交通技术等级

系统类型	Ⅰ级	Ⅱ级	Ⅲ级	Ⅳ级	Ⅴ级
	高运量	大运量	中运量	次中运量	低运量
适用车辆类型	A 型车	B 型车	C- Ⅰ、Ⅱ型车	C- Ⅱ型车	有轨电车
单向最大客运量 /（万人次 /h）	4.5 ~ 7.5	3.0 ~ 5.5	1.0 ~ 3.0	0.8 ~ 2.5	0.6 ~ 1.0

续表

系统类型		Ⅰ级	Ⅱ级	Ⅲ级	Ⅳ级	Ⅴ级
		高运量	大运量	中运量	次中运量	低运量
线路	敷设形式	隧道为主	隧道为主	地面 / 高架	地面为主	地面
	路权形式	专用	专用	专用	少量平交	少量平交
车站	平均站距 /m	800 ~ 1 500	800 ~ 1 200	600 ~ 1 000	600 ~ 1 000	600 ~ 1 000
	站台长度 /m	200	200	120	< 100	< 60
车辆	车辆宽度 /m	3.0	2.8	2.6	2.6	2.6
	车辆定员 / 人	310	240	220	220	104 ~ 202
	最大轴重 /t	16	14	11	10	9
	最大时速 /（km/h）	80 ~ 100	80	80	70	45 ~ 60
	平均运行速度 /（km/h）	34 ~ 40	32 ~ 40	30 ~ 40	25 ~ 35	15 ~ 25
	轨距 /mm	1 435	1 435	1 435	1 435	1 435
信号	列车自动防护	有	有	有	有 / 无	无
	列车运行方式	自动驾驶 / 人工驾驶	自动驾驶 / 人工驾驶	自动驾驶 / 人工驾驶	人工驾驶	人工驾驶
	行车控制技术	ATC	ATC	ATP/ATS	ATP/ATS	ATP/CTC
运营	列车编组	6 ~ 8	6 ~ 8	4 ~ 6	2 ~ 4	2
	最小行车间隔 /s	120	120	120	150	300

四、城市轨道交通人才需求

城市轨道交通系统是一个庞杂的系统工程，是由多专业多工种相互配合工作、围绕安全行车这一中心而组成的有序联动、及时性极强的系统。在运输组织方面，要实行集中调度、统一指挥、按运行图组织行车；在功能实现方面，隧道、线路、供电、车辆、通信、信号、机电及消防等各专业相关系统必须保证状态良好，运行正常；在安全保障方面，依靠行车组织和设备正常运行保证必要的行车间隔和正确的行车线路。

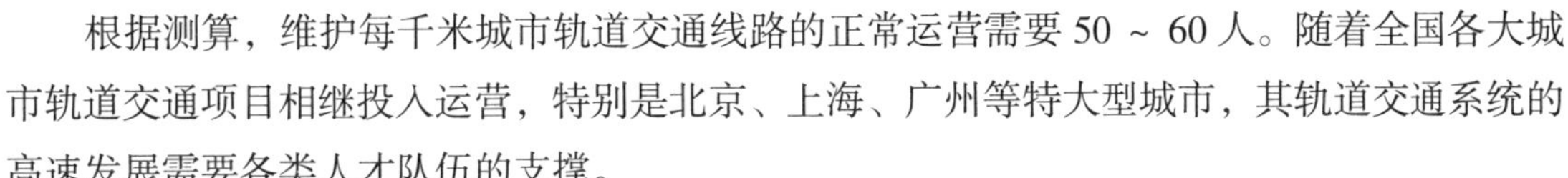

根据测算，维护每千米城市轨道交通线路的正常运营需要 50 ~ 60 人。随着全国各大城市轨道交通项目相继投入运营，特别是北京、上海、广州等特大型城市，其轨道交通系统的高速发展需要各类人才队伍的支撑。

1. 轨道交通运营管理人才

城市轨道交通需要大量从事轨道交通运营管理、调度、行车值班等工作的应用型专业人才。目前轨道交通运营管理人才非常紧缺，与产业发展不相吻合。城市轨道交通运营管理方面的应用型专业人才应掌握运筹学、系统工程、运输经济学、管理学、计算机应用等专业知识，具备现代城市轨道交通运输管理、设备操作与管理、调度指挥等工作经验。

2. 轨道交通工程人才

城市轨道交通工程涉及线路规划、设计、工务管理、线路日常维护等方面，直接影响着城市轨道交通的平稳与安全运营，相关人才的重要性不言而喻。城市轨道交通工程人才应掌握土木工程、力学、测量学、运输规划、计算机应用等专业知识，具备城市轨道交通线路规划、设计、检测、故障分析与处置等专业能力，有城市轨道交通工务管理与线路维护等工作经验。

3. 轨道交通通信信号人才

城市轨道交通通信信号人才是保障城市轨道交通通信信号系统正常工作的高级工程技术人才，应具备研发能力，集控制科学与工程、信息与通信工程、计算机科学与技术三大专业知识于一身，同时还需要掌握数据采集、传输与处理，电子设备与信息系统等方面的基本理论和技术，接受过电子与信息工程分析、设计与实践等方面的基本训练，掌握现代轨道交通列车运行自动控制系统、现代通信系统的分析与应用技术。

4. 轨道交通机电设备人才

城市轨道交通机电设备主要包括自动售检票系统、电梯、自动扶梯、暖通与环控系统、给排水系统、消防安全系统、屏蔽门系统等。城市轨道交通机电设备人才应掌握工程制图、工程力学、电工技术、微机原理及应用、机械设计基础、电力拖动原理、电梯与自动扶梯、触网技术、变配电技术、机电设备、空气调节、供热工程、通风工程与给排水工程等专业知识。

5. 轨道交通车辆技术人才

轨道交通车辆技术人才主要负责城市轨道交通车辆驾驶、运用与管理，以及车辆故障诊断处理、车辆保养与维护等方面工作，应具备车辆构造与原理、车辆电气牵引与控制、车辆故障诊断与处理、车辆电气辅助系统等专业知识。

6. 轨道交通供电技术人才

轨道交通供电技术人才主要从事城市轨道交通供变电系统设计、安装、调试、维护与维修，以及变配电等工作技术的高级应用型专业人才，应掌握电路、电子技术基础、电力电子技术、高电压和高低压电器、电力系统故障分析、电气测量技术、继电保护技术、高低压柜的设计与安装、电力工程等相关专业知识。

第三节　城市轨道交通发展概况

从发达国家城市漫长的交通发展历史看来，只有发展大运量的城市交通系统，才能够从根源上改善城市公共交通现状，缓解城市发展过程中所遇到的“城市病”，因此，轨道交通系统在城市公共交通中孕育而生，并经过不断发展成为城市主要的公共交通方式。

一、城市轨道交通发展历史

1829 年，巴黎街头出现了一种可供一定人数乘坐的公共马车，以固定路线、固定价格、固定的站点循环方式运输乘客，这是历史上第一条公共交通线路。公共马车行驶缓慢、颠簸、不舒适，且容易造成街道拥挤与阻塞。

1832 年，美国纽约出现了世界上第一条有轨公共马车，并于 1855 年随着轨道安装成本下降开始大规模地代替公共马车，如图 1–22 所示。马车在钢轨上行驶不仅提高速度与平稳性，而且利用多匹马组成马队，可以增大牵引力、扩大车辆规模、降低运营成本与票价，能有效地解决与街道上行驶的无轨车辆的相互干扰问题。

1856 年，英国伦敦开始利用明挖法修建世界第一条地下铁道（见图 1–23），1863 年 1 月 10 日，该条线路建成通车，全长约 6.4 km，采用蒸汽机车牵引。从此，铁路运输技术开始被运用于解决城市内部交通问题。

图 1–22　有轨公共马车

图 1–23　世界第一条地下铁道

1865年，美国纽约也制订了建设地铁的计划，由于人们考虑到蒸汽机车产生的大量蒸汽与烟尘在隧道内不宜扩散等问题，最终采用了地面高架的轨道交通形式。经初步试验后，第一条高架线路于1870年正式开始运营。然而，高架线路对周围城市环境损害较大，传统的高架结构形式于20世纪20年代已基本停止了建设。

19世纪，电的发明使得人类的生活发生了翻天覆地的变化，并且很快应用于交通运输领域。1879年5月，在德国柏林贸易展览会上出现了长300 m的椭圆形电气化铁路模型，如图1–24所示；1881年，德国柏林郊区修建了长2.45 km的电车线路，也是世界上第一条电气化铁路，如图1–25所示。

图1–24　首条电气化铁路模型

图1–25　世界首条电气化铁路

与以前的轨道交通车辆相比，电力牵引机车的运用提升了车辆性能和舒适性，先进的电力机车技术对此后城市轨道交通的发展起到了决定性的作用。至1890年，有轨电车不仅迅速替代了有轨马车，而且同时替代了城市轨道交通中的蒸汽机车。

1897年，6节编组的电动列车在芝加哥南部高架线上首次投入运营，随后，纽约、伦敦、布达佩斯、格拉斯哥、波士顿及巴黎的电气化轨道交通都相继开始运营。由于电气化列车的运用，20世纪初期美国部分城市的轨道交通线路里程迅速增长，1937年线路里程已达到1902年的4倍。

自1863年伦敦开通世界上首条地铁以来，城市轨道交通的发展已有150多年的历史。世界上有50多个国家的150多座城市开通了地铁，线路总长超过1万千米，各大城市的地铁、轻轨、新型轨道交通等均得到了良好的发展，为城市的公共客运交通和经济发展做出了重要贡献。世界城市轨道交通的发展，大致可分为以下几个阶段：

1. 第一阶段：初步发展阶段（1863年至1924年）

在这一阶段内，欧美的城市轨道交通发展较快，其间有伦敦、芝加哥、费城、波士顿、巴黎、柏林、汉堡、纽约、马德里等13座城市建成了地铁，还有许多城市建设了有轨电车。

20 世纪 20 年代，美国、日本、印度和中国的有轨电车有了很大发展。这种旧式有轨电车运行速度慢，正点率很低，而且噪声大，加速性能不佳，乘客舒适度差，但在当时仍是公共交通系统的骨干力量。

2. 第二阶段：停滞萎缩阶段（1924 年至 1949 年）

第二次世界大战的爆发与汽车工业的发展，使得城市轨道交通的发展进入停滞与萎缩阶段。汽车因自身的灵活、便捷及良好的可达性，一度成为城市交通的宠儿，得到了飞速发展。反之，因投资巨大、建设周期长等，城市轨道交通系统一度失宠。这一阶段只有东京、莫斯科、大阪等 5 座城市发展了地铁，有轨电车则停滞不前，甚至有些线路被拆除。

3. 第三阶段：再发展阶段（1949 年至 1969 年）

汽车的过度增加，使城市道路交通异常拥堵，行车速度下降，加之空气污染，噪声很大，大量耗费石油资源，在市区行驶的汽车有时甚至难以找到停车位置。因此，人们又重新认识到，解决城市客运交通必须依靠电力驱动的轨道交通。城市轨道交通因此重新得到了重视，而且从欧美扩展到亚洲的日本、中国、韩国、伊朗等国家，这期间有名古屋、北京、蒙特利尔等 17 座城市新建了地铁系统。

4. 第四个阶段：高速发展阶段（1970 年至今）

世界上很多国家都确立了优先发展轨道交通的方针，立法解决城市轨道交通的资金来源。世界各国城市化的趋势导致人口高度集中，要求轨道交通高速发展以适应日益增加的客流。各种技术的发展也为轨道交通的发展奠定了良好的基础。这一阶段内，城市轨道交通的发展遍及世界范围，有几十座城市修建了地铁、轻轨或其他制式的城市轨道交通系统。

二、城市轨道交通发展现状

1. 国外主要城市的轨道交通发展现状

（1）伦敦地铁

19 世纪初期，英国伦敦人口从不足 100 万人增长到 175 万人，城区房屋林立，街道窄小，高峰时期出租公共马车易形成交通拥堵，成为制约伦敦城市发展的一大难题。

1856 年，伦敦开始修建地铁并于 1863 年 1 月 10 日正式投入运营，这也是世界上第一条地下铁路，全长约 6.4 km，隧道横断面高 5.18 m、宽 8.69 m，为单拱形砖砌结构，以蒸汽机车牵引列车，是全世界历史最为悠久地铁线路。1890 年，伦敦又建成一条地下铁道，全长约 5.2 km，隧道为圆形，铸铁管片衬砌，以电力机车牵引列车，也是世界上第一条电气化地铁线路。1971 年，伦敦地铁开始在维多利亚线区应用遥控与计算机技术操纵列车。

目前，伦敦地铁拥有线路 12 条、车站 275 座、运营里程 439 km，其中 160 km 线路位于地下，全网日均载客量约 267 万人次。伦敦地铁线网如图 1–26 所示。

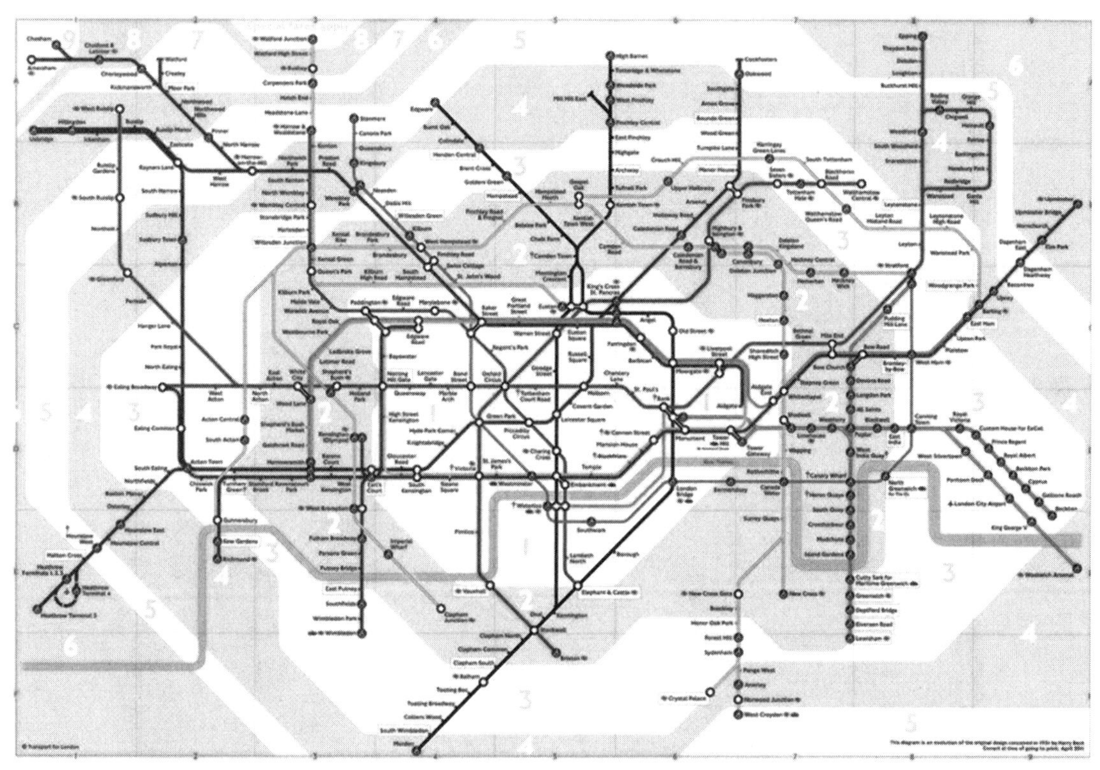

图 1–26　伦敦地铁线网

（2）纽约地铁

美国纽约作为首屈一指的国际性大都市，为了引导城市中心曼哈顿地区的居民向外围地区转移而建设了放射状的轨道交通线路网。纽约地铁也是全世界最错综复杂且历史悠久的公共地铁系统之一。

1904 年 10 月 27 日，时任纽约市长的乔治· 麦克莱兰手握操纵杆，开启了纽约地铁列车的首次运行，用时 26 min 行驶了 14.6 km，途经 28 座车站。

纽约地铁不仅是历史最悠久的地铁系统之一，还是国际地铁联盟（CoMET）成员之一，目前，已发展成为由 27 条线路组成的地铁网络，其线网运营里程已达 443 km，拥有车站 504 座，全网日均客流量约 490 万人次，占公交系统运量的 70% 左右，也是全球唯一昼夜 24 h 运营的地铁系统。纽约地铁线网如图 1–27 所示。

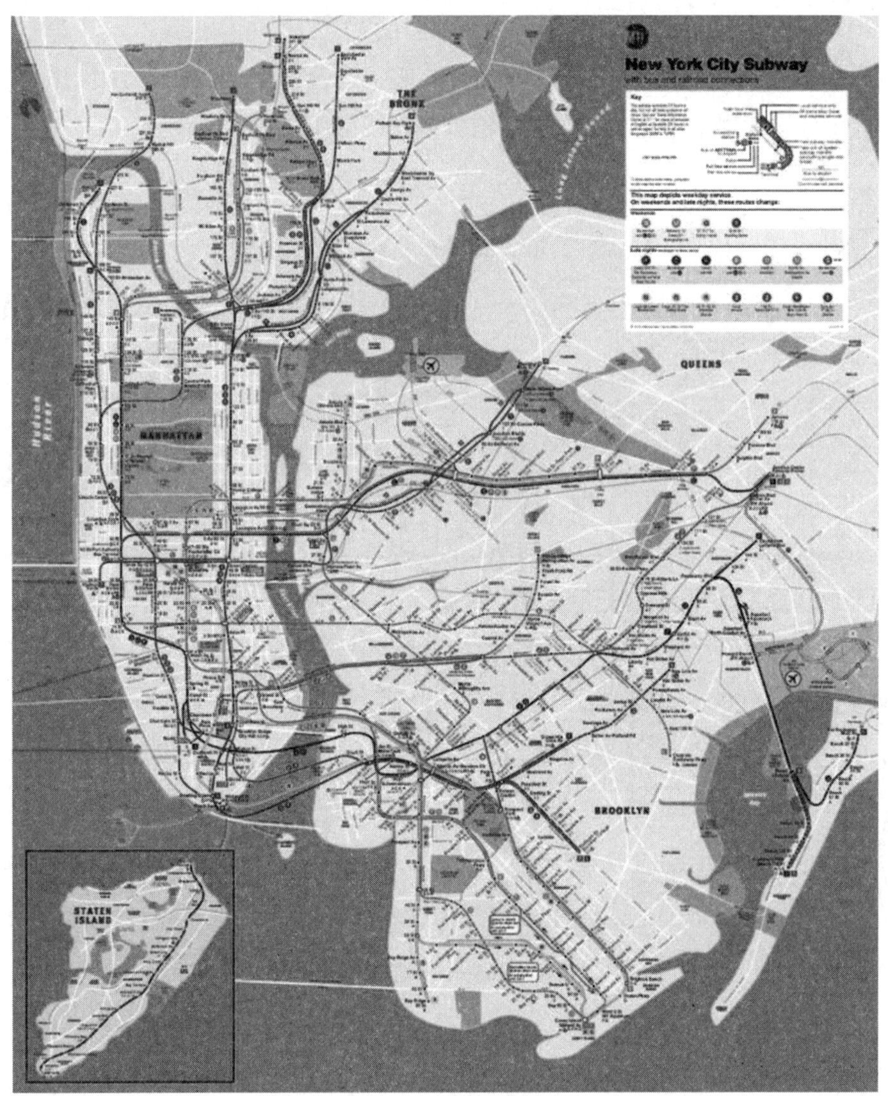

图 1-27　纽约地铁线网

知识窗

国际地铁联盟

国际地铁联盟（Community of Metros，简称 CoMET）是一个国际性的地铁基准组织，由世界上多个规模较大的城市轨道交通系统结合而成，CoMET 会员城市的地铁运量必须达到每年 5 亿人次以上。

国际地铁协会的四大主要目标是：通过设立国际标准，建立起最佳地铁模式；为地铁行业和政府部门提供具有比较性的信息；为地铁的管理引入一套评估体系；优先考虑需要改进的地方。

目前，国际地铁协会拥有16个成员，主要成员包括中国北京、中国上海、中国广州、中国香港、德国柏林、英国伦敦、西班牙马德里、墨西哥墨西哥城、俄罗斯莫斯科、美国纽约、法国巴黎、巴西圣保罗、智利圣地亚哥等。

（3）东京地铁

日本东京早在1927年12月便建成并开通了银座至浅草寺的地铁线路，是亚洲最早运营地铁的城市。

1955年以后，由于日本都市化迅猛发展，为解决城市人口的出行需求，轨道交通便成为首要选择，地铁系统也由此发展起来。东京地铁线网由东南海滨的城市中心向北、向西扇形发展，呈放射式布局，并与市郊铁路衔接联运。

目前，东京轨道交通系统包括JR线、地铁和私营铁路，JR线主要服务范围为东京站周边50 km半径的都市圈。东京地铁系统有两家运营公司组成，一家是东京地铁公司，另一家是都营地铁公司，共拥有运营路线13条，车站220多座，线路总长约312.6 km。东京地铁线网如图1–28所示。

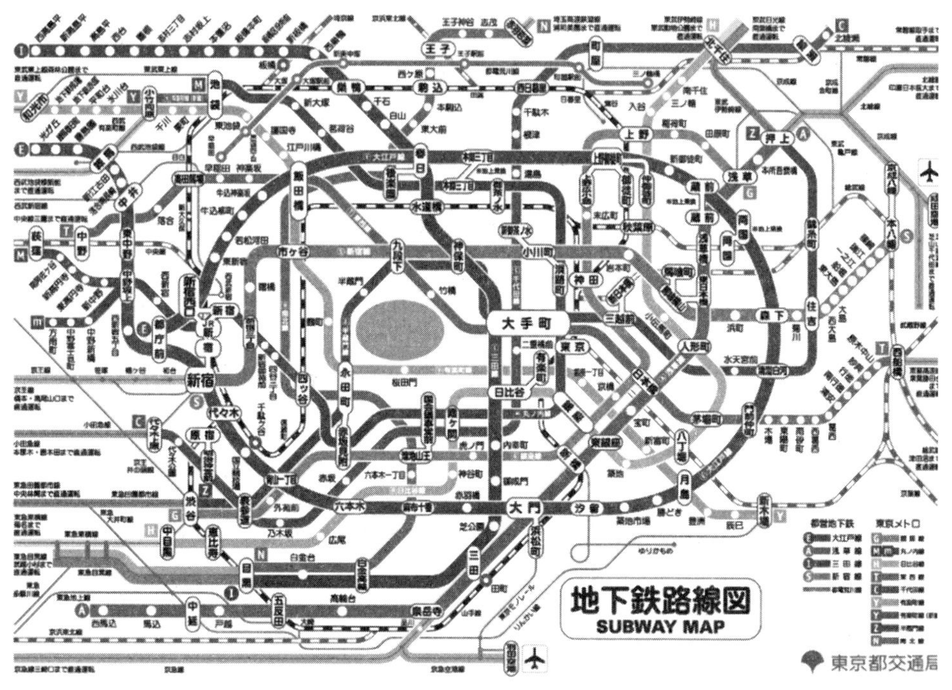

图1–28　东京地铁线网

由于东京城市人口密度大，公路交通明显不能满足庞大客流需求，故其轨道交通出行量占公共交通出行量比重高达 86 %，高峰期甚至超过 90 %。东京地铁的日均客流量约为 1 100 万人次，是世界上客流量最大的地铁系统。

（4）巴黎地铁

法国巴黎地铁线网包括 14 条主线与 2 条支线，但其全长仅为 212.6 km，大多数走向与塞纳河垂直，并尽可能服务于整个中心城区，在巴黎交通换乘枢纽中实现与其他轨道交通系统的互通。

巴黎城市轨道交通系统最早于 1900 年起开始运行，随后，1900 年至 1920 年间，地铁建设以巴黎核心路网为主，而 1930 年至 1950 年间，线网扩展至巴黎近郊，1960 年至 1980 年间，以建设区域快铁（RER）路网为主，整体路网于 1990 年完工。巴黎每个地铁站设计独特，内部装饰各异，成为展示法国文化艺术的窗口。巴黎地铁线网如图 1–29 所示。

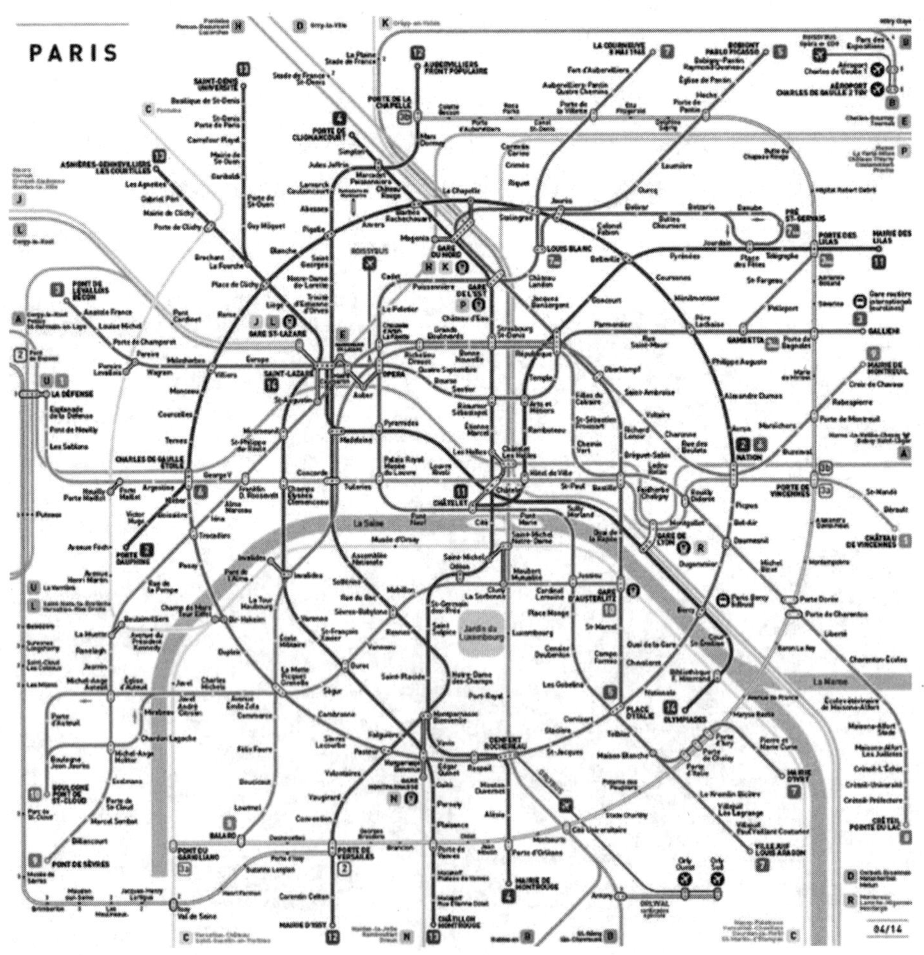

图 1–29　巴黎地铁线网

2. 国内主要城市的轨道交通发展现状

我国有轨电车的起源可追溯到20世纪初期。20世纪50年代，有轨电车的发展达到了高峰，北京、上海、天津、哈尔滨、长春、大连、鞍山等诸多城市都建设了多条有轨电车线路，并在城市交通中发挥了重要作用。

由于有轨电车与城市发展间的诸多矛盾，自20世纪50年代开始，各城市有轨电车开始逐步拆除。时至今日，只有大连、长春等极少数城市保存了有轨电车并进行了改造，以适应现代城市交通的发展。

1965年7月1日，北京开始建设我国第一条地铁线路，1969年10月1日，该条线路建成通车，全长23.6 km，东起北京站，西至苹果园站。另外，天津地铁于1970年开始兴建，并于1976年建成通车，全长5.2 km。

自20世纪90年代开始，我国改革开放不断深入，城市交通需求激增，北京地铁1号线、上海地铁1号线、广州地铁1号线相继建成通车，我国开始了城市轨道交通的建设阶段。

随着我国经济的发展与城市化进程的加快，城市规模与人口数量不断扩大，城市交通问题愈加显现。因此，自20世纪末至21世纪初，我国城市轨道交通进入快速发展的建设高潮阶段，部分城市形成网络化运营。

截至2018年年底，我国各城市轨道交通系统中，上述七种制式均有运营。其中，地铁系统4 354.3 km，占比75.6%；市域快速轨道系统656.5 km，占比11.4%；有轨电车328.7 km，占比5.7%；轻轨系统255.4 km，占比4.4%；单轨系统98.5 km，占比1.7%；磁浮系统57.9 km，占比1%；自动导向轨道系统10.2 km，占比0.2%。我国轨道交通制式结构如图1–30所示。

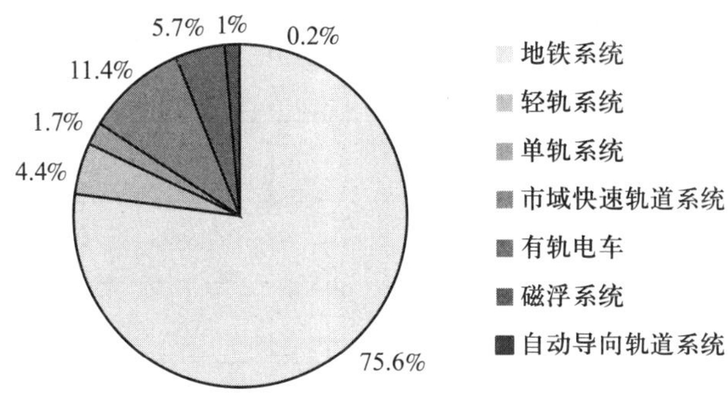

图1–30 我国轨道交通制式结构

截至2018年年底，我国各城市轨道交通系统运营规模（不含港澳台地区）见表1–3。

表 1–3　　2018 年年底我国各城市轨道交通运营规模（不含港澳台地区）　　km

序号	城市	线路总长度	各制式线路长度						
			地铁系统	轻轨系统	单轨系统	市域快速轨道系统	有轨电车	磁浮系统	自动导向轨道系统
1	北京	713.0	617.0	—	—	77.0	8.9	10.2	—
2	上海	784.6	669.5	—	—	56.0	23.7	29.1	6.3
3	天津	226.8	166.7	52.3	—	—	7.9	—	—
4	重庆	313.4	214.9	—	98.5	—	—	—	—
5	广州	463.9	452.3	—	—	—	7.7	—	3.9
6	深圳	297.6	285.9	—	—	—	11.7	—	—
7	武汉	348.0	263.7	37.8	—	—	46.4	—	—
8	南京	394.3	176.8	—	—	200.8	16.7	—	—
9	沈阳	128.4	59.0	—	—	—	69.4	—	—
10	长春	117.7	38.6	61.5	—	—	17.5	—	—
11	大连	181.3	54.1	103.8	—	—	23.4	—	—
12	成都	329.8	222.1	—	—	94.2	13.5	—	—
13	西安	123.4	123.4	—	—	—	—	—	—
14	哈尔滨	21.8	21.8	—	—	—	—	—	—
15	苏州	164.9	120.7	—	—	—	44.2	—	—
16	郑州	136.6	93.6	—	—	43.0	—	—	—
17	昆明	88.7	88.7	—	—	—	—	—	—
18	杭州	114.7	114.7	—	—	—	—	—	—
19	佛山	21.5	21.5	—	—	—	—	—	—
20	长沙	67.3	48.4	—	—	—	—	18.6	—

续表

序号	城市	线路总长度	各制式线路长度						
			地铁系统	轻轨系统	单轨系统	市域快速轨道系统	有轨电车	磁浮系统	自动导向轨道系统
21	宁波	74.5	74.5	—	—	—	—	—	—
22	无锡	55.7	55.7	—	—	—	—	—	—
23	南昌	48.5	48.5	—	—	—	—	—	—
24	兰州	61.0	—	—	—	61.0	—	—	—
25	青岛	178.2	44.9	—	—	124.5	8.8	—	—
26	淮安	20.1	—	—	—	—	20.1	—	—
27	福州	24.6	24.6	—	—	—	—	—	—
28	东莞	37.8	37.8	—	—	—	—	—	—
29	南宁	53.1	53.1	—	—	—	—	—	—
30	合肥	52.3	52.3	—	—	—	—	—	—
31	石家庄	28.4	28.4	—	—	—	—	—	—
32	贵阳	33.7	33.7	—	—	—	—	—	—
33	厦门	30.3	30.3	—	—	—	—	—	—
34	珠海	8.8	—	—	—	—	8.8	—	—
35	乌鲁木齐	16.7	16.7	—	—	—	—	—	—
总计		5 761.4	4 354.3	255.4	98.5	656.5	328.7	57.9	10.2

注：1. 数据来源于中国城市轨道交通协会 2018 年统计报告。

2. 不包括景区内旅游观光线、工业园区内仅供员工使用的通勤线路、科研试验线等不承担城市公共交通职能的线路。

下面选取我国几个主要城市，简要介绍其轨道交通发展情况。

（1）北京

1965 年 7 月 1 日，北京市开始建设我国第一条地铁线路。1969 年 10 月 1 日，该条线路建成通车，全长 23.6 km，东起北京站，西至苹果园站，使得北京成为中国第一个开通地铁的城市。随后 30 年里，北京陆续开通了 2 号线等线路。

进入 21 世纪以后，随着城市地面交通压力日益增加，北京紧锣密鼓地开始了地铁建设工作。为保障北京奥运会期间运输任务，北京地铁 10 号线一期、机场线、8 号线一期于 2008 年 7 月 19 日同时开通试运营，北京地铁运营里程达到 200 km。

2009 年 9 月 28 日，由香港地铁公司参与投资建设并负责运营的北京地铁 4 号线开通试运营。2010 年 12 月 30 日，北京地铁 15 号线一期、房山线、昌平线、亦庄线与大兴线 5 条线路同时开通试运营。一次开通线路里程达 108 km 的情形在我国轨道交通建设史上是史无前例的。

截至 2018 年年底，北京轨道交通共运营 23 条地铁线路，总运营里程 713.0 km，日均客运量 1 000 余万人次。另外，当前北京地铁在建线路 17 条，共计 320.8 km。北京地铁线网如图 1–31 所示。

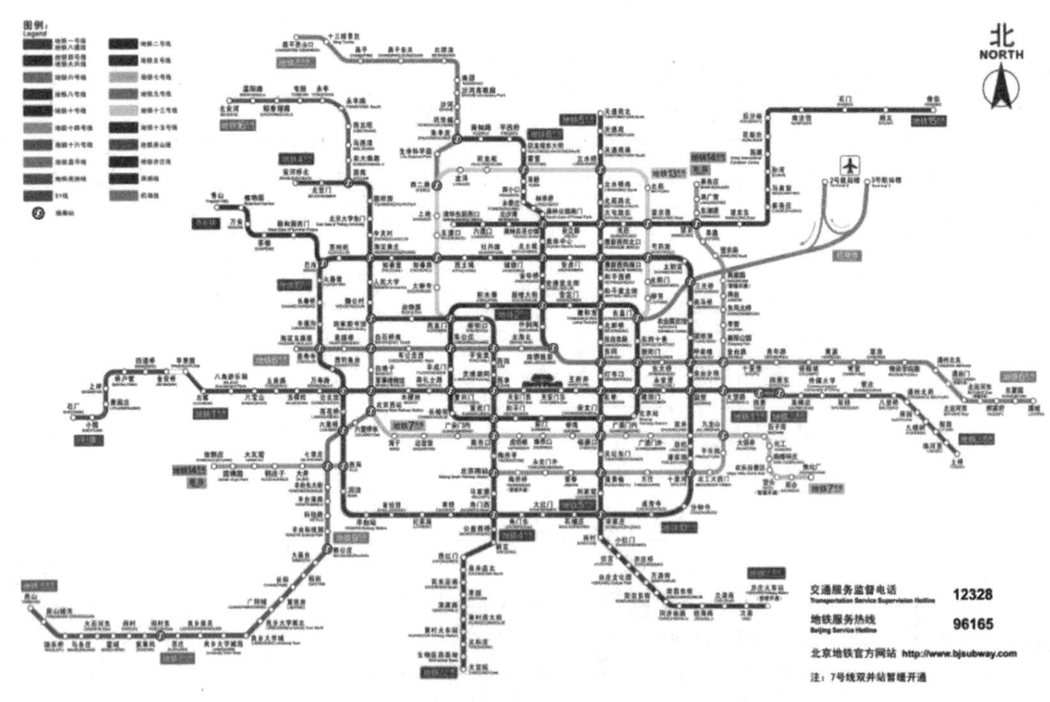

图 1–31　北京地铁线网

（2）上海

上海是继北京、天津后中国大陆第三个运营地铁的城市，第一条线路上海轨道交通 1 号线于 1993 年 5 月 28 日正式运营。截至 2018 年年底，上海轨道交通共开通轨道交通线路 16 条、磁浮示范线 1 条，全网运营线路总长 784.6 km，日均客运量达 1 000 万人次，运营线路里程居世界第一，客流量居世界第三，拥有运营车辆数量居世界第五。上海地铁线网如图 1–32 所示。

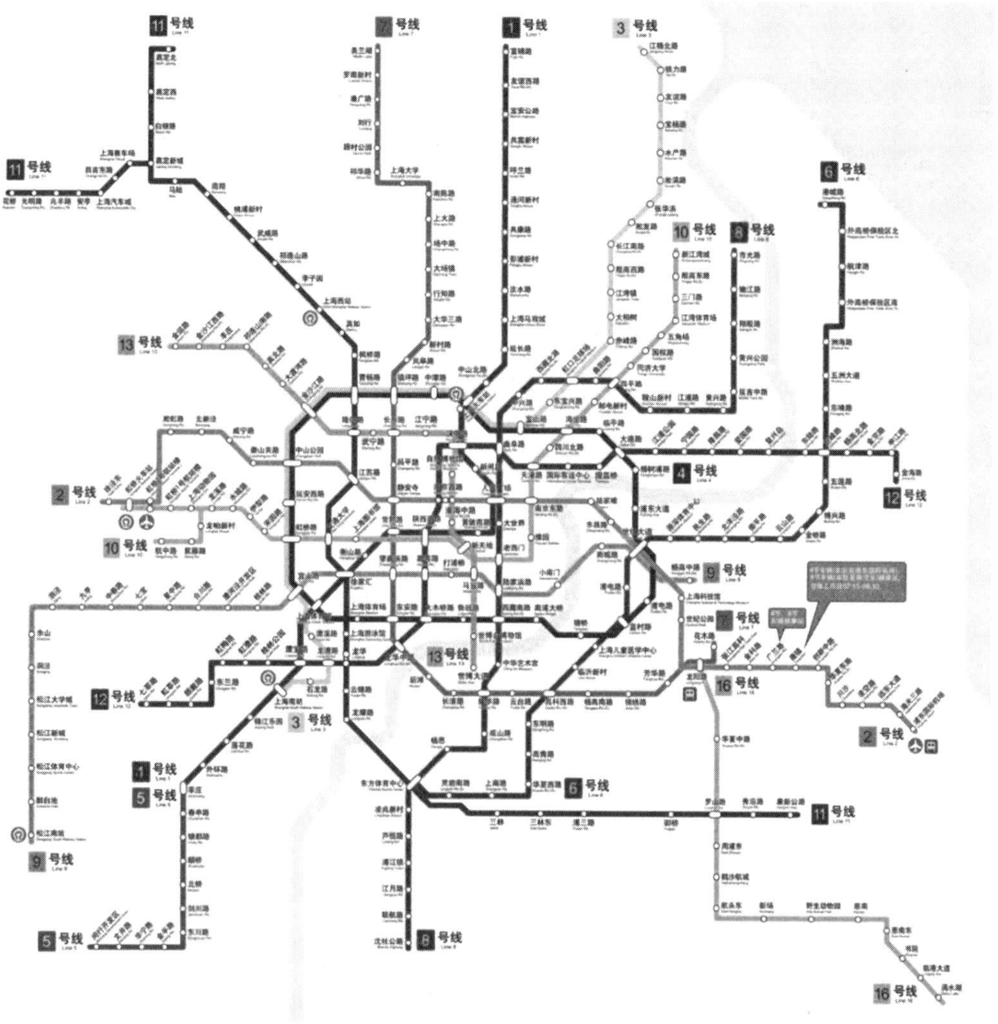

图 1–32　上海地铁线网

（3）广州

广州首条地铁线路于 1997 年 6 月 28 日开通，是中国大陆第四个开通并运营地铁的城市。

截至 2018 年年底，广州城市轨道交通共有 13 条运营线路，线网总长度为 463.9 km，开通里程居中国第三、世界第四。截至 2018 年 7 月 24 日，广州地铁线网共计安全运送乘客 16.45 亿人次，日均客运量达 802.58 万人次，较 2017 年同期增长 7.88 %，客流数据再次刷新了历史纪录，单日最大客运量高达 1 002.57 万人次。

广州地铁由广州地铁集团有限公司负责营运管理，并且该公司还是广佛地铁的实际建设者及营运者，因此广州地铁的服务范围亦延伸至佛山市。广州地铁线网如图 1–33 所示。

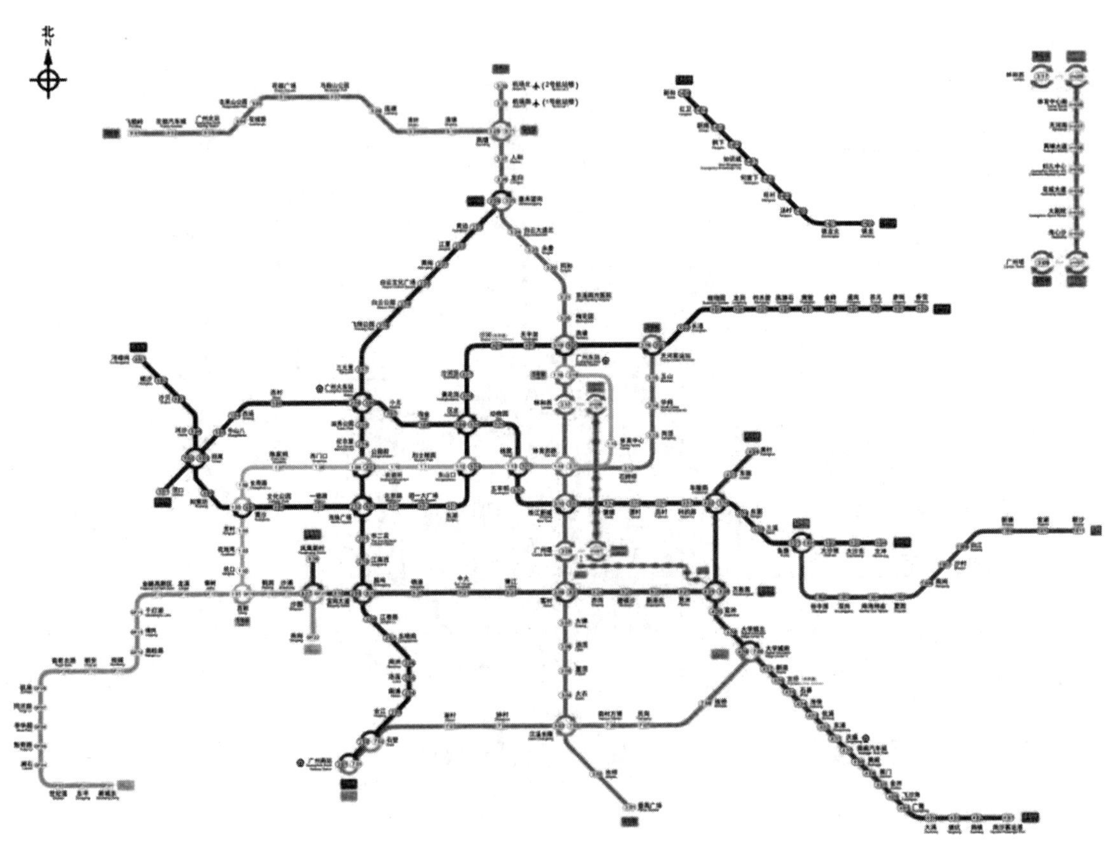

图 1–33　广州地铁线网

（4）香港

香港地铁即是指服务于中国香港的城市轨道交通系统，也是国际地铁联盟（CoMET）的 16 个成员之一，首条线路于 1979 年 10 月 1 日开通营运。截至 2017 年年底，香港地铁开通里程居中国前十位，世界前二十位，线网总长度 264 km，由观塘线、荃湾线、港岛线、南港岛线、东涌线、将军澳线、东铁线、西铁线、马鞍山线、迪士尼线、机场快线组成，共有车站 154 座。

香港地铁的运营管理驰名于世，同时，香港地铁也是全世界最为繁忙的地铁线网之一，高峰时段行车间隔仅为 105 ~ 150 s。香港地铁线网使得一半以上居民距地铁车站不超过 500 m，如图 1–34 所示。

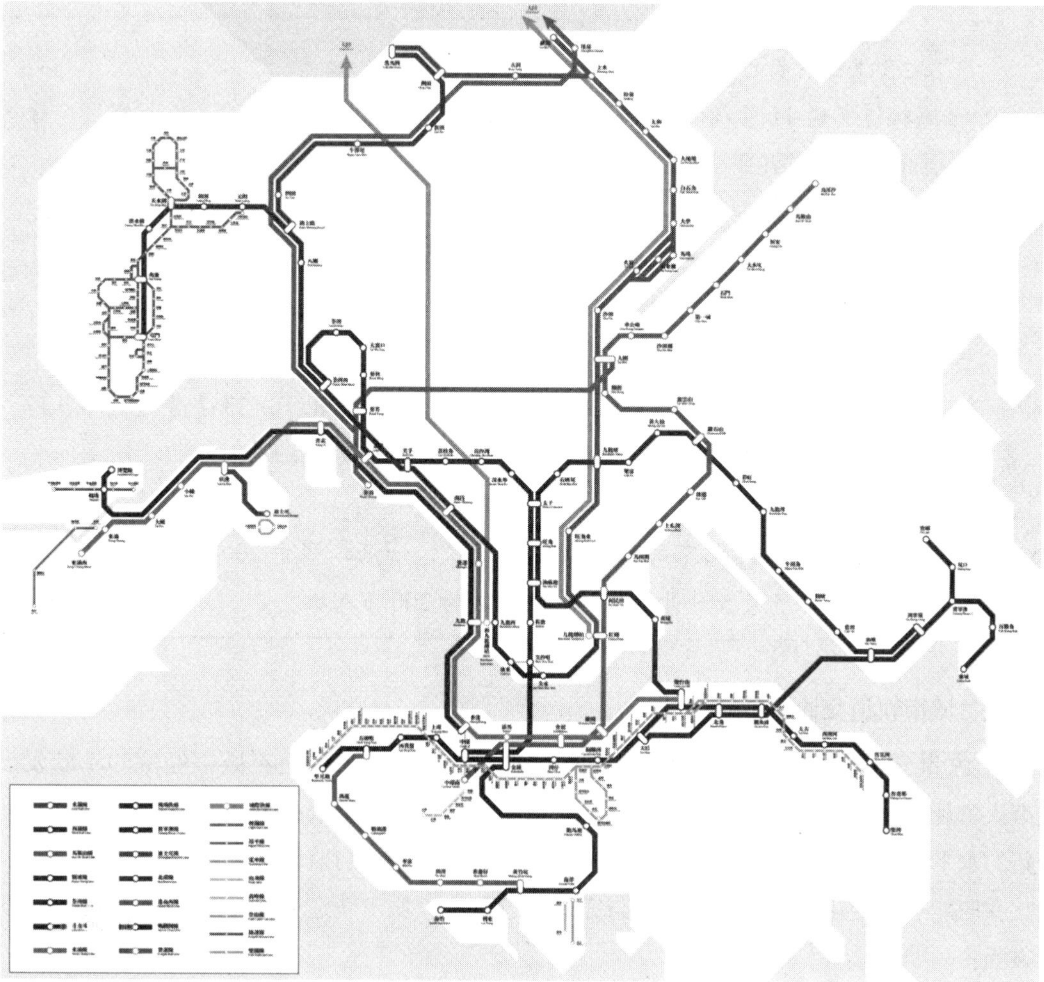

图 1–34　香港地铁线网

知识窗

我国城市轨道交通之最（数据截至 2017 年年底）

1. 建设最早的地铁——北京地铁

1965 年 7 月 1 日北京地铁一期工程开工建设，1969 年 10 月 1 日建成通车，1971 年 1 月 15 日开始载客运营，为现地铁 1、2 号线的前身。

2. 建设最早的轻轨——长春轻轨

2000 年 5 月 27 日，长春轻轨一期工程试验段开工建设，2001 年 12 月 28 日试车成功，2002 年 10 月 30 日长春站—卫光街站载客试运营。

3. 运营里程最长的线路——上海轨道交通 11 号线

上海轨道交通 11 号线总里程约 82.4 km，途经浦东新区、徐汇区、长宁区、普陀区、嘉定区与江苏昆山，也是国内第一条跨省地铁线路。

4. 运营里程最短的线路——广州地铁 APM 线

广州珠江新城 APM 线全长 3.96 km，全部采用地下线路，共设 9 座车站，也是广州第一条使用胶轮车辆的线路。

5. 线网规模最大的城市——成都

成都轨道交通线网规划 46 条线路，总里程达 2 450 km，由 23 条普通线路、17 条快速线路、3 条市域铁路、1 条市域内控制线、2 条市域外线组成。

6. 日客运量最大的线路——北京地铁 10 号线

北京地铁 10 号线是北京的第二条环线地铁，一期工程于 2008 年 7 月 19 日开通，全线于 2013 年 5 月 5 日开通，日客运量约为 200 万人次。

三、城市轨道交通发展趋势

自 19 世纪 60 年代英国伦敦建成世界上第一条地铁以来，随着城市经济的不断发展，城市人口规模也发生了空前的剧烈膨胀，城市轨道交通使城市公共交通的运输能力提升到了全新的水平。各国在城市轨道交通领域的投资、建设、运营与监管等都经历了不同的发展历程。在职能不断变化并逐步走向成熟与完善的过程中，城市轨道交通发展趋势体现在以下几个方面：

1. 投资多元化

由于建设与维护城市轨道交通系统的投资巨大，为了解决资金问题并提高轨道交通的效率，多数城市都选择由政府和社会资本共同投资。多元化的投资主体既可以发挥各自的优势，又能够做到互相监督与约束，使得城市轨道交通更有效率。因此，投资主体的多元化将成为世界城市轨道交通发展的必然趋势。

2. 经营市场化

为了进一步提高城市轨道交通的运作效率，大多城市轨道交通系统充分发挥市场作用，在运营管理上引入市场机制已成为一种发展方向。市场化的经营方式充分考虑了市场经济规律，避免垄断经营或者政府的过多干预，能够根据市场需求做出较好的反应，最终提升城市轨道交通系统的运营效率。

3. 管理法制化

为了规范行为与维护利益，很多城市轨道交通系统实行全面法制化管理，通过法制化的管理保障城市轨道交通持续、稳定和高效地运转。全面法制化管理也是世界城市轨道交通的重要发展趋势。

4. 服务管理信息化

城市轨道交通的计算机控制与安全系统大大提高了城市轨道交通列车的运行自动化程度，无人驾驶技术更是受到了世界的广泛关注。城市轨道交通系统配备实时到发信息系统，向乘客及时提供列车到发信息；有轨电车系统则通过GPS定位技术优化运营，开发非接触式售票系统，实现一体化联合售票，使得现代公共交通体系更具有吸引力。

思考与练习

1. 简述我国发展城市轨道交通系统的必要性。
2. 简述城市轨道交通系统的定义与组成。
3. 简述城市轨道交通系统的基本制式及其适用性。
4. 城市轨道交通发展经历了哪几个阶段？
5. 简述我国城市轨道交通发展现状。

第二章　城市轨道交通线网与线路

学习目标：

- ◆ 了解城市轨道交通线网规划设计的目的与意义、主要原则与基本内容。
- ◆ 掌握典型城市轨道交通线网结构、规模与发展趋势。
- ◆ 熟悉城市轨道交通线路设计、线路敷设方式与基本组成。
- ◆ 掌握城市轨道交通轨道工程相关基础知识。
- ◆ 了解城市轨道交通工程结构与施工方法。

随着我国经济发展与城市化进程的不断加快，城市轨道交通系统也已进入高速发展阶段。城市轨道交通在调整城市布局与土地利用形态、优化城市交通结构、缓解交通拥堵、降低环境污染与能源消耗等方面具有决定性作用。另外，城市轨道交通系统具有建设投资巨大、建设工期长、建成后不易更改等特点。因此，做好城市轨道交通线网规划与线路设计是建立可持续发展的交通系统的关键环节，能保证城市轨道交通建设的科学性、合理性与可靠性，具有至关重要的意义与深远的影响。

第一节　城市轨道交通线网规划

从世界范围看来，城市轨道交通线网是逐步建设、渐进发展的，单条线路无法形成规模效益。因此，城市轨道交通线网规划在满足城市客流分布的内在规律的同时，对城市的发展也有一定的导向作用，既作为一项综合的专业交通规划，又要与城市总体规划有机融为一体。

一、城市轨道交通线网规划概述

城市轨道交通线网规划是指规划、决策人员对城市轨道交通系统未来各个时期（包括从无到有、从线到网的不断发展的过程）进行分析、预测并提出科学合理的规划方案与实施计划的全过程。

根据规划时期不同，线网规划可分为近期规划、中期规划、中远期规划与远景规划。通常情况下，城市轨道交通线路建成运营后 2 ~ 5 年为近期，建成运营后 5 ~ 10 年为中期，

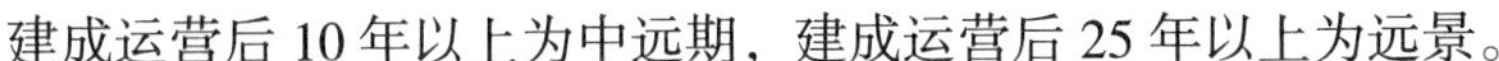

建成运营后10年以上为中远期，建成运营后25年以上为远景。

1. 城市轨道交通线网规划的目的与作用

城市轨道交通线网规划是城市交通规划的一个分支。城市轨道交通线网规划是在城市交通规划的基础上，科学分析客流发展趋势和不同交通方式在未来城市中的发展比例，同时结合城市的自然地理条件，合理规划线网，确定城市轨道交通发展规模并制定相应的实施对策和交通政策，为城市轨道交通的发展设计蓝图。

一个科学、合理、完善的城市轨道交通网络是城市公共客运交通的发展方向，是城市交通体系中的骨干力量，对城市发展起重要作用。

另外，城市轨道交通是一个庞大而复杂的系统工程，具有不可逆性，线路一经建成便难以更改。城市用地控制、规划导向均与城市轨道交通线网有直接关系，作为前期基础研究之一的线网规划一旦发生失误，后期便很难挽回。

总之，城市轨道交通线网规划是城市综合交通规划的一项专业规划，其性质与作用可以概括为以下几方面：

（1）城市轨道交通线网规划是城市总体规划的重要组成部分，是轨道交通工程项目建设报审、立项的必要条件，是线路设计的主要依据。

（2）城市轨道交通线网规划是确定城市轨道交通建设规模、修建次序，以及编制轨道交通近期建设规划的依据。

（3）城市轨道交通线网规划是确定线网结构、换乘车站与换乘形式的基本依据。

（4）城市轨道交通线网规划是轨道交通工程建设用地规划控制的重要依据，有利于控制与降低工程造价。

（5）城市轨道交通线网规划是城市轨道交通系统分阶段建设的基础，有利于轨道交通建设与运营进入良性循环，保持可持续发展。

（6）城市轨道交通线网规划方案能够影响城市结构、形态与功能，对城市的发展有强大的刺激作用，其内容将支持城市总体规划的实施与发展。

城市轨道交通线网规划的优劣会直接影响城市交通结构的合理性、工程项目的经济效益与社会效益。合理可行的城市轨道交通线网规划不仅能够为政府部门提供可靠的决策依据，还能够有效地提高城市地上、地下空间的利用率，引导城市可持续发展。

2. 城市轨道交通线网规划的原则

（1）可持续发展原则

现代城市的可持续发展应重视城市公共交通，而轨道交通更是城市公共交通的首要之选。城市轨道交通线网规划作为未来城市轨道交通发展方向的指南针，必须符合可持续发展的原则，用最小的自然资源作为代价换取最大的社会效益。

（2）协同性原则

城市交通规划必须与城市社会经济发展规划相适应，城市轨道交通也不例外，应与社会经济协同发展。与此同时，城市轨道交通线网规划还应与国家的路线、方针、政策，尤其是城市发展方针、目标相一致；与城市总体规划、土地利用规划、产业布局规划相一致，并且应该结合地方特色，统筹兼顾。同时，城市轨道交通线网规划还应注重保护城市历史文物、传统风貌与自然景观等。

（3）整体性原则

城市轨道交通线网规划是城市交通规划的一个重要组成部分。城市轨道交通系统要合理配置、协调发展，最终达到满足城市居民出行的需求。因此，应将城市交通系统作为一个整体，在城市总体交通规划的基础之上，结合各种交通运输方式的发展规划，制定城市轨道交通线网规划。

（4）动态性原则

城市的发展是动态的，城市交通的发展也是动态的。随着世界范围内城市化进程的加快，各种现代化交通工具伴随着社会经济的发展和科技进步应运而生。动态的发展需要与动态的规划配套，一成不变的静态交通规划不能适应现代化城市发展的需要。

（5）客观性原则

规划必须客观，要采用科学的理论和方法指导规划工作。城市轨道交通线网规划应反映客观事实，提出未来城市交通模式与方向，从而为城市决策者提供真实可靠的决策依据。

（6）可操作性原则

规划的目的是为了实施。城市轨道交通线网规划既要满足社会经济发展需要，又不能超过建设能力，应在两者之间寻求一个平衡点，保证规划既有可操作性，又能满足社会经济发展需要。

（7）经济性原则

城市轨道交通建设投资巨大，这在一定程度上要求政府投入大量的人力、物力与财力。因此，城市轨道交通线网规划应该本着经济、节约的原则，最大限度地挖掘交通潜力，有步骤、有目的地在财力允许的基础上逐步建设城市轨道交通网络，不能不顾经济实力盲目发展。

3. 城市轨道交通线网规划内容

城市轨道交通线网规划的核心内容在于确定目标。规划的目标是建设科学合理的轨道交通网络，使之对现有城市结构的不利影响降至最低，为城市未来可持续发展奠定基础，能

够最大限度运送乘客，满足居民日常出行需求。

一般认为，城市轨道交通系统规划与设计的主要内容包括功能定位、线网规划、客流预测、可行性规划、线路与车站设计、轨道交通枢纽规划与设计、与其他交通方式的衔接设计、安全防护设计和运营规划等方面。其中，城市轨道交通线网规划主要包括线网规模确定、线网构架方案选择与方案评估等，要在确定的规划期限内对整个轨道交通线网的大致走向、总体结构、用地控制、车辆段及换乘站的配置做出规划，线网规划过程实际上是对初级路网的不断优化与完善的动态滚动过程，是城市轨道交通线路设计与建设的基础。

城市轨道交通线网规划是在城市规划方案基础上拟定多个可行线网方案，利用科学手段进行客流预测，从而对方案进行综合评价，确定近期与远期分阶段实施方案。城市轨道交通线网规划技术路线如图 2–1 所示。

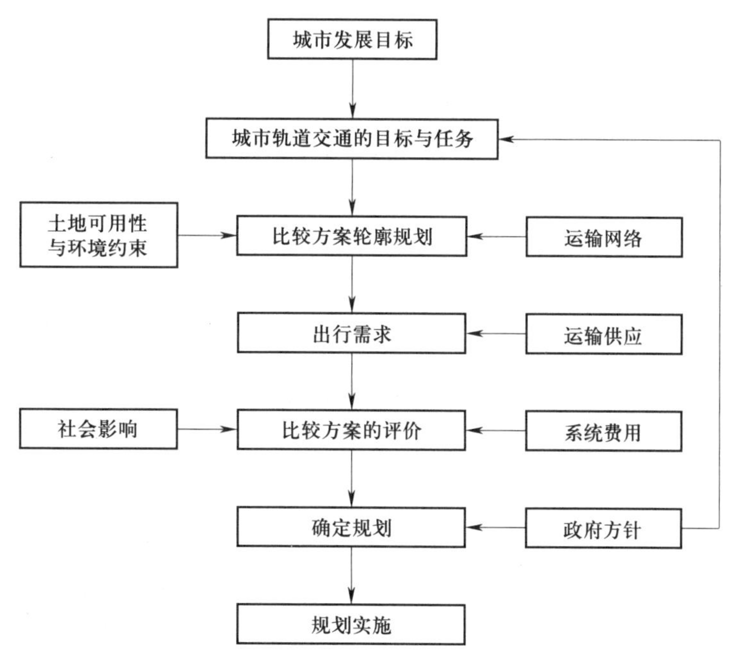

图 2–1　城市轨道交通线网规划技术路线

城市轨道交通线网规划涉及专业广、综合性强、技术含量高，从规划实践来看，其主要内容包括城市背景研究、线网架构研究和实施规划研究。

（1）城市背景研究

城市背景研究是对城市的人文背景与自然背景进行研究，从中总结出可指导城市轨道交通线网规划的技术政策与规划原则。城市背景研究以城市总体规划与综合交通规划等资料为研究依据，内容包括城市现状与发展规划、城市交通现状与规划、城市工程地质分析、既有铁路利用分析和建设必要性论证等。

（2）线网架构研究

线网架构研究是城市轨道交通线网规划的核心部分，通过“多规模控制—方案构思—评价—优化”的研究过程，规划设计出较为优良的方案。线网规划研究的内容包括线网合理规模研究、线网方案构思、线网方案客流测试、线网方案综合评价等。

（3）实施规划研究

城市轨道交通实施规划是城市轨道交通线网规划可操作性的关键，集中体现了城市轨道交通系统的专业性，研究内容包括工程条件、建设时序、附属设施规划，具体内容则包括轨道交通车辆段及其他基地选址与规模研究、线路敷设方式及主要换乘节点方案研究、修建顺序规划研究、轨道交通线网运营规划、联络线分布研究、轨道交通线网与城市的协调发展及环境要求、轨道交通与地面交通的衔接等。

知识窗

大连市的城市轨道交通线网规划

按照大连市政府确立的一轴两翼、一核一极、市区多节点的全域城市化空间结构总体思路，大连市城市轨道交通线网规划以“两轴两网、网间互联”的总体思路建设，近期目标要在核心区初步实现网状的轨道交通线网架构，远期将实现核心区与其他区域放射性连通的轨道交通线网架构。

截至2018年年底，大连市轨道交通已开通运营里程达到181.3 km，位列全国第十；在建线路3条，总长79 km。

按照《大连市城市轨道交通第二期建设规划（2015—2020年）》，拟建线路4条（包括4号线、5号线、1号线三期、R4线二期，见表2–1），总长84.4 km，如图2–2所示；另外，地铁7号线应结合地铁2号线客流情况和沿线开发进程择机建设。

2025年大连轨道交通线网近期规划12条线路，运营里程约300 km，主要围绕中心城区建设。

2050年大连轨道交通线网远景规划又规划了13条线路，见表2–2。届时大连市城市轨道交通线网由12条市区线、10条市域快线和1条支线组成，线网总长度约908 km。

图 2–2　大连轨道交通第二期建设规划示意图

表 2–1　　　　大连市城市轨道交通第二期建设规划中的 4 条线路　　　　km

<table>
<tr><th>序号</th><th>运营编号</th><th>起讫点</th><th>长度</th><th>小计</th></tr>
<tr><td>1</td><td>4 号线</td><td>营城子—龙头石</td><td>27.7</td><td rowspan="4">84.4</td></tr>
<tr><td>2</td><td>5 号线</td><td>虎滩新区—后关村</td><td>23.8</td></tr>
<tr><td>3</td><td>1 号线三期</td><td>姚家—新机场</td><td>13.2</td></tr>
<tr><td>4</td><td>R4 线二期</td><td>十九局—大连北站</td><td>19.7</td></tr>
</table>

表 2–2　　大连轨道交通远景线网规划　　km

形式	运营编号	起讫点	长度	小计
地铁	9 号线	新机场—小窑湾	29.6	72.4
	10 号线	常江澳—北海湾	42.8	
市域快线	11 号线	营城子—机场新区	41.2	455.8
	13 号线三期	振兴路—瓦房店	22.3	
	14 号线	小窑湾—长店堡	47.3	
	15 号线	长兴岛—石河高铁站	51	
	16 号线	石河高铁站—太平湾	69.9	
	17 号线	毛家屯—皮杨	63.4	
	18 号线	世贸—石河高铁站	23.8	
	19 号线	旅顺—营城子	25.7	
	20 号线	皂房—三十里堡	44	
	21 号线	沙岗子—小王屯	43.2	
	22 号线	炮台—挂符桥	24	

二、城市轨道交通线网类型

城市轨道交通线网的形式主要取决于城市自然地理形态、规划年用地布局与人口流向分布，主观决策因素也发挥着重要作用。由于城市土地利用的控制与其他因素的影响，城市轨道交通线网结构在发展演变过程中，可以体现城市交通发展的历史特征。城市轨道交通线网分为放射型、网格型及设置环线型三种。

1. 放射型线网

放射型线网以城市中心区为核心，成全方位或扇形放射发展，其基本骨架包括至少 3 条相互交叉的线路，逐步扩展、加密，如图 2–3a 所示。但若中心区线路过多，则会导致工程建设难度大、换乘客流过于集中。

在放射型线网中，若设置两条线路在交通走廊并行且产生 2 处以上的换乘点进行换乘，能够增加乘客的换乘机会，分担换乘客流，但工程造价相对较高，如图 2–3b 所示。

根据城市自然地理条件，若城市中心区临海（江），城市轨道交通线网可呈扇形辐射，可以采用半径线，为加强某一方向的辐射，必要时也可设置“U”形线路，如图 2–3c 所示。

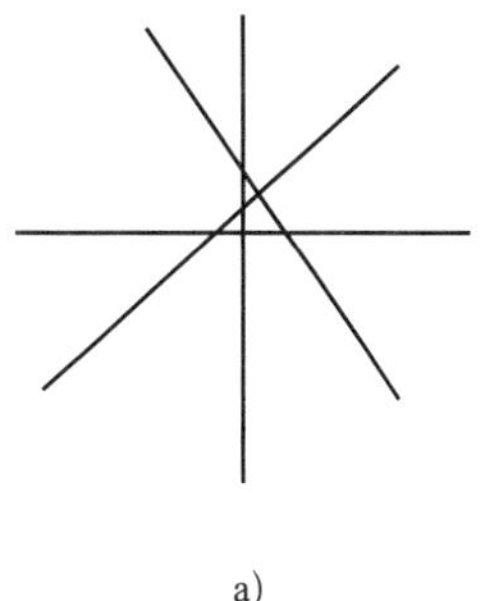
a)

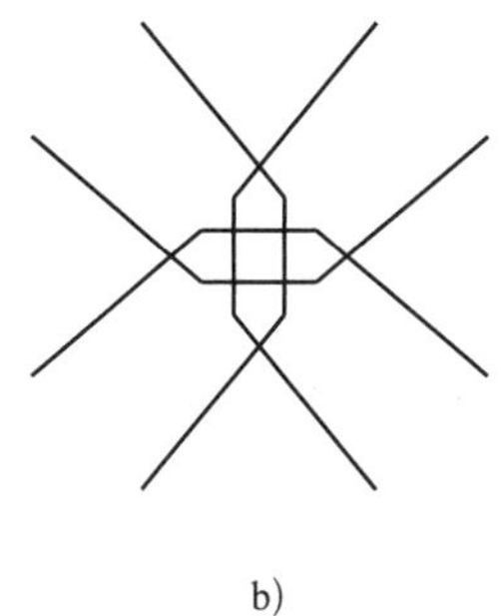
b)

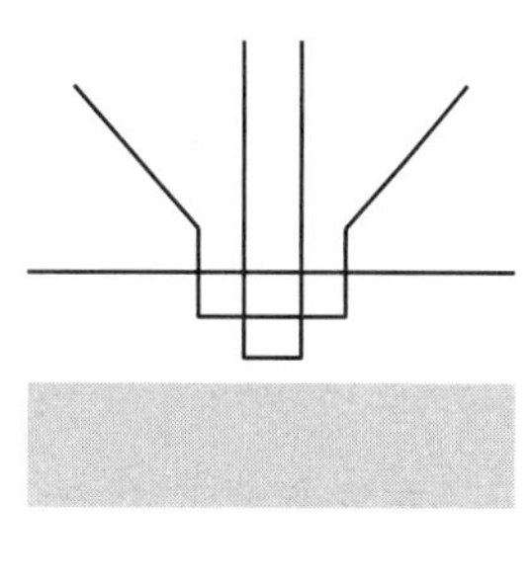
c)

图 2–3　放射型线网示意图

总体来说，放射型线网的突出优点是线路方向可达性较高，符合一般城市由中心区向边缘区土地利用强度递减的特点，有效解决了与城市外围区域和卫星城镇的交通问题。

2. 网格型线网

网格型线网是指由两组或两组以上互相垂直的线路构成的城市轨道交通线网，适用于市区呈片状发展、街道呈棋盘式布局的城市，如图 2–4 所示。

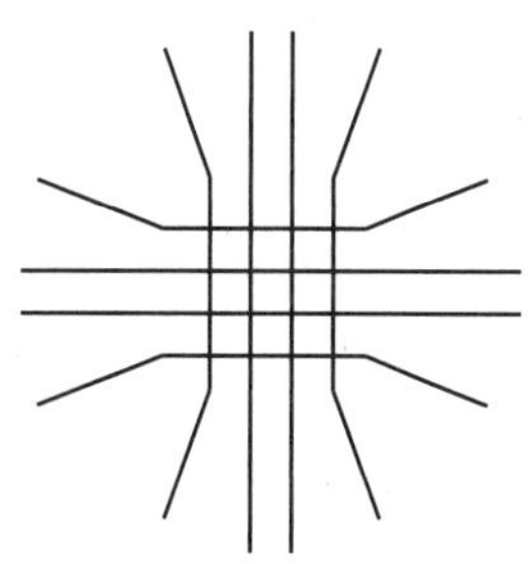
图 2–4　网格型线网示意图

网格型线网的突出优点是线路布设均匀，换乘节点能够分散布置；轨道交通线路顺直，工程易于实施。该类型线网的缺点是线路走向较为单一，对角线方向出行需要绕行，市区中心与郊区之间出行常需换乘；另外，线网平行线路的相互联系较差，平行线路间的换乘比较麻烦，一般需要换乘 2 次以上。

3. 设置环线型线网

设置环线型线网如图 2–5 所示，主要有两个作用：一是加强中心区边缘各客流集散点的联系；二是通过换乘分流外围区之间的客流，可以减轻这些客流进入中心区所带来的压力。

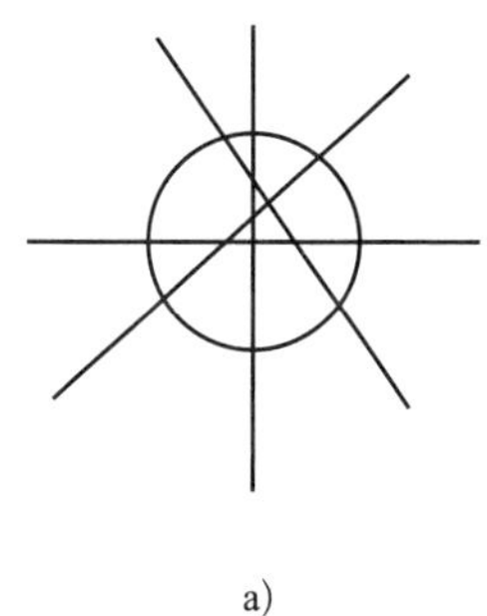
a)

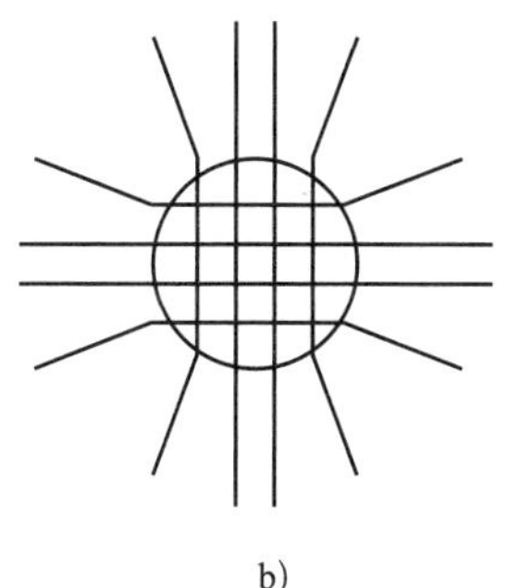
b)

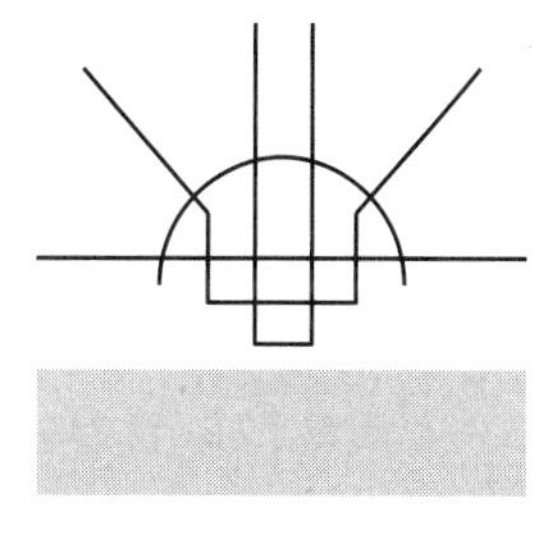
c)

图 2–5　设置环线型线网示意图

值得特别注意的是，城市轨道交通环线与地面道路交通环线不同，换乘会增加乘客出行时长，因此，环线对外围区之间的客流能否起到屏蔽作用仍需仔细研究。设置环线时应注意沿线人口及就业岗位数量，合理串联城市客流集散点。

知识窗

世界典型城市轨道交通线网形态

圣彼得堡地铁为典型的放射状线网，由5条地铁线交叉组成，运营里程约113.5 km，共67个车站（其中7个换乘站），将中心城区与被大小涅瓦河分割的各个岛屿和城郊连接在一起，如图2–6所示。

斯德哥尔摩地铁为典型的放射状线网，由3条线路在市中心的中央火车站交叉换乘，向城市西北部和南部放射（东北部和西部为大片河湖地区，人口较少），且各线在郊区又分出一部分运营支线，如图2–7所示。

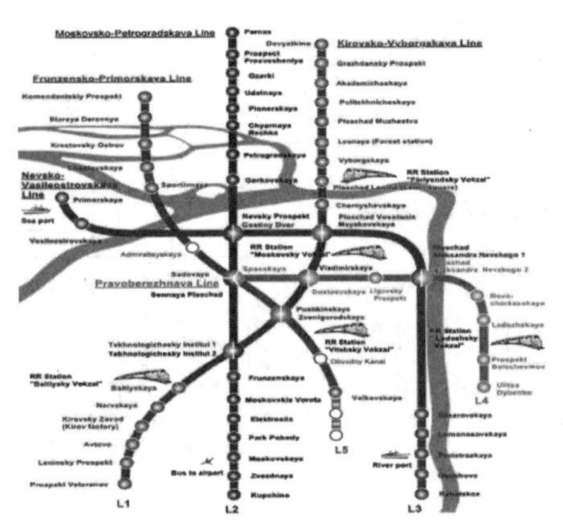

图2–6　圣彼得堡地铁线网图

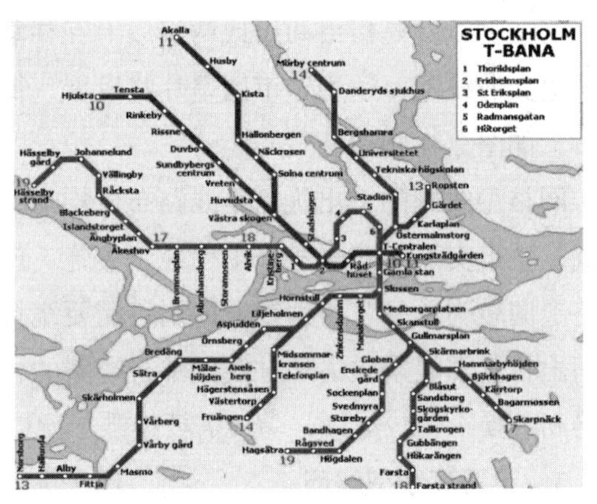

图2–7　斯德哥尔摩地铁线网图

墨西哥城地铁为典型的网格状线网，除A线与B线外，其余线网为由4条南北向线路、4条东西向线路以及1条斜向线路组成，其间有2条线路为了增加与平行线路之间的交叉机会而呈“L”形，如图2–8所示。

莫斯科地铁为典型的放射环状线网，共由12条线路构成，其主要形态为中心向四周辐射状，其中最重要的线路便是地铁5号线（环线），它负责连接起其余绝大部分分支线路，如图2–9所示。

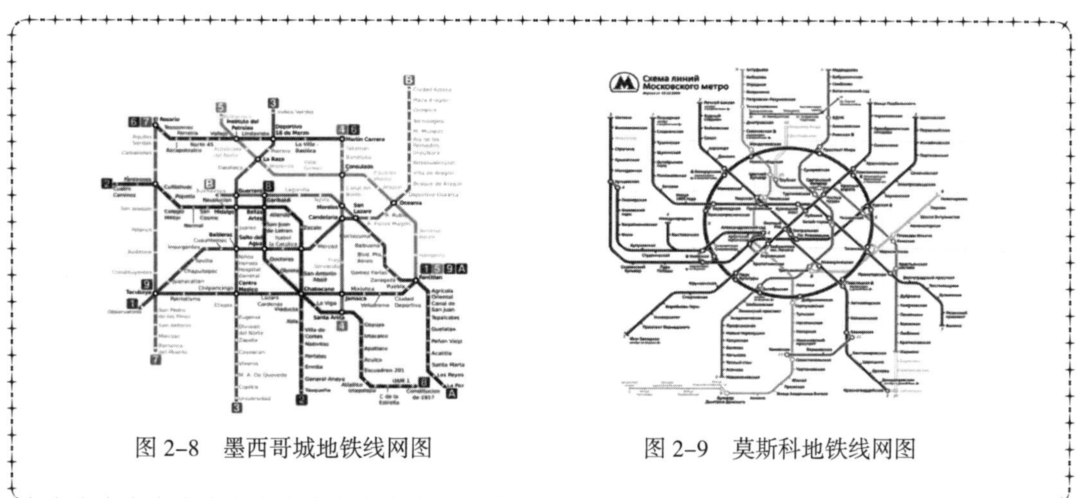

图 2–8　墨西哥城地铁线网图　　　　图 2–9　莫斯科地铁线网图

三、城市轨道交通线网规模

科学合理的城市轨道交通线网规模是政府部门、城市规划部门和城市轨道交通运营企业共同关注的问题。合理的线网规模既是线网规划的宏观控制指标，也是一项极为重要的投资依据，还能够向决策者提供决策的辅助依据。

1. 线网规模指标

线网规模从一个侧面反映城市轨道交通系统所能提供的服务水平，一般以线网密度与系统能力输出进行表示。其中，系统能力输出又与系统运营管理密切相关，主要指标包括线网长度、线网密度和线网日客运周转量。

（1）线网长度

线网长度是指城市轨道交通系统线网中各线路正线长度的总和。它能够直观地反映线网的规模，由此能够估算总投资量、总输送能力、总设备需求量、总经营成本、总体效益等，并可据此决定相应的管理体制与运作机制。

（2）线网密度

线网密度是指单位人口拥有的城市轨道交通线路规模或单位面积上分布的城市轨道交通线路规模，是衡量城市轨道交通服务水平的一个重要指标。由于城市用地开发强度不同，对交通的需求也不均等，因此评价线网的合理程度应按中心城区、城市边缘区、城市郊区等不同区域求取密度进行比较。

（3）线网日客运周转量

线网日客运周转量是指城市轨道交通各条线路每日运送的乘客人次与其相应的运送距离乘积的总和，是评估系统能力输出的指标，能够体现城市轨道交通在城市公共客运交通中的地位、作用和占有份额。

2. 线网规模确定

目前，确定城市轨道交通线网规模指标的方法主要包括服务水平法、出行需求分析法、吸引范围几何分析法和回归分析法。

（1）服务水平法

采用服务水平法时，先将规划区分为几类，然后类比其他轨道交通系统发展较为成熟的城市线网密度，或通过线网形状、吸引范围与线路间距确定线网密度，从而确定城市轨道交通系统的线网规模。

（2）出行需求分析法

采用出行需求分析法时，可先预测规划年限的全方式出行总量，而后根据公共交通出行分担率、拟订的城市轨道交通出行占公共交通出行的比例，以及线路负荷强度等确定所需的线网规模。

（3）吸引范围几何分析法

采用吸引范围几何分析法时，根据城市轨道交通线路或车站的合理吸引范围，在不考虑城市轨道交通运量并保证合理吸引范围覆盖整个城市用地的前提下，利用几何方法确定城市轨道交通线网规模。

（4）回归分析法

采用回归分析法时，先找出影响城市轨道交通线网规模的主要因素，而后利用其他城市轨道交通系统发展较为成熟的城市的相关资料，对线网规模及主要影响因素进行拟合，从中确定相关函数关系，最后根据各相关因素在规划年限的预测值，利用函数关系确定规划年限所需的城市轨道交通线网规模。

四、城市轨道交通线网发展趋势

大型城市轨道交通线网的发展趋势可概括为以下三个方面。

1. 速度等级差异的轨道交通线路

考虑到出行者实际需求的差异性，而且伴随着城市的不断发展，人们对出行效率的要求越来越高，设计不同等级的轨道交通服务成为一种趋势。典型的案例是在原有城市轨道交通线网基础之上增设快车线。这些城市由于发展、扩大或建设外围新区，要克服长距离缺陷，快车线可以提高速度，缩短时空距离，加强新市区与中心区的联络。

2. 与其他类型轨道交通的衔接

随着城市轨道交通建设里程的增加，许多大城市的城市轨道交通线网从最初的中心区主导模式逐步转向全市区模式，甚至形成了都市圈模式。换言之，城市轨道交通的不少线路

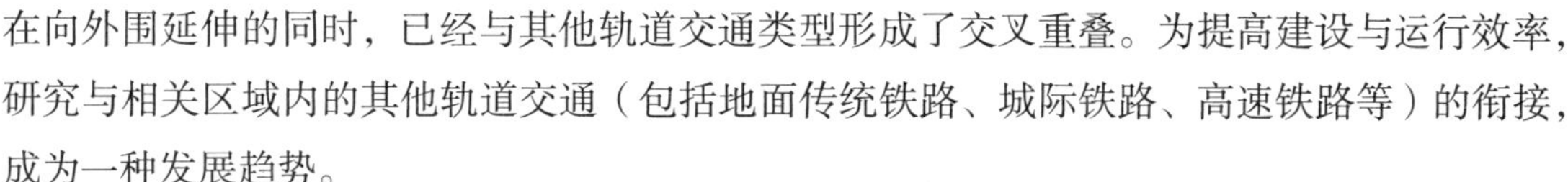

在向外围延伸的同时，已经与其他轨道交通类型形成了交叉重叠。为提高建设与运行效率，研究与相关区域内的其他轨道交通（包括地面传统铁路、城际铁路、高速铁路等）的衔接，成为一种发展趋势。

3. 精细化的分阶段实施规划

城市轨道交通线网的规划及实施是长期的，实施过程需要结合城市的具体发展需求、经济实力与资金情况。具体来说，每条城市轨道交通线路都可能是分期、分段实施的。因此，如何根据各条线路的位置与功能，判断其建设条件的成熟度，进而确定其分阶段建设年限，使得既能保持工程实施与运营的连续性，又能最大限度发挥投资效益，是目前城市轨道交通网络规划的重要内容。

第二节　城市轨道交通线路设计

线路是城市轨道交通系统的基本组成部分。城市轨道交通线路设计工程包括选线、平纵断面设计，以及路基、道床、道岔、连接扣件、轨道结构和其他工程内容。

城市轨道交通线路设计的基本要求是保障行车安全、平顺，并且使整个工程在技术上可行，经济上合理。

一、选线

选线即选择城市轨道交通的行走线路，分为经济选线与技术选线。经济选线就是与城市总体规划相结合选择行车线路的起讫点与控制点，如对外交通枢纽、城乡接合部等客流量大的地点。技术选线则是按照行车线路，结合有关的设计技术规范，落实线路的位置。

1. 线路走向选择

城市轨道交通选线工作应符合城市总体规划，符合城市轨道交通线网规划，节约城市土地资源，减少城市拆迁工程，合理衔接其他交通方式，注重环境与文物保护，考虑城市轨道交通施工建设条件，并便于轨道交通运营组织。影响城市轨道交通线路走向与路由确定的因素如下：

（1）线路性质、作用及地位

主要包括线路在城市轨道交通线网中的作用及地位、所承担的客流性质，以及工程建设规模和线路等级。

（2）客流集散点与主客流方向

主要包括设计年限内，轨道交通线路所经过的大型集散点的建设情况、可能形成的客流走廊状况和主客流方向。

（3）城市道路网及建设情况

城市轨道交通线路一般需与城市的规划道路网建设密切配合，在未建成规划道路的地段建设城市轨道交通线路时，要注意与规划道路的关系，在能力运用方面要配套、合理。

（4）线路的敷设方式和技术条件

轨道交通线路的敷设方式和采用的技术条件对线路走向及路由也会产生很大影响，在不满足线路技术要求的地段，轨道交通线路需绕行或另选路由。

（5）与城市发展的近远期结合

选择城市轨道交通线路走向与路由时，应着重考虑城市建设的近远期发展条件，要与城市建设发展时序相协调，发挥城市轨道交通建设对城市发展建设的拉动作用。

2. 车站设置要求

城市轨道交通车站直接服务于广大乘客，其设置应为乘客出行提供方便，同时还应该考虑其他相关影响因素。城市轨道交通车站设置一般应满足以下要求：

（1）靠近大型客流集散点

城市大型客流集散点通常为城市政治、文化及经济中心，客流具有大且集中的特征，靠近城市大型客流集散点设置城市轨道交通车站能够为乘客出行提供便利条件。

（2）规划城市交通枢纽站

城市轨道交通线路应在城市对外交通枢纽、与其他轨道交通交汇处设置车站，使之与其他交通方式、城市路网和公共交通线网密切结合，为乘客提供便捷的换乘条件。

（3）与城市建设密切结合

城市轨道交通车站规划与建设应与城市建设密切结合，与旧城区房屋改造和新城区土地开发项目相结合，方便施工，减少工程作业量，从而降低工程造价。

（4）选择良好地质区段

城市轨道交通车站设置应尽量避开地质不良地段，尽可能降低对线路周边环境的影响程度。同时，城市轨道交通线路在穿越城市中的江、河、湖、山与铁路站场、仓库区等人口低密度区时，可不设置车站。

（5）选择合理的站间距

国家标准《地铁设计规范》（GB 50157—2013）规定，车站间的距离应根据实际需求确定，在市区宜为 1 km 左右，在郊区不宜大于 2 km。短线路宜多设站，长线路宜少设站。部分城市轨道交通线路站间距见表 2–3。

城市轨道交通车站分布应根据科学的综合分析和详细的方案比选后确定。车站分布数目较多时，对建设费用、运营成本、施工进度等均有较大影响。

表 2-3　部分城市轨道交通线路站间距

类型	线 别	车站数 / 座	线路里程 /km	平均站间距 /m
市区干线	北京地铁 1 号线	23	31.04	1.411
	上海地铁 1 号线	28	36.89	1.367
	大连地铁 1 号线	22	27.91	1.329
	大连地铁 2 号线（一期）	21	25.35	1.268
市域快线	大连地铁 3 号线（主线）	12	49.15	4.468
	大连地铁 12 号线	8	42.70	6.100

3. 线路平纵断面设计

城市轨道交通线路设计为正线上下行双线，列车单向右侧行车，轨距与铁路标准相同，为 1 435 mm。地铁正线间及与其他交通线路间交叉采用立体交叉，保证高效和运营安全。车站一般设置在直线上，并尽量采用大半径曲线，直线与曲线连接以缓和曲线过渡，线路纵坡长度不小于一列列车长度，变坡点以竖曲线连接。根据运营需要，还可设置适当的渡线、折返线与联络线等辅助线。

（1）线路平面设计

线路平面是城市轨道交通线路在水平面上的投影，由直线和曲线组成。曲线为圆曲线，对列车运行具有一定的阻力。

1）最小曲线半径。地铁系统正线最小曲线半径常用值为 300 m，困难地段不小于 250 m；场线最小曲线半径常用值为 150 m，甚至可以更小。

2）缓和曲线是介于直线与圆曲线之间的曲率渐变的连接曲线。设置缓和曲线的目的在于减少振动冲击，保证轨道交通列车平稳运行。外轨超高和轨距加宽均在缓和曲线范围内逐渐完成。

（2）线路纵断面设计

线路纵断面是线路在垂直面上的投影，由平道和坡道组成。城市轨道交通线路并不是始终在一个水平面上的，而是沿垂直方向呈“波浪形”向前方延伸，车站位于“波浪”的最高点，相邻车站间的区间则为“低谷”，这样形成的高差曲线称为“驼峰”。城市轨道交通线路纵断面如图 2-10 所示。

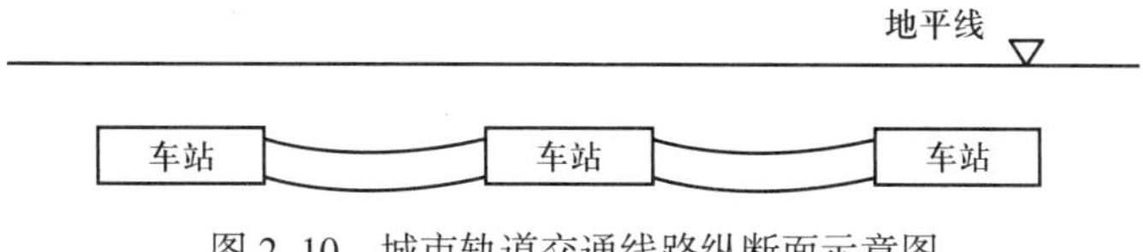

图 2-10　城市轨道交通线路纵断面示意图

线路纵断面“驼峰”两侧坡度一般不大于3‰，该设计有利于列车利用自身重量获得重力加速度分量。出站列车下坡能够在短时间内实现起步、加速，起到节能的作用；进站列车上坡可实现节能、减速并最终停车的目的。

城市轨道交通线路的主要技术标准由建设条件、客运量、车辆类型和行车速度等因素决定，见表2–4。

表2–4　城市轨道交通线路主要技术标准

线路要素		A型车	B型车	有轨电车
最小曲线半径/m	正线	300～350	250～300	50～100
	辅助线	250	150～200	25～80
	车场线	150	80～110	25～80
最大坡度/‰	正线	30～35	30～35	50
	辅助线	40	40	60
	车场线	1.5	1.5	1.5
竖曲线半径/m	正线	3 000～5 000	2 500～5 000	1 000
	辅助线	2 000	2 000	1 000

4. 限界设计

限界是指城市轨道交通列车沿固定的轨道安全运行时需要的空间尺寸。城市轨道交通车辆在隧道内行驶，隧道结构内部要有足够的空间，供车辆通过与布设线路结构、通信信号、供电、给排水等设备。同时，为保证列车安全运行，凡接近城市轨道交通线路的各类建筑物及设备，必须与轨道交通线路保持一定距离。限界越大，安全度越高，但工程量与工程建设资金也随之增加。因此，合理限界的确定既要考虑保证列车运行安全，又要考虑降低工程建设成本。

根据城市轨道交通系统的构成和设备运营要求，限界分为车辆限界、设备限界、接触网（轨）限界与建筑限界。

（1）车辆限界

车辆限界是指城市轨道交通车辆在正常运行状态下形成的最大动态包络线。直线地段车辆限界分为隧道内车辆限界与高架或地面线车辆限界，高架或地面线车辆限界应在隧道内车辆限界的基础上另加上当地最大风荷载引起的横向与竖向偏移量。

（2）设备限界

设备限界是保证城市轨道交通系统的列车等移动设备在运营过程中的安全所需要的限

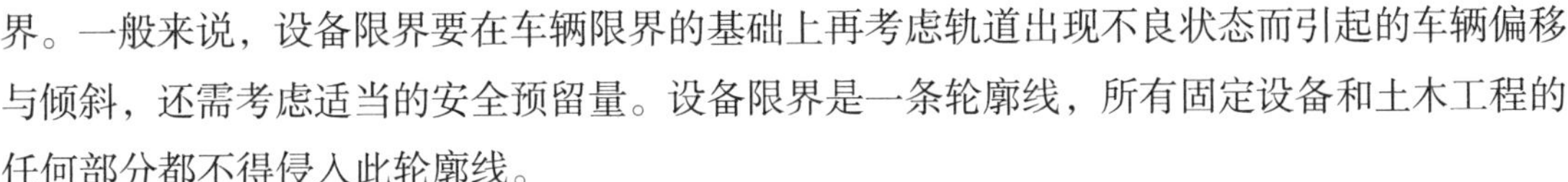

界。一般来说，设备限界要在车辆限界的基础上再考虑轨道出现不良状态而引起的车辆偏移与倾斜，还需考虑适当的安全预留量。设备限界是一条轮廓线，所有固定设备和土木工程的任何部分都不得侵入此轮廓线。

（3）接触网（轨）限界

接触网（轨）限界根据城市轨道交通列车受流器的偏移、倾斜与磨耗、接触轨安装误差、轨道偏差、电间隙等因素确定。

（4）建筑限界

建筑限界是指在城市轨道交通行车隧道与高架桥等结构的最小横断面所形成的有效内轮廓线基础上，再考虑其施工误差、测量误差、结构变形等因素，为满足固定设备与管线安装必需的限界。换言之，建筑限界以内、设备限界以外的空间主要是各类误差、设备变形和其他管线所需要的空间。

二、城市轨道交通线路敷设方式与基本组成

1. 线路敷设方式

按照线路的空间位置不同，城市轨道交通线路的敷设方式可分为地下线、地面线与高架线三种方式。

（1）地下线

城市轨道交通地下线一般选择在城市中心繁华地区，是对城市环境影响最小的一种线路敷设方式。地下线路埋置深度应根据地质情况与地下构筑物情况而定。在城市中，一般以浅埋为好。在制定工程方案时，要由浅入深进行选择比较，确定最佳方案。地下线如图 2-11 所示。

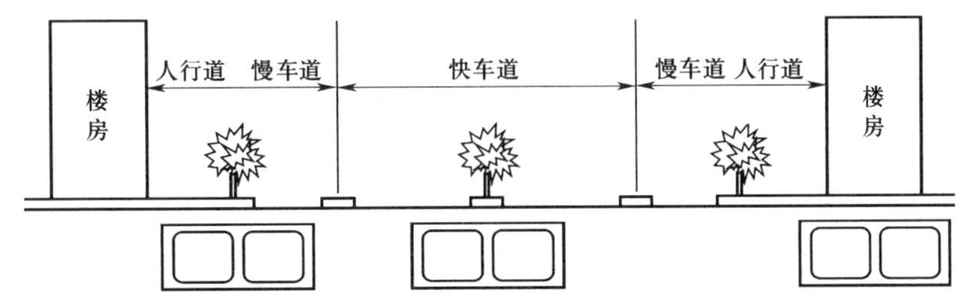

图 2-11　地下线示意图

（2）地面线

城市轨道交通地面线是造价成本最低的一种敷设方式，一般敷设在有条件的城市道路或郊区。为保证城市轨道交通列车的快速运行，地面线一般采取专用道形式。地面线与城市道路相交时，一般应设置为立交形式，很少设置为地面线路。在连接中心城区与

卫星城或近郊地带时，尽量创造条件设置地面线，降低工程造价。地面线如图 2–12 所示。

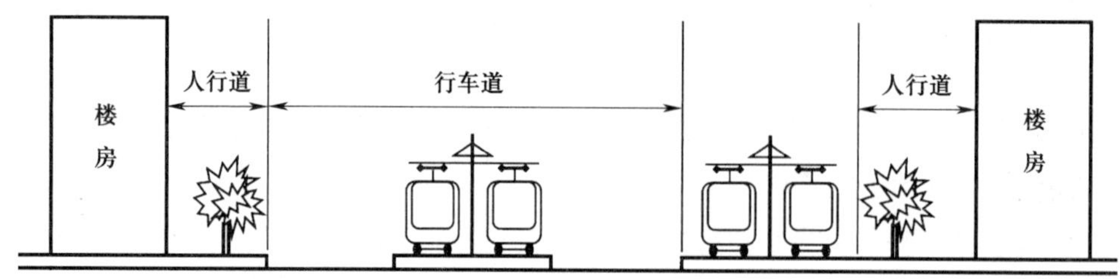

图 2–12　地面线示意图

（3）高架线

高架线是城市轨道交通中一种重要的线路敷设方式，既能够保障专用道路的形式，又能够节省土地资源，对城市交通干扰也较小。城市轨道交通高架区段中的高架桥梁为永久性的城市建筑，结构寿命要求在 50 年（或 100 年）以上。高架线路设置于城市道路中心线上对道路景观较为有利，噪声对周围环境影响相对较小，路口交叉处对地面交通影响也相对较小。但是，若在无中央分隔带的道路上敷设高架线，改建道路工程量较大。高架线如图 2–13 所示。

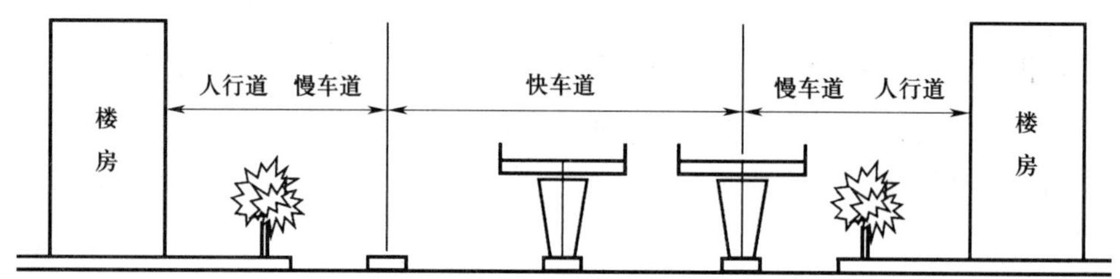

图 2–13　高架线示意图

以上三种城市轨道交通线路敷设方式的特征比较见表 2–5。

表 2–5　　三种线路敷设方式特征比较

线路敷设方式	地下线	地面线	高架线
工程建设难易程度	难	易	较易
工程设备设施复杂程度	复杂	简单	较简单
工程建设投入资金	大	小	较大
自然因素对运营影响程度	小	大	较小
对城市道路阻隔作用	无	强	较弱
对城市景观影响程度	小	较大	大

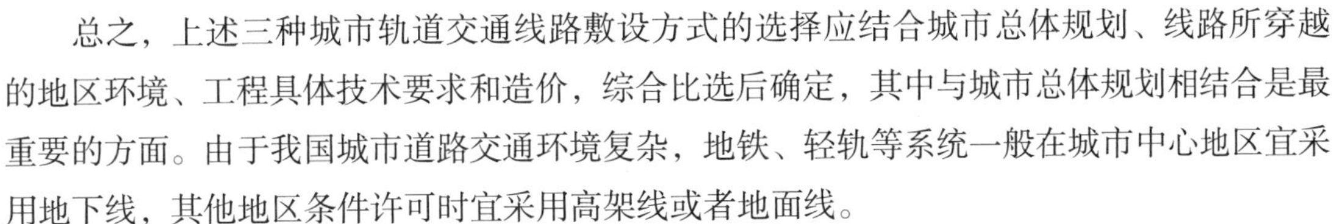
总之，上述三种城市轨道交通线路敷设方式的选择应结合城市总体规划、线路所穿越的地区环境、工程具体技术要求和造价，综合比选后确定，其中与城市总体规划相结合是最重要的方面。由于我国城市道路交通环境复杂，地铁、轻轨等系统一般在城市中心地区宜采用地下线，其他地区条件许可时宜采用高架线或者地面线。

2. 线路基本组成

按其在运营中的作用不同，城市轨道交通线路一般可分为正线、辅助线与车场线。其中，辅助线包括折返线、联络线、渡线、存车线和出入段线等。

（1）正线

正线是指城市轨道交通列车运行的线路，连接车站并贯穿或直股伸入车站。城市轨道交通正线均采用上、下行分行，一般实施右侧行车惯例，以便与城市地面交通行车规则相吻合。正线行车速度高、密度大、对线路标准要求较高，要求采用 60 kg/m 以上类型钢轨敷设。

（2）折返线

折返线是城市轨道交通列车正常运行中折返换端时使用的线路，即帮助列车从一条股道转至另一条股道，或提供临时存车功能，并能够满足列车折返运行能力的需要。

折返线根据不同的折返方式可分为环形折返线、尽端折返线、渡线折返。

1）环形折返线。环形折返线俗称灯泡线，如图 2–14 所示。环形折返线将端点折返作业转化为沿一个环形单线区段运行的作业，实质上取消了列车折返过程，有利于列车发挥运行速度，消除了因折返作业而形成的线路通过能力限制条件，是一种对提高运营效率有利的折返方式。环形折返线的缺点如下：占地面积较大，尤其是在地下修建时难度更大，投资较高；缺少了一段停车维护检查的机动线路，对车辆技术要求、运行组织要求更高；不利于线路延伸。

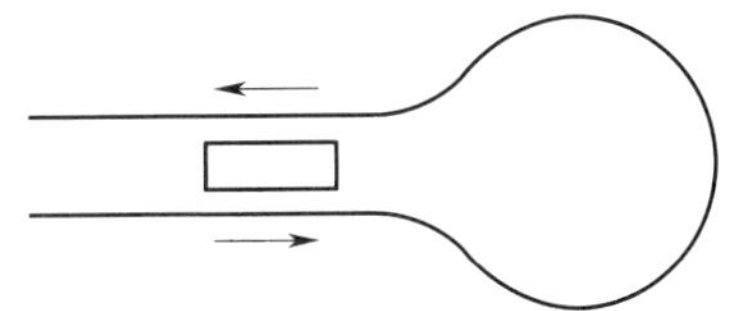

图 2–14　环形折返线

2）尽端折返线。尽端折返线能够弥补环形折返线的不足之处，使得尽端站既能够有效组织列车折返，又能够提供临时停车线供故障车停车、检修等作业使用。同时，尽端折返线也有利于线路的延伸。

尽端折返线有单线折返、双线折返与多线折返等不同布设方式，如图 2–15 所示。

3）渡线折返。采用渡线折返时，在车站前或车站后设置渡线（上下行正线之间的连接线），用于完成折返作业，如图 2–16 所示。利用渡线折返所需建设线路最少，投资较少，但是列车进出站与折返作业有严重的干扰，尤其是在中间站利用渡线进行区间列车折返时需占用正线，将会产生敌对进路，存在安全隐患，对运营管理要求十分严格，且行车间隔受其制约将有所延长，导致线路通行能力下降。

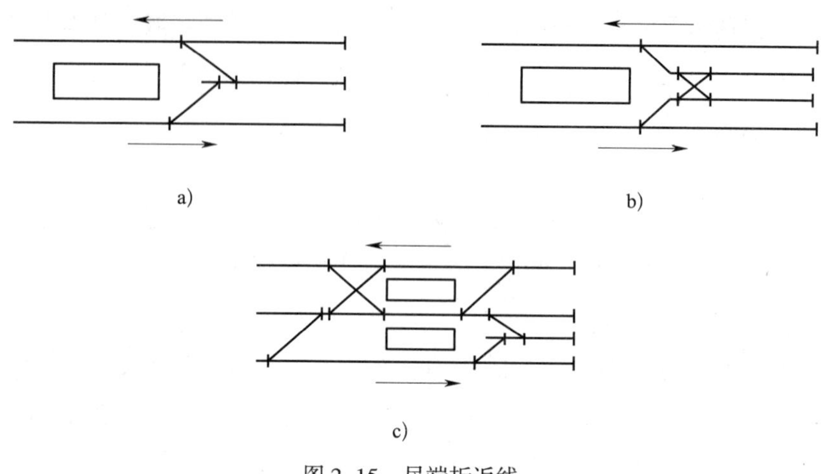
a)
b)
c)

图 2-15　尽端折返线

a）单线折返　b）双线折返　c）多线折返

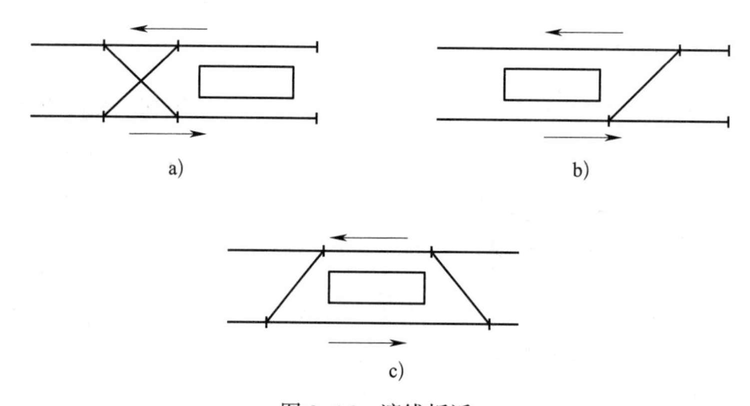
a)
b)
c)

图 2-16　渡线折返

a）站前渡线折返　b）站后渡线折返　c）中间站渡线折返

知识窗

单轨列车如何进行折返？

跨坐式单轨列车折返需要特殊的设备，即有一定长度的道岔梁，一端可以移动，每片道岔梁均固定在一辆支撑台车上，由电动机驱动。道岔根据结构特性不同，分为柔性铰接型和简易铰接型两种。跨坐式单轨列车折返如图 2-17 所示，跨坐式单轨线路岔区如图 2-18 所示。

图 2-17　跨坐式单轨列车折返

图 2-18　跨坐式单轨线路岔区

（3）联络线

联络线是指不同城市轨道交通线路之间为调动列车等作业方便而设置的连接线路，如图 2-19 所示。联络线因连接的城市轨道交通线路往往不在一个平面上，因此具有较大坡度与较小曲线半径，列车运行速度缓慢。若是在地下建设，施工难度较大，资金投入也将较高。

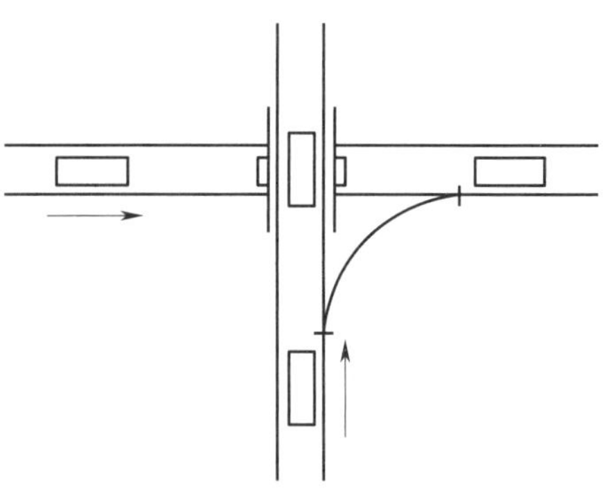

图 2-19　联络线示意图

（4）渡线

渡线是城市轨道交通线路上下行正线之间设置的连接线，通过一组联动道岔达到使列车转线的目的。

（5）存车线

存车线是城市轨道交通线路中用于停放列车，并可进行少量检修作业的线路，一般设置在终点站或区间车站，如图 2-20 所示。

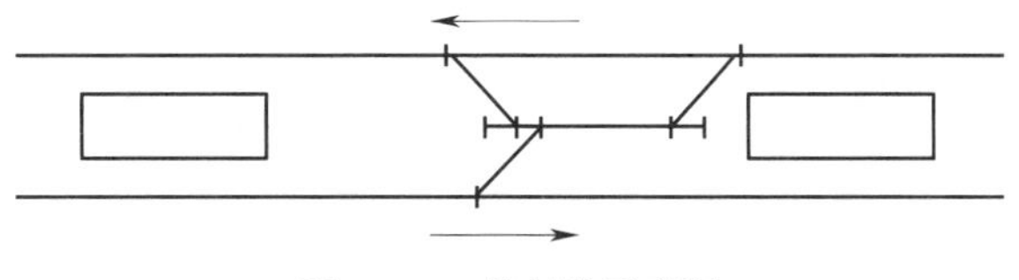

图 2-20　存车线示意图

运营中的城市轨道交通列车行车间隔较小，若出现非正常情况，为使故障列车能够及时退出正线而不影响后续列车正常运营，一般情况下每 3 ～ 5 座车站应加设存车线及渡线。

（6）出入段线

出入段线是指城市轨道交通车辆基地与正线车站的联系线路，专用于列车进出车辆基地，一般可分为入库线和出库线。典型的城市轨道交通出入段线如图 2–21 所示。

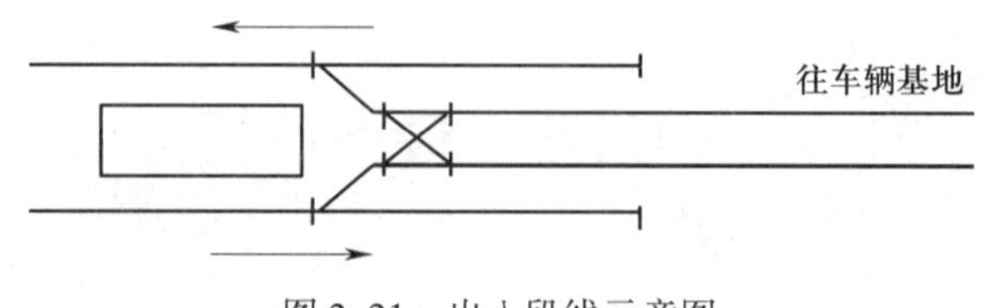

图 2–21　出入段线示意图

（7）车场线

车场线是指车辆基地内进行场区作业与停放列车的线路，如停车列检线、检修线等。

三、城市轨道交通轨道工程

1. 钢轨

钢轨是轨道的主要组成部分，直接承受列车荷载并将其传递到扣件、轨枕、道床至结构底板中。同时，依靠钢轨头部内侧与车辆轮缘的相互作用，钢轮引导列车前进。由于钢轨在列车动荷载作用下，会产生弹性挠曲与横向弹性变形，因此应具有足够的承载能力、抗弯强度、断裂韧性、稳定性、耐磨性和耐腐蚀性。

钢轨的类型是按每延米大致重量进行区分的，如 43 kg/m、50 kg/m、60 kg/m、70 kg/m 等。城市轨道交通在经济条件允许时，地下线路、地面线路或高架线路的运营正线一般均应采用 60 kg/m 以上的重型钢轨，从经济性角度出发，车场线选取 43 kg/m 或 50 kg/m 钢轨是可行的。

一般情况下，轨道通常采用定长钢轨连接成轨道线路。两根定长钢轨之间采用夹板连接，该夹板即为钢轨接头，其连接零件包括夹板、螺栓、螺母、弹簧垫圈等，如图 2–22 所示。目前，城市轨道交通轨道中已大量采用无缝钢轨，钢轨接头数量大大减少。

图 2–22　钢轨接头

知识窗

无缝钢轨

无缝钢轨是指利用标准长度的钢轨与钢轨进行焊接，连接而成的长度为 1 000 ~ 2 000 m，甚至更长的长钢轨。因此，无缝钢轨并非完全没有缝隙，只是整条铁路段间隙数量少到几近忽略不计。

与普通钢轨相比，无缝钢轨由于消除了大量钢轨接头，因而消除了接头冲击力，减少了噪声污染、轨道磨损和线路损害，节省了大量原材料，线路维修可节约费用 30 % 至 75 %。另外，无缝钢轨提升了轨道的可靠性，列车速度也相应提高，增加了乘客的平稳、舒适感。

但是，如何控制钢轨的热胀冷缩是敷设无缝钢轨所需解决的首要问题，工程技术人员需选择正确的锁定轨温，防止钢轨产生剧烈形变，从而保障城市轨道交通列车的运行安全。

2. 轨枕

轨枕是钢轨下方基础的重要部件，其功能是支撑钢轨，保持轨距与方向，并将钢轨对其的各向压力传递至道床上。利用扣件可将轨枕与钢轨连接在一起形成“轨道框架”，增加轨道结构的横向刚度。因此，轨枕必须具有坚固性、弹性与耐久性。

按照其材料不同，轨枕可分为木枕和钢筋混凝土枕。

（1）木枕

木枕是铁路系统中最早采用并且一直沿用至今的一种轨枕，如图 2-23 所示。木枕具有弹性好、易加工、维修养护方便、绝缘性能好等特点，但其易于腐朽与产生机械磨损、使用寿命短，且价格较为昂贵。

（2）钢筋混凝土枕

钢筋混凝土枕与木枕相比，能够提供较大的阻力，具有稳定性好、使用寿命长等优点，减少了线路维修与养护的工作量，但其质量较大，不利于敷设，且弹性相对较差，如图 2-24 所示。

3. 道岔

道岔是将城市轨道交通列车由一条线路转向或越过另一条线路的轨道设备。道岔主要由转辙器、连接部分、辙叉及护轨三个单元组成，如图 2-25 所示。

转辙器由两根尖轨、两根基本轨和转辙机械组成。尖轨是转辙器的主要部件，通过连接杆件与转辙器相连，操纵转辙器就能够转换轨尖的位置，从而确定道岔的开通方向。

图 2-23　木枕

图 2-24　钢筋混凝土枕

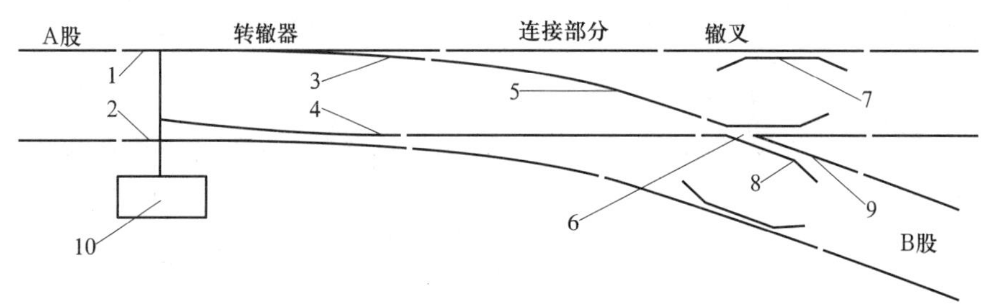

图 2-25　道岔的组成

1、2—基本轨　3、4—尖轨　5—导轨曲线　6—有害空间

7—护轨　8—翼轨　9—辙叉心　10—转辙机械

连接部分用于连接转辙器与辙叉，由两根直轨与两根导曲线轨组成。由于导曲线轨的半径较小，在导曲线上又不能设置缓和曲线与外轨超高。因此，列车侧向通过道岔时，其速度要受到严格限制。

辙叉包括辙叉心、翼轨与护轨，其作用为保证车轮安全通过两根钢轨的相互交叉区域。

道岔常见的类型有普通的单开道岔、双开道岔、三开道岔和复式交分道岔。

（1）单开道岔用于将一条线路分岔成两条线路，一条直线（主线），一条曲线（侧线），如图 2-26a 所示。

（2）双开道岔用于将一条线路分岔成两条不同方向的曲线，如图 2-26b 所示。

（3）三开道岔用于沿一股直线线路（主线）对称分支，同时衔接的有三条线路，包括一股直线线路和两股曲线线路，如图 2-26c 所示。

（4）复式交分道岔由两条平面交叉线路及两侧各一条连接曲线组成，既可以引渡列车由一条线路跨越至另一条线路，也可以使列车通过交叉设备并沿原线路继续运行，如图 2-26d 所示。

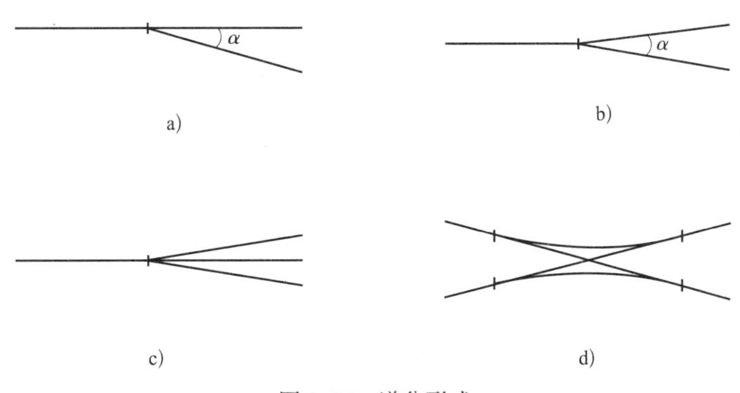

图 2–26 道岔形式

a）单开道岔 b）双开道岔 c）三开道岔 d）复式交分道岔

4. 道床

道床位于路基之上，轨枕之下，一般分为有砟道床与无砟道床两类。

（1）有砟道床

有砟道床所用材料必须质地坚韧，吸水度低，排水性能好，耐冻性强，不易风化，不易压碎、捣碎与磨碎，不易被风吹动或被水冲走，因此，有砟道床材料选用碎石、熔炉矿渣，筛选卵石（有 50% 以上卵石含量的天然砂卵石），以及粗砂与中砂等。

有砟道床能够将城市轨道交通车辆的荷载通过钢轨、轨枕并经过道床的扩散作用，散布于路基上，起到保护路基的作用；能够提供抵抗轨排纵横向移位的阻力，保持轨道的正确几何形位；能够提供良好的排水性能，减轻轨道冻害并提高路基承载能力；其具有弹性与阻尼，能够起到缓冲与减振的作用；同时，还便于进行轨道养护维修作业。

（2）无砟道床

目前，城市轨道交通大多采用无砟道床，无砟道床与基床的连接形式主要有整体灌筑式、轨枕式与支撑块式三类。整体灌筑式是指就地连续灌筑混凝土基床或纵向承轨台；轨枕式即是把预制好的混凝土轨枕与混凝土道床浇筑成一个整体；支撑块式是指把预制的钢筋混凝土支撑块与混凝土道床浇筑成一个整体，是许多国家铁路整体道床采用的形式，北京地铁、天津地铁均采用此类形式。

5. 扣件

扣件又称为中间连接零件，主要功能是将钢轨与轨枕牢牢固定在一起，防止钢轨作相对于轨枕的纵向或横向移动。按轨枕类型不同，扣件可分为木枕用扣件与钢筋混凝土枕用扣件。

6. 轨道结构

为了减轻列车在线路上运行时的蛇形运动，轨道上两股钢轨均应向内倾斜；同时，为了确保列车运行安全，两股钢轨之间的距离和高度均有严格的要求。轨道结构的几何形位即是指轨道各部分的几何形状、相对位置与基本尺寸，速度不同时，轨道的几何形位允许误差也各有不同。

（1）轨距

轨距有直线段轨距与曲线段轨距之分。通常情况下所提及的轨距均为直线段轨距，我国采用的标准轨距在直线段的尺寸为 1 435 mm。

（2）水平

在城市轨道交通线路的同一横截面两股钢轨轨顶面的高度差就称为水平。为使两股钢轨均匀受力，直线段两股钢轨的轨顶面应保持在同一水平面，而曲线段的外轨应按照规定设置超高。

四、城市轨道交通工程建设

城市轨道交通工程在市区中修建，施工方法受地面建筑物、道路、城市交通、环境保护、施工机具和资金条件等因素的影响特别大。因此，选择施工方法时不仅需要考虑技术、经济、修建地区具体条件，而且要考虑对城市生活的影响。

1. 地下隧道工程

在城市轨道交通系统中，地下铁道是占有较大比例的线路敷设方式，具有明显优势，但造价高昂。因此，应充分进行技术经济对比优化后，分区确定线路施工方案。城市轨道交通地下隧道施工方法主要包括明挖法、盾构法、矿山法和沉管法。

（1）明挖法

在进行城市轨道交通浅埋隧道、管道或其他地下建筑工程时，采用从地表开挖基坑或堑壕，修筑衬砌后，先将隧道部位的岩（土）体全部挖除，然后修建洞身、洞门，再用土石进行回填的施工方法，称为明挖施工法，简称明挖法，如图 2–27 所示。

明挖法是修建城市轨道交通车站常用的施工方法，具有施工作业面多、速度快、工期短、易保证工程质量、工程造价低等优点，因此，在地面交通与环境条件允许的区域，应尽可能选用明挖法施工。

（2）盾构法

盾构法是利用盾构机进行隧道挖掘的一种暗挖施工方法，如图 2–28 所示。盾构机一般由盾构壳体、推进系统、拼装系统、出土系统四大部分组成。隧道断面形状取决于设计要求，一般可分为圆形、半圆形、矩形、马蹄形四种。

盾构法施工具有自动化程度高、节省人力、施工速度快、一次成洞、不受气候影响、开挖时可控制地面沉降、减少对地面建筑物的影响、在水下开挖时不影响水面交通等特点，尤其是在隧道洞线较长、埋深较大的情况下，利用盾构法施工更为经济合理。

图 2–27　明挖法施工

图 2–28　盾构法施工

（3）矿山法

矿山法是一种以钻眼爆破方法开挖断面修筑隧道及地下工程的施工方法，因借鉴矿山开拓巷道的方法而得名，如图 2–29 所示。矿山法的施工方法是将整个断面按分部顺序采取分割式逐块开挖，并要求边挖边修筑衬砌，防止土石坍塌。为了减少对围岩的扰动，分部的大小和多少视地质条件、隧道断面尺寸、支护类型而定。

图 2–29　矿山法施工

矿山法施工投入小、造价低，但由于工作面小，不能使用大型凿岩钻孔机械与装卸运输设备，将导致施工进度慢，建设周期长，机械化程度低，耗用劳动多。

（4）沉管法

沉管法又称为预制管段法或沉放法。该施工方法的流程是：先在施工点以外的船台上或临时干坞内制作隧道管段，并将两端临时封闭起来，预制完成后用拖轮拖运到施工点指定位置，然后在隧道定位处预先挖好水底基槽，待管段定位就绪后，向管段内灌水压载，使之下沉，并将沉下并已放置在正确位置的多片管段内的水排空后形成水下连接，再经覆土（石）回填后，即形成了沉管内部的通道。

2. 高架结构工程

桥梁的作用在于跨越障碍物，使道路得以继续延伸。桥梁的基本组成包括桥面、桥跨结构、墩台与基础三大部分。按照基本结构形式不同，桥梁可分为梁式桥、拱式桥与悬索桥等。

为了实现交通立体化，高架常常成为城市轨道交通所采用的修筑方式。城市轨道交通线路在跨越河流、跨越城市其他交通设施与有关障碍物等主要的工程节点时，应采用跨度较大并且造型能够与城市景观相协调的桥梁结构，该结构方式多选用拱式结构。上海地铁拱式桥如图 2-30 所示。

当城市轨道交通工程对跨度要求不高时，多数地段常常采用结构简单、安全可靠、维修方便、经济实用的预应力钢筋混凝土结构。深圳地铁梁式桥如图 2-31 所示。

图 2-30　上海地铁拱式桥

图 2-31　深圳地铁梁式桥

3. 地面路基工程

在城市轨道交通线路中心线的设计标高与自然地面标高相差不多的地段，常常通过填土或者挖土的方式修筑路基。

在列车运行作用与雨水、风沙等侵蚀的长期影响下，路基土壤的力学性质会不可避免地发生变化，从而形成翻浆冒泥、冻胀、滑坡和边坡塌方等路基病害。

为了避免路基病害，保证路基的状态良好，应保持路基干燥。为解决路基的排水问题，特别是路堑地段，不但要排地表水，还应注意排地下水。若因路堤的修建影响了自然地表水的排出，则需在路堤下修建涵洞，引导地表水通过线路，防止线路一侧积水浸泡侵蚀路基。另外，加固边坡可以避免雨水冲刷造成坡面变形，从而保持路基的坚固与稳定。

思考与练习

1. 简述城市轨道交通线网规划的流程与内容。
2. 城市轨道交通线网有哪几种典型基本结构？它们各有什么特点？
3. 城市轨道交通线路有哪几种敷设方式？它们的特点是什么？
4. 简述城市轨道交通线路的基本组成。
5. 城市轨道交通折返方式有哪几种？它们的特点是什么？
6. 简述城市轨道交通线路轨道的基本组成。
7. 城市轨道交通地下隧道工程有哪几种施工方法？各有什么特点？

第三章　城市轨道交通车辆

学习目标：

- ◆ 了解城市轨道交通车辆的特点与分类。
- ◆ 掌握城市轨道交通车辆基本组成。
- ◆ 掌握城市轨道交通车辆机械组成与电气组成。
- ◆ 熟悉城市轨道交通车辆基地、检修与其他车辆的相关知识。

第一节　城市轨道交通车辆概述

一、城市轨道交通车辆的特点

通常情况下，城市轨道交通车辆主要是指地铁车辆和轻轨车辆，它们是城市轨道交通系统中最重要的设备，也是技术含量较高的机电设备之一。城市轨道交通车辆应具有先进性、可靠性与实用性，能够满足容量大、安全、快速、舒适、美观与节能的要求。城市轨道交通车辆的特点如下：

1. 载客能力强，大型城市轨道交通车辆载客量可达 350 人 / 辆。
2. 动力性能好，车辆应运行速度快，加速能力强，制动效果好。
3. 安全可靠性高，设备先进，故障率低，突发情况下适应性强。
4. 环境条件好，车辆内部具备良好的照明、空调通风条件。
5. 牵引特征灵活，根据不同线路特征采取不同的牵引方式，即动力集中牵引与动力分散牵引。
6. 节能环保，车辆牵引动力为电能，对环境影响小。

二、城市轨道交通车辆的分类

城市轨道交通车辆选型应以线路条件、供电电压等主要技术条件为依据，相关技术指标应满足客运量及行车组织的要求；另外，还需考虑车辆设备部件技术参数、当地环境和气候条件、外观与色彩等相关因素。城市轨道交通车辆可按牵引动力配置、驱动方式、车体规格、支撑导向制式、受流器等进行分类。

1. 按牵引动力配置分类

按车辆牵引动力配置不同，城市轨道交通车辆可分为动车与拖车两类。

动车是指自身装备有动力装置，具有牵引与载客双重功能的城市轨道交通车辆，又可分为带受电弓动车与不带受电弓动车两类，带受电弓动车可表示为 Mp，不带受电弓动车可表示为 M。拖车是指自身不具有动力装置，需要动车牵引拖带，仅具有载客功能的城市轨道交通车辆。另外，拖车可设置司机室，表示为 Tc；也可带受电弓，表示为 Tp。

知识窗

城市轨道交通车辆的符号

通常情况下，城市轨道交通车辆为动车与拖车的有机组合，也可称为动车组，一般用符号表示，例如“四动两拖”6 节编组列车可表示如下：

– Tc = Mp ※ M = M ※ Mp = Tc –

2. 按驱动方式分类

按驱动方式不同，城市轨道交通车辆可分为旋转电动机系列车辆与直线电动机系列车辆。

旋转电动机系列车辆利用逆变器将直流电变为电压和频率均可调节的交流电，以电压和频率的变化控制交流电动机。其运行可靠，过载能力强，结构简单，保养与维修少，应用于我国绝大部分城市轨道交通电动列车。直线电动机系列车辆又称为 L 型车，直线电动机可将电能直接转换成直线运动机械能，不需任何中间转换机构。广州地铁直线电动机车辆如图 3–1 所示。

3. 按车体规格分类

按车体规格不同，城市轨道交通车辆可分为 A 型车、B 型车与 C 型车三类，分类标准是车体宽度。其中，A 型车车体宽度为 3.0 m，B 型车车体宽度为 2.8 m，C 型车车体宽度为 2.6 m。

4. 按支撑导向制式分类

按支撑导向制式不同，城市轨道交通车辆可分为轮轨导向车辆与导向轮导向车辆。

轮轨导向车辆通过轮缘将轮对卡在钢轨上，在起到支撑作用的同时，还可起到导向作用，如图 3–2 所示。导向轮导向车辆一般为胶轮系列车辆，因胶轮只起到支撑作用，还需靠导向轮辅助导向，如图 3–3 所示。

图 3–1　广州地铁直线电动机车辆

图 3-2 轮轨导向

图 3-3 导向轮导向

5. 按受流器分类

按受流器不同，城市轨道交通车辆可分为受电弓受电车辆与集电靴受电车辆。

受电弓受电车辆主要应用于架空式接触网供电方式的城市轨道交通线路。集电靴受电车辆主要应用于接触轨式接触网（第三轨）供电方式的城市轨道交通线路。

三、城市轨道交通车辆的组成

城市轨道交通车辆一般由车体、转向架、制动系统、电力牵引系统、车辆连接装置、通风空调系统等基本部件组成。

1. 车体

车体是城市轨道交通车辆最重要的组成部件之一，坐落于转向架上。除去承载乘客功能外，车体还是装载车辆机械、电气、电子等几乎所有设备的载体，列车驾驶室也设置在车体中。车体一般由底架、侧墙、车顶、前端、后端等组成，具备隔音、减震、隔热、防火等功能，并应具备应急状态下保证乘客安全的逃生门。

2. 转向架

转向架是城市轨道交通车辆最重要的组成部件之一，是支撑车体并担负车辆沿轨道走行的支撑走行装置。为了改善车辆运行品质与满足运行要求，转向架设置有构架、轮对、悬挂系统、减震装置、基础制动装置和传动装置等，动车转向架还安装有牵引电动机、变速机构等装置。

3. 制动系统

制动系统是城市轨道交通车辆必须装置的系统之一，其功能为根据列车实际运行需要使得车辆按规定减速、停车，是轨道交通车辆安全运行的保证，紧急情况下对减少事故与人员伤亡有着重要意义。制动系统一般由制动控制系统与制动执行系统两部分组成。

4. 电力牵引系统

城市轨道交通车辆多数以电能为牵引动力，电力牵引系统主要由牵引电动机、受流器、高压线、牵引逆变器模块、过压保护电阻、电抗器和辅助电源系统等组成。

5. 车辆连接装置

由于城市轨道交通车辆为多辆编组，车辆之间需通过连接装置相互连接，从而实现相邻车辆之间的纵向力传递与通道的连接。因此，车辆连接装置主要包括车钩缓冲装置与贯通道装置，一般由车钩、缓冲装置、电气连接、风挡、渡板及贯通道等部分组成。

6. 通风空调系统

由于城市轨道交通车辆大多数运行于封闭或半封闭的地下空间，为改善乘客的舒适度，现代城市轨道交通车辆一般均设有通风空调系统，而运行在寒冷地区的车辆则设置有电热器。

第二节　城市轨道交通车辆机械组成

城市轨道交通车辆机械部分主要由车体、转向架、车钩缓冲装置、制动装置、通风空调系统等组成。

一、车体

车体的总体要求是：车体内部布置座位少，车门多且开度大，应采用轻量化设计，降低工程投资、牵引力损耗及线路磨损；防火要求严格，应采用防火阻燃、低烟低毒的材料；应采用隔音与减噪措施，降低对乘客的影响；外观造型、色彩应与城市景观协调。

1. 车体材料

车体材料的要求是具有一定的强度与刚度，同时要耐腐蚀，并且要进行轻量化设计。目前，城市轨道交通车辆车体材料已由碳素钢发展到不锈钢与铝合金。

碳素钢车体自重可达到 10 ~ 13 t，材料与制造成本比另两种材料低，但耐腐蚀性差，维修费用高，因而总成本最高。不锈钢车体自重比碳素钢可减轻 1 ~ 2 t，材料与制造成本较碳素钢高，耐腐蚀，基本不需要定期维护保养，因而总成本在三者间为最低。铝合金车体自重比钢制车体可减轻 3 ~ 5 t，是三种材料中最轻的，材料与制造成本最高，耐腐蚀性较好，需定期维护保养，总成本较高。

2. 车体结构

车体是由底架、侧墙、车顶与端墙等部件组成的封闭筒形结构，如图 3–4 所示。

图 3–4 车体

底架由地板梁、牵引梁、枕梁、横梁、侧梁组成。其中，每块地板梁下部有两对安装车下设备的吊挂座；牵引梁设在底架的两端，用于安装车钩缓冲装置；枕梁用于支撑车体下两端的转向架；横梁位于底架两端；侧梁位于底架两侧，用于承重。

车体左右侧墙各有 5 扇（或 4 扇）宽型车门和 4 扇（或 5 扇）车窗，侧墙被车门和车窗分割成带窗框、窗下间壁，以及左右窗间壁或门间壁。

车体两端的端墙由弯梁、贯通道立柱和墙板组成。

二、转向架

转向架是城市轨道交通车辆的重要走行部件，列车在线路上行驶时，车体与转向架之间、转向架与轨道之间会产生各种力和位移，而转向架则承受并传递这些力和位移，从而保证列车沿轨道安全、平稳地运行。

1. 转向架的作用

城市轨道交通车辆转向架的作用如下：能够增加车辆的载质量、长度与容积，提高列车运行速度；通过转向架的轴承装置使车轮沿着钢轨的滚动转化为车辆沿线路运动的平动；支撑车体，承受并传递各种荷载及作用力，并使轴承均匀分配荷载；能够使车辆灵活地沿直线线路运行并顺利通过曲线线路，保证车辆安全运行；缓和车辆与线路之间的相互作用，减小振动与冲击，减小动应力，提高车辆运行的平稳性与安全性；充分利用轮轨之间的黏着，传递牵引力与制动力。

2. 转向架的分类

城市轨道交通车辆所采用的转向架一般有动车转向架与拖车转向架两种。为了检修方便，满足相同部件的互换性，其基本结构相同，主要区别在于有无驱动装置。由于动车转向架需要为车辆提供动力，因此通常配置牵引电动机、联轴器、齿轮箱、齿轮箱悬挂装置，以及动力轮对等驱动装置。

3. 转向架的组成

动车转向架的基本结构如图 3–5 所示，一般由以下几个部分组成。

（1）构架

构架是转向架的基础，把转向架的零部件组成一个整体。构架不仅仅承受和传递各种作用力及荷载，而且其结构形状、尺寸与大小还应满足各零部件的结构、形状和组装要求。

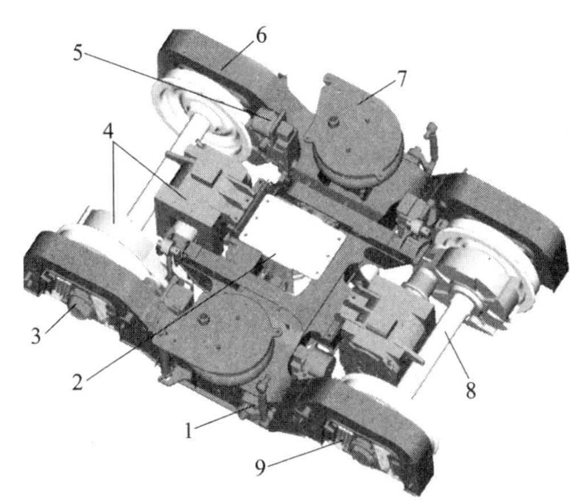

图 3-5　动车转向架的基本结构

1—抗侧滚装置　2—中心牵引装置　3—箱轴组装　4—驱动单元装置　5—制动单元装置

6—构架　7—二系空气弹簧　8—动车轮对　9— 一系悬挂弹簧

（2）弹性悬挂装置

为了减少线路不平顺和轮对运动对车体的影响（如垂向振动、横向振动等），在轮对与架构之间、架构与车体之间设有弹性悬挂装置，分为一系悬挂弹簧和二系空气弹簧，目前多采用空气弹簧。

（3）轮对、轴箱装置

轮对沿着钢轨滚动，除了传递车辆重量外，还传递轮对之间的各种作用力，包括牵引力和制动力。轴箱与轴承装置是联系构架和轮对的活动关节，使轮对的滚动转化为车体沿钢轨的平动。

（4）制动单元装置

为了使车辆在规定的距离内停车，必须安装制动单元装置，其作用是传递制动闸缸或单元制动机产生的制动力，使闸瓦与轮对之间产生的摩擦力转换成轮对与钢轨的摩擦力（制动力），从而使车辆承受前进方向的阻力，产生制动效果。

（5）中心牵引装置

中心牵引装置是车体与转向架的连接部分，其结构应能够安全可靠地架承车体，并传递各种荷载与作用力。同时，车体与转向架之间应能绕不变的旋转中心相对转动，使车辆顺利通过曲线。

（6）驱动单元装置

驱动系统是动车转向架所特有的，主要由牵引电动机、联轴器、齿轮箱、齿轮箱悬挂装置和动力轮对等组成。该系统既提供牵引力，也提供制动力（电制动力）。

三、车钩缓冲装置

城市轨道交通车辆均为多节车辆运行，需由车钩连接车辆，以及车辆间的电路与气路。同时，为了改善列车纵向冲击，在车钩的后部装设缓冲装置，与车钩一同传递与缓冲列车运行的牵引力、制动力与其他冲击力。

车钩及缓冲装置包括车钩、缓冲器、电路连接器和气路连接器。车钩按不同标准可分为刚性车钩与非刚性车钩，密接式车钩，全自动车钩、半自动车钩与半永久车钩等几类。

1. 刚性车钩与非刚性车钩

按照两车钩连接后在垂向能否彼此相对移动，车钩可分为刚性车钩与非刚性车钩，如图 3–6 所示。

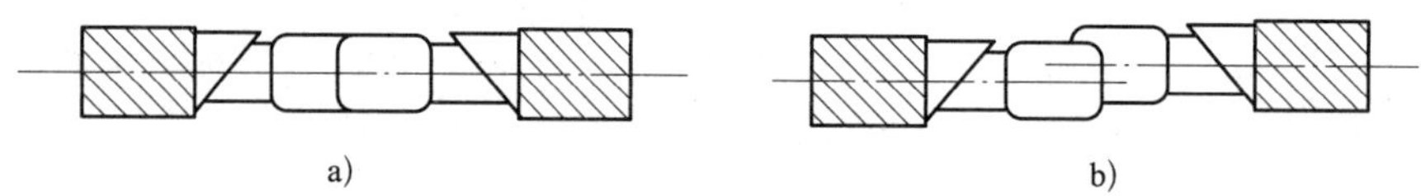

图 3–6　刚性车钩与非刚性车钩

a）刚性车钩　b）非刚性车钩

（1）刚性车钩

刚性车钩连挂后，不允许两连挂车钩在垂直方向有相对位移。如果连挂前两车钩的纵向中心线高度存在偏差，那么连挂后两车钩的轴线处在同一条直线上并呈倾斜状态。两车钩钩体的尾端为完全铰接，能保证两连挂车钩之间可以具有相对的水平位移和垂向角位移。

（2）非刚性车钩

非刚性车钩连挂后，允许两连挂车钩在垂直方向有相对位移。如果连挂前两车钩的纵向中心线高度存在偏差，则发生连挂的车钩呈阶梯状，并且各自保持水平位置。由于车钩钩体的尾端相当于销接，就保证了车钩在水平面内的角位移。

刚性车钩与非刚性车钩相比具有较多优点，因此城市轨道交通车辆上主要采用刚性车钩。

2. 密接式车钩

密接式车钩是通过车辆之间以一定的相对速度相向运行并相互碰撞，使钩头的连接器动作，实现车辆的机械、电路与气路自动连接的一种刚性车钩。密接式车钩在两连挂车钩高度有偏差时，以及在有坡度线路和曲线上都能安全地连挂。两车钩连挂后，钩头接触面之间不允许水平和垂向的相对移动，且钩头接触面的纵向间隙应限制在很小范围内。

密接式车钩缓冲装置由密接式车钩（钩头凸锥、钩舌）、橡胶缓冲器、风管连接器、电气连接器和风动解钩系统（解钩风缸、解钩杆、异形管）等部分组成，如图 3–7 所示。

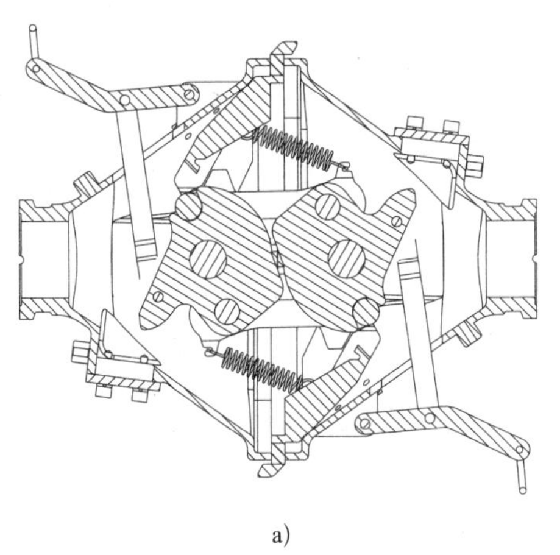

a)

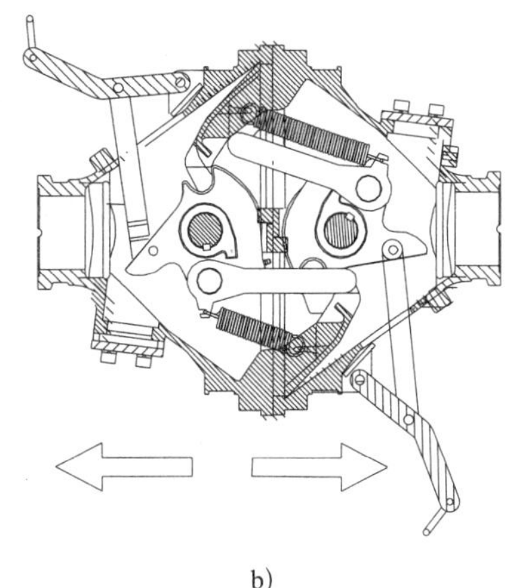

b)

图 3-7　密接式车钩缓冲装置

a）连挂状态　b）分解状态

车辆连挂时，依靠两车钩相邻钩头上的凸锥与凹锥孔相互插入，起到紧密连接作用，同时自动将两车间的电路、气路连通，并起到缓和连挂车辆间冲击的作用。车辆分解时，亦可自动解钩，并自动切断两车间的电路与气路。

3. 全自动车钩、半自动车钩与半永久车钩

按照牵引连挂装置的连接方法不同，车钩可分为全自动车钩、半自动车钩与半永久车钩。

（1）全自动车钩

全自动车钩一般设置在列车的端部，用于与其他列车连挂，如图 3-8 所示。全自动车钩可以实现自动机械连接、自动气路连接、自动电路连接，自动气动解钩，可在司机室操作，并设有可复原能量吸收装置（缓冲器）和对中装置，为吸收能量，还设有可压溃筒体。

（2）半自动车钩

半自动车钩一般设置在组成列车的车组之间，可将两个半列车组连接成一整列，而且具有能量吸收装置，使得在过载冲击下车辆结构不受破坏。

（3）半永久车钩

半永久车钩机械、气路与电路的连接与解钩都需要人工操作，一般只有在架修以上级别的作业时才进行分解，如图 3-9 所示。半永久牵引杆可实现车辆间的连接，不具备自动机械解钩功能，解钩作业需在车辆段内进行，采用非气动方法、通过弹性缓冲器实现可复原能量吸收功能。

图 3-8 全自动车钩

图 3-9 半永久车钩

四、制动装置

城市轨道交通车辆制动装置的作用是产生制动力，使列车减速或及时停车。制动装置作用的好坏对保证城市轨道交通列车的安全和正点运行具有极其重要的影响，而且也是提高载客量和运行速度的前提条件。

1. 制动方式

按制动时列车动能的转换方式或制动力获得的方式不同，城市轨道交通车辆所采用的制动方式可分为摩擦制动与动力制动两大类。

（1）摩擦制动

摩擦制动（或称空气制动）是指利用两物体间的摩擦将列车的动能转化为热能，散失到周围大气中去，从而产生制动作用。城市轨道交通车辆一般常用的摩擦制动为闸瓦制动（或称为踏面制动），另外还有盘形制动（分为轴盘制动和轮盘制动）与磁轨制动。

1）闸瓦制动。闸瓦制动是指利用铸铁或合金材料制成的闸瓦压紧车轮的踏面，使两者摩擦产生制动作用，但制动功率不宜过大。目前采用合成闸瓦较多，也有采用半金属闸瓦或粉末冶金闸瓦。

2）盘形制动。盘形制动是指利用合成材料制成的闸片紧固装于车轴上（轴盘制动），或紧固装于车轮辐板上的制动圆盘（轮盘制动）上，使闸片与制动轴盘或圆盘间产生摩擦，实现制动。通常动车采用轮盘制动，拖车采用轴盘制动。

3）磁轨制动。磁轨制动是指在车体或转向架的下部设有电磁铁，在制动时将电磁铁放下并与钢轨吸合，利用两者间的摩擦产生制动作用。由于磁轨制动可获得较大的制动力，因此多作为实施紧急制动时的一种补充制动手段。

（2）动力制动

动力制动（或称为电制动）是把电动车中的牵引电动机在制动时变为发电机，把车辆运行的动能转化为电能的制动方式。按照对电能的处理方式不同，动力制动可分为电阻制动与再生制动。

1）电阻制动。采用电阻制动时，将电能送到制动电阻上消耗掉，使之变成热能而释放到大气中。电阻制动一般能提供较为稳定的制动力，但在车辆底架下需要安装体积较大的制动电阻箱，并需要强迫通风冷却，因此较少使用。

2）再生制动。采用再生制动时，将电能重新反馈回电网，可以节约能源。由于城市轨道交通列车制动、减速、停车频繁，再生制动是一种较为理想的制动方式。

知识窗

制动程序

由于动力制动的效率随城市轨道交通车辆运行速度的降低而下降，因此一般在高速运行时实施动力制动。在动力制动初期，车辆首先采用再生制动；如果其所产生的电能在一定程度上未被消耗掉，则开始采用电阻制动。

随着列车的速度下降，其动力制动也将不断减弱，如果动力制动已不能满足制动的要求，此时动力制动将被切除，所有制动力由摩擦制动承担。

另外，在动力制动不足时，车辆需同时实施摩擦制动。

2. 空气制动系统的组成及工作原理

空气制动系统是城市轨道交通车辆最常用的摩擦制动装置，以压力（压缩）空气作为制动的动力和操纵制动的介质，通过压力的变化操纵制动力的大小，由供气设备、基础制动装置、防滑装置与制动控制单元组成。

其中，供气设备为空气制动系统提供压缩空气；防滑装置用于车轮与钢轨黏着不良时，对制动力进行控制；制动控制单元为空气制动系统的核心部件，接收计算机制动控制单元的指令，再指示制动执行部件动作。

以城市轨道交通车辆摩擦制动方式中最常见的闸瓦制动为例，介绍空气制动系统的工作原理，如图 3–10 所示。

闸瓦制动装置根据制动指令使制动缸内产生相应的制动缸压力，该压力通过制动缸使制动缸活塞杆产生推力，经基础制动装置中一系列杆件的传递、分配，使每块闸瓦都贴靠在车轮踏面上，并产生闸瓦压力。此时，车轮与闸瓦间相对滑动，产生摩擦力，最后转化为轮轨之间的制动力。缓解时，制动控制装置将制动缸压力空气排除，制动缸活塞在制动缸缓解弹簧的作用下退回，通过各杆件带动闸瓦离开车轮踏面。

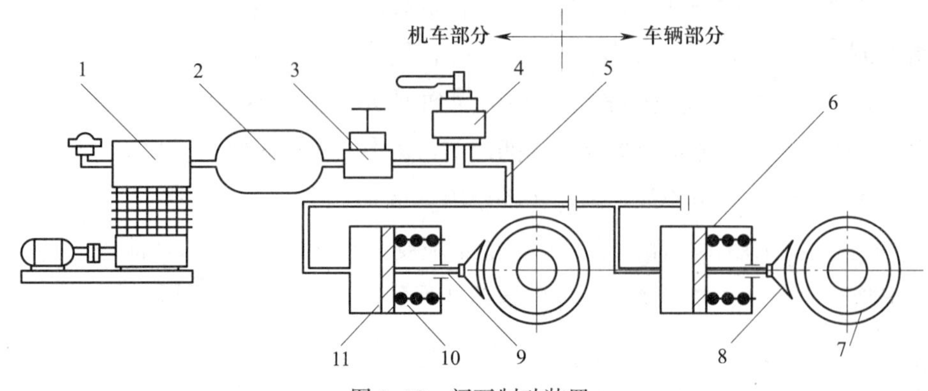

图 3-10　闸瓦制动装置

1—空气压缩机　2—总风缸　3—调压阀　4—制动阀　5—制动管　6—制动缸　7—车轮　8—闸瓦　9—制动缸活塞杆　10—制动缸弹簧　11—制动缸活塞

五、通风空调系统

1. 系统的作用

由于城市轨道交通系统客流密度大，为改善客室的空气质量，必须设置通风装置。随着空气调节技术的普遍应用和乘客对乘车环境舒适性要求的不断提高，自然通风已不被采用，单一的机械式强迫通风系统也逐渐被通风空调系统所替代。安装在城市轨道交通车辆顶部的空调设备如图 3-11 所示。

另外，根据城市的自然条件和列车的运行环境，城市轨道交通车辆还可设置采暖装置，采用电热器，安装在客室的座椅或侧墙下方，如图 3-12 所示。

图 3-11　安装在车顶的空调

图 3-12　具有电加热功能的座椅

2. 空调机组及其控制

空调机组主要由全封闭活塞式压缩机、冷凝器、蒸发器、储液器、热力膨胀阀等组成，并通过管道、阀门等依次连接，形成一个封闭的制冷循环系统，辅以冷凝轴流风机、离心式通风机、恒压器箱等辅助部件，构成一个完整的集中式空调机组。

空调系统的启动、工作与监控均由设在每节车辆电气柜中的空调控制单元实现，自动调节及本单元制冷压缩机的顺序启动也由空调控制单元实现控制。

每节车厢的空调系统都设有温度传感器（包括冷凝温度传感器、新风温度传感器、回风温度传感器、送风温度传感器），它是空调系统能够实现自动控制的基础。控制单元通过采集温度传感器的数值，确定空调机组的启动与关闭、空调机组的工作状态。另外，控制单元还可根据温度传感器的当前值与机组的当前工作状态判断空调系统的工作是否正常。

控制单元是一个微型计算机处理系统，通过专门设计的软件形成一个集控制、监控、诊断、故障储存与显示为一体的空调控制单元，并能够通过标准的串行接口与计算机连接，实现人机对话、人工调试和控制空调机组的运行。

第三节　城市轨道交通车辆电气组成

城市轨道交通车辆电气部分主要包括电力牵引传动系统、辅助供电系统、列车控制与故障诊断系统，以及乘客信息系统等。

一、电力牵引传动系统

城市轨道交通车辆电力牵引传动系统主要包括受流设备、牵引电动机和牵引控制系统。

1. 受流设备

受流设备是城市轨道交通列车将外部电源引入车辆电源系统的重要设备。根据线路供电方式的不同，列车受流设备分为集电靴与受电弓两种形式。

集电靴应用于接触轨式接触网（第三轨）供电方式的城市轨道交通线路，如图 3–13 所示。受电弓应用于架空式接触网供电方式的城市轨道交通线路，如图 3–14 所示。

图 3–13　集电靴

图 3–14　受电弓

另外，车间电源是列车辅助的受流设备，主要应用于列车在检修库内整车调试或部分设备需带电检查时，通过电缆插头与外部电源相连，供电给列车电源系统。出于安全原因，车间电源与列车主受流设备之间相互联锁，不能同时向列车供电。

2. 牵引电动机

城市轨道交通车辆的动力来源于牵引电动机，牵引电动机一般可分为旋转电动机与直线电动机。

（1）旋转电动机

旋转电动机又可分为直流电动机与交流电动机。一直以来，直流电动机在城市轨道交通电动列车上得到了广泛应用，目前占有一定比重。随着电气电子技术的发展，体积小、容量大、可靠性高、维修量小的三相交流异步电动机开始被大量采用，其技术优势明显，具有替代直流电动机的趋势。

（2）直线电动机

采用直线电动机的车辆取消了旋转电动机从旋转运动转换成直线运动所必不可少的一系列机械减速传动机构，从而达到降低噪声、减轻重量的目的。同时，直线电动机的应用使电动列车转向架的结构变得十分简单，可降低工程造价。但直线电动机效率低，且需敷设一条与线路等长的感应轨，工艺要求高，投资较大，控制技术较为复杂。

3. 牵引控制系统

牵引控制系统用于控制城市轨道交通列车电动机工作，为列车提供所需动力及制动力。牵引控制系统由高速开关、主电路、变流设备、牵引控制单元和制动电阻等部件组成。

其中，高速开关用于接通和分断电动列车的高压电路，是电动列车的主要保护装置；主电路由主接触器等构成；变流设备按牵引电动机种类不同，可分为直流—直流变流设备与直流—交流变流设备两种；牵引控制单元为一个微型计算机实时测控系统，处理司机发出的指令，通过参考值设置牵引（制动）控制电路的数据与应答信号，并根据相应程序对牵引电路进行控制，同时其还具有故障检测及故障存储功能；制动电阻用于电动列车的电阻制动。

（1）牵引控制方式

城市轨道交通车辆的牵引控制方式一般有变阻控制、斩波调压控制与变压变频控制三类。

1）变阻控制是一种曾广泛应用于直流牵引电动机牵引的控制方式，虽控制方式简单方便，但由于耗能、发热等原因已被淘汰。

2）斩波调压控制利用大功率电力电子器件将直流电压转换成方波，从而调整直流牵引电动机的端电压，广泛运用于直流牵引电动机作动力的电动列车上，可实现无级调整，并容易实现再生制动。

3）变压变频控制利用逆变器将直流变为电压和频率均可调节的交流，以电压和频率的变化控制交流牵引电动机。其与交流电动机配合，无换向部分，运行可靠，过载能力强，结构简单，几乎无须保养与维修。

（2）主控制器

司机通过操纵主控制器手柄，使列车按其意图控制运行。主控制器实际上是一组转换开关，通过扳动两根不同的轴，控制凸轮及与之组合开关相应的触点分合，然后通过控制电路控制列车的运行方向，实现列车牵引、制动与惰性工况的转换。

主控制器主要由主控制手柄、方式 / 方向手柄、组合开关、凸轮、转动轴、电位器电阻等部件组成。为了保证列车运行安全，在主控制手柄上安装有警惕装置，司机按下后方能发出牵引指令，若不能及时再次按下，将导致列车采取紧急制动。另外，主控制器还与司机钥匙开关、方式 / 方向手柄相互联锁。

二、辅助供电系统

辅助供电系统主要负责对城市轨道交通列车上辅助设施设备进行供电，通常包括车厢通风、空调及牵引等系统的通风机和空气压缩机电动机、照明装置等交流负载，以及乘客信息系统、列车控制系统、车辆及其子系统控制系统、电动车门驱动装置、蓄电池充电器、照明装置等直流负载。

辅助供电系统主要由辅助逆变器、蓄电池与充电器三部分组成。

1. 辅助逆变器

列车主要通过辅助逆变器输出三相交流电供辅助电动机工作，同时再经过整流输出直流电供列车蓄电池和应急电池充电使用。对于采用交流供电的照明系统，逆变器还负责向照明系统供电。

列车辅助逆变器的工作原理与主逆变器一致，只是辅助系统的供电频率及幅值是固定的，其控制相对主逆变器较为简单。

辅助逆变器的控制单元与牵引系统控制单元一致，采用模块化设计，分电源、输入 / 输出模块及中央处理器模块等部分。

2. 蓄电池

蓄电池是车辆辅助供电系统的低压直流备用电源，在辅助静态逆变器正常工作时处于浮充电状态。在网压供电或辅助静态逆变器发生故障无法正常工作时，蓄电池作为紧急电源向车辆辅助直流重要负载进行供电，如车厢紧急通风系统、紧急照明系统和各控制系统等。

列车上通常使用碱性镉镍电池作为启动电源。这种电池具备牢固、可靠、寿命长等特点，可在较大温度范围内使用，有良好的电荷保持能力，可以在任何条件下长期储存而无损坏，成本较其他镉镍电池低，适用于放电率不高的场所，基本满足城市轨道交通列车使用需要。

3. 充电器

充电器主要输出 DC110 V 电能，给车辆控制系统、蓄电池等直流负载供电。

三、列车控制与故障诊断系统

现代化城市轨道交通车辆主要系统均采用计算机进行自动控制。计算机控制系统还具备自我监控与诊断功能，能够对列车主要设备的运行状态与故障信息自动进行采集、记录与显示。司机室 HMI 显示屏（运行界面）如图 3-15 所示。

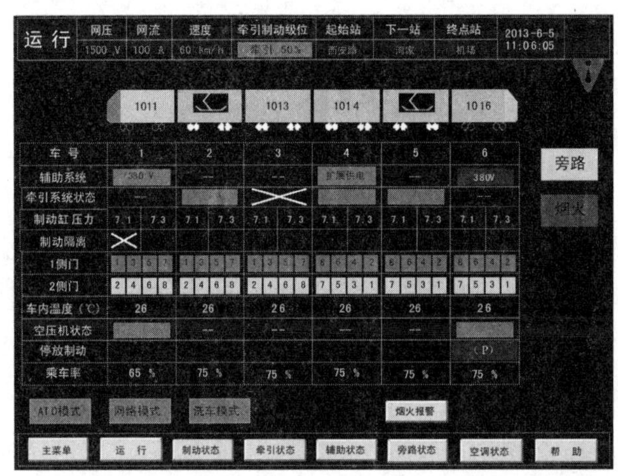

图 3-15 司机室 HMI 显示屏（运行界面）

城市轨道交通列车使用计算机控制设备的监控与诊断系统，还能够用手提数据收集器通过列车上的 USB 接口收集各种相关数据，同时也能在各系统微处理器的本地维修接口收集相关数据。另外，所收集数据的种类与精确度能够满足列车维修与故障分析的需要。

四、乘客信息系统

乘客信息系统包括列车广播、列车运行动态地图、LED 显示器、VCD 显示器，以及各种文字、图形固定信息，如图 3-16 所示。

乘客信息系统负责向乘客提供列车运行信息、安全信息与其他公共信息，如列车终点站、停车车站、换乘信息等。在列车发生故障或事故时，乘客信息系统向乘客发布回避危险信息、指导信息等。

乘客信息系统向乘客播报与显示的各类信息应简洁、明了、正确、同步，以免对乘客产生误导。

图 3-16　动态地图及 VCD 显示器

第四节　城市轨道交通车辆基地与检修

车辆基地是城市轨道交通车辆停放与维修基地的简称，是城市轨道交通车辆停放、保养、维修的专业场所。同时，为方便组织城市轨道交通各专业的维修工作，可将工务、通号、信号、机电设备等专业的维修与车辆检修基地一同考虑，有利于对各专业维修工作进行协调管理、节约土地与投资等。

一、车辆基地

1. 车辆基地的分类

根据功能与规模大小不同，车辆基地可分为停车场与车辆段。

（1）停车场

停车场是车辆集中停放的场所，承担车辆编组、清扫、整备，以及车辆列检与乘务工作。因此，停车场不仅要有足够的轨道停车位，而且要设置管理人员、乘务员工作、活动和休息的场所。

（2）车辆段

车辆段是城市轨道交通系统中对车辆进行运用管理、停放及维修保养的场所，承担着所属城市轨道交通线路的车辆停放、清洁、列检工作，所属城市轨道交通线路车辆的定修（年检）及以下检修与临修工作，所属城市轨道交通线路与多条联络线互通线路的车辆架修与大修工作，车辆部件的检测、修理工作，以及满足车辆各修程对互换部件的需求。

一般情况下，一条线路设置一个车辆段。当线路长度超过 20 km 时，可以考虑设一个车辆段与一个停车场。

2. 车辆基地的组成

车辆基地主要由停车库、检修库和办公生活设施三个基本部分组成，可划分为检修区与运营区，所有的检修工作均集中在检修区进行，运营区主要负责段属车辆的停放、列检与乘务工作。某车辆基地平面示意图如图 3–17 所示。

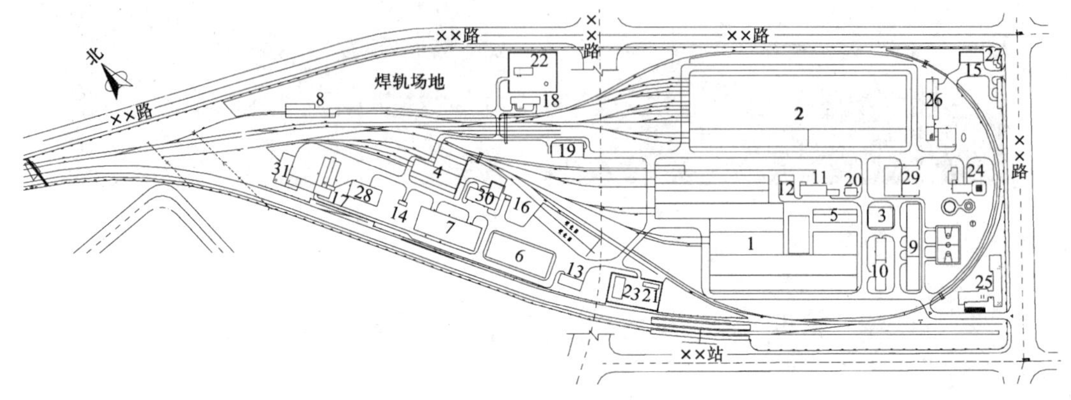

图 3–17　某车辆基地平面示意图

1—组合车库　2—月修、列检停留库　3—维修中心　4—特种车库及调机库　5—喷漆库　6—材料总库（一）　7—材料总库（二）　8—车辆洗刷库　9—材料库及材料棚　10—设备车间　11—蓄电池间　12—空压机间　13—六台位汽车库（一）　14—车辆段易燃品库　15—六台位汽车库（二）　16—油脂存放间　17—委外设备维修中心　18—信号楼　19—混合变电所　20—降压变电所　21—给水所　22—污水处理间　23—给排水维修间　24—食堂、浴室　25—教育培训中心　26—综合办公大楼　27—门卫　28—锅炉房　29—联合检修房屋　30—设备检修综合办公楼　31—委外培训中心公寓

（1）车辆基地段场线

车辆基地段场线主要包括停车线、检修线、静调线、牵出线、试车线、洗车线、临修线，以及其他城市轨道交通段场专用线路。

1）停车线。停车线应为平直线路，一般设置成车库，停放车辆的同时兼做检修线，分为尽端式与贯通式。一般尽端式停车线每线停放两列列车，贯通式停车线每线可停放 2~3 列车。贯通式停车线便于列车的灵活调度，因此应尽可能采用贯通式停车线。

2）检修线。检修线应为平直线路，设置于检修、定修、架修与大修库内。用于架修与大修的检修线间距应考虑架修作业要求，并综合考虑架车机等检修设备与检修平台的布置，备件运输车辆移动，以及检修人员作业所需空间等因素进行确定。

3）静调线。静调线设在静调库内，列车检修完毕到试车线试车之前，要在静调库对列车进行静态调试，检查列车各部分的技术状态，对各种电气设备和控制回路的逻辑动作与整定值进行测试与调整。

4）牵出线。牵出线是为适应车辆段或停车场内调车的需要而设置的，长度和数量根据列车的编组长度、调车作业方式和工作量确定。

5）试车线。试车线用于定修、架修与大修后的城市轨道交通车辆在验收前进行动态调试。试车线的长度应满足远期城市轨道交通列车最高运行速度，以及性能试验、列车编组、行车安全距离的要求。另外，试车线还应设信号试验装置与隔离措施。

6）洗车线。洗车线供城市轨道交通列车停运时洗刷车辆使用，中部设置有洗车库。洗车线一般为贯通式，尽量与停车线相近，以缩短列车走行时间，并减少对车辆基地咽喉地区通过能力的影响。

7）临修线。临修线的长度应能够停放一列列车，并考虑列车解编作业的需要。当城市轨道交通列车发生临时故障或损坏时，在临修线上完成车辆临修工作。

除此以外，城市轨道交通检修基地内还必须按生产需要设置临时存车线、吹扫线、材料装卸专用线、内燃调车机与特种车辆（如轨道车、接触网架线作业车、钢轨打磨车、隧道冲洗车等）停车线、联络线，以及与铁路连通的地铁专用线等。上述各类段场线采用道岔相互连接，道岔与信号设备联锁，由设置在场站的调度室对电气集中控制设备进行操作、排列与开放列车进路，组织调车与取送车作业。

（2）车辆维修基地

车辆维修基地一般可分为运用库、检修库及其附属车间等。

1）运用库及附属车间。运用库及附属车间主要包括停车列检库、静态调试库等。

停车列检库兼有停车、整备、清扫、日常检查、司机出乘等多种功能，如图 3-18 所示。因此，停车列检库除设有停车线外，还应设有运用车间、运转值班室、司机待班室等司机出乘用房，以及列车车载信号检修用房。

静态调试库是对列车进行静态调试作业的场所，如图 3-19 所示。静态调试作业包括对列车重要部件及线路进行低压通电检查，对车门、空调及列车控制等系统功能进行调试，并检查各电气部件动作是否符合技术要求。

图 3-18　停车列检库

图 3-19　静态调试库

图 3–20　检修库

2）检修库及附属车间。检修库及附属车间的平面布置主要取决于城市轨道交通车辆的配属量、车辆的修程、检修方式及其工艺流程，同时需综合考虑自然地形条件、工件运输线路，以及安全、防火和环保要求等因素。根据车辆检修作业要求，检修库及附属车间一般包括双周及双月检库、定修库、架修及大修库、辅助检修车间及其设备等。检修库如图 3–20 所示。

双周及双月检库主要用于对车辆的走行部、车体及车顶设备进行检查，库内设有三层立体检修平台，并配备悬臂吊、液压升降车、电气箱搬运车等设备，同时还应设置受电弓、空调装置、车载信号、试验设备等辅助工具与备品工具间。

定修库与双周及双月检库一致，线路中间设置检修地沟，库内线路两侧设有三层立体检修平台，其附属车间应与其他检修库统一考虑。另外，库内设有起重机，可吊装车辆大型部件。

架修及大修库的布置应根据车辆检修工艺流程确定，库内的主要设备包括架车机、移车台、假转向架、桥式起重机、公铁两用牵引车、运输工具和工作平台等。架车机、移车台等设备如图 3–21 和图 3–22 所示。

图 3–21　架车机

图 3–22　移车台

附属车间主要负责对车辆架修、大修时分解下的部件进行检修，一般设置有转向架及轮对间、电动机间、电气及电子间、其他附属车间、各种设备试验台，以及必要的检修设备。附属车间通常布置在架修及大修库附近，确保检修工序与流程合理、紧凑、简洁，减少运输路程，提高工作效率。

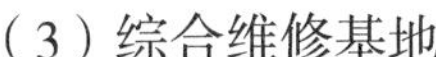

（3）综合维修基地

综合维修基地负责所属线路各种设备、设施的定期维修、维护与故障维修，通常与车辆维修基地设置在一起。按照专业不同，综合维修基地一般可分为通信与信号段（工区）、机电段（工区）、修建段（工区）、物资总库以及相应的生产设施、特种车辆存放线（车库）、办公生活设施等。

专业检修段（工区）承担所属线路土建、供电系统、机电系统、通信与信号系统、自动售检票系统、防灾报警系统、设备监控系统的检查、保养与维修工作，基地各系统与设备的大、中修等工作宜外委。

物资总库承担着全线范围内运营和检修所需的各种材料、机电设备、机具、备品备件、配件、钢轨、劳保用品，以及其他非生产性固定资产的采购、存放、保管和供应工作。

（4）其他库房及车间

车辆维修场地内部分库房及车间由于环境保护、劳动保护和检修特殊要求等因素，或因设施与维修基地检修共同使用，需单独设置。其他库房及车间一般包括不落轮镟床库、列车洗刷库、蓄电池间、中心仓库、工程车库、消防间、污水处理站、配电站、变电站、汽车库等。

二、车辆检修

城市轨道交通车辆经过一段时间的运用后，各类部件会产生磨耗、变形或损坏，为了保证车辆良好地运行，延长使用寿命，车辆乘务人员除了加强日常检查、保养与维护外，还需定期进行各种修程的检修。综合国内主要城市轨道交通车辆的修程，车辆检修修程一般可分为列检、月检、定修、架修和厂修。

1. 列检

列检主要对城市轨道交通车辆上容易危及行车安全的各种主要部件（如轮对、弹簧、转向架、受流器、控制装置、制动装置、车钩及缓冲装置、蓄电池、车门风动开关装置、车体、车灯等）进行外观检查，对危及行车安全的故障及时进行修理。

2. 月检

月检主要对城市轨道交通车辆外观和一般功能进行检查，即对车辆主要部件的技术状态进行外观检查和必要试验，对危及行车安全的故障进行全面修理。

3. 定修

定修是针对城市轨道交通车辆的预防性修理，需要架车对各大部件的技术状态和作用做较仔细的检查，对检查发现的故障开展有针对性的维修，对车辆上的仪器与仪表进行校验，并在车辆组装后进行静调与试车工作。

4. 架修

架修的主要目标为检测与维修大型部件（走行部、牵引电动机、传动装置等），同时，通过架车对各类部件进行解体与全面检查、修理、试验，对计量仪器与仪表进行校验，对车体重新油漆、标记，并在车辆组装后进行静调与试车工作。

5. 厂修

厂修又称大修，是针对城市轨道交通车辆全面恢复性的修理。厂修要求对车辆进行全面解体、检查、整形、修理与试验，要求完全恢复车辆的功能，基本上达到新车出厂的水平。在组装后，车辆需重新油漆、标记、静调与试车。

知识窗

车辆的检修制式与修程

目前，城市轨道交通车辆的检修制式可分为分修制与合修制。其中，分修制是指建设专门的车辆大修厂，承担全线网各线路车辆的大修任务；合修制是指不设专门的车辆大修厂，车辆的大修在车辆段内进行。世界上大部分城市轨道交通车辆采用合修制。

车辆修程主要依据预防性维修的原则，根据城市轨道交通车辆走行里程或运行时间安排对车辆各类部件进行检查与维修。

我国部分城市轨道交通系统车辆修程如下：

北京：厂修、架修、定修与月修（其中架修、定修与月修为段修修程）。

上海：厂修、架修、定修、双月修、双周修与列检（日检）。

广州：厂修、架修、三年检、二年检、一年检、半年检、三月检、双周检与日检。

第五节　其他城市轨道交通车辆

除常见到的电客车之外，城市轨道交通车辆还包括内燃轨道车、轨道与限界检测车、钢轨打磨车、接触网作业车与平板运输车等特种作业车辆，它们是城市轨道交通安全可靠运行的重要保障工具。

一、内燃轨道车

内燃轨道车功能如下：在车辆段内牵引城市轨道交通列车进行调车作业；牵引轨道

平板车（平板吊车）、轨道与限界检测车等进行相关作业；采用双机重联作业方式对城市轨道交通故障列车进行救援；机车配置辅助柴油机交流发电机组，为线路作业提供工频电源；装有限界检测装置的内燃机车可用于线路的限界检测作业。内燃轨道车如图 3–23 所示。

二、轨道与限界检测车

轨道与限界检测车用于检测轨道几何尺寸、钢轨全断面廓形及磨耗、钢轨纵向波浪磨耗、线路限界参数等，可进行实时、动态检测，并具有记录、存储、输出、数据检索、警示功能，为轨道与线路的维修提供参考依据。轨道与限界检测车如图 3–24 所示。

图 3–23　内燃轨道车

图 3–24　轨道与限界检测车

三、钢轨打磨车

钢轨打磨车可以对轨道与道岔进行保养性和修复性钢轨打磨，消除钢轨表面锈蚀、表面疲劳裂纹、波浪磨损、斑点、飞边等缺陷。钢轨打磨车自带动力，采用计算机控制，具有双向运行、双轨同时打磨、双向往返打磨功能，轨道纵向波浪形磨耗自动测量、记录、数据输出功能，以及打磨时喷水、集尘、过滤与过滤装置反吹功能。钢轨打磨车如图 3–25 所示。

四、接触网作业车

接触网作业车一般包括接触网检测作业车、接触网放线车和轨道平台车。接触网检测作业车、接触网放线车用于城市轨道交通接触网设备的检修及维修、架线等作业。接触网检测作业车如图 3–26 所示。轨道平台车安装有固定作业平台，具有较高的承载力。平台前后设有上下平台的梯子，平台地板为花纹钢板，四周装有栏杆及围板，可防止物件坠落。

图 3-25　钢轨打磨车

图 3-26　接触网检测作业车

五、轨道平板车

轨道平板车（或轨道平板吊车）由内燃机车牵引，是城市轨道交通工务、电务、工程等部门用作轨道运输，或吊装、运输功能于一体的专用起重、运输车辆，可装卸与运输钢轨、道岔、养路机械、工程构件、机电设备等长、大、重型货物，以及救援设备与物资。

思考与练习

1. 城市轨道交通车辆有哪些特点？
2. 城市轨道交通车辆由哪些基本系统组成？分别有哪些作用？
3. 简述城市轨道交通车辆转向架的基本组成和它们的作用。
4. 城市轨道交通车辆有哪些制动方式？是如何实际应用的？
5. 简述城市轨道交通车辆电力牵引传动系统的基本组成。
6. 城市轨道交通车辆基地由哪些基本部分组成？
7. 城市轨道交通车辆有哪些修程？

第四章　城市轨道交通车站

学习目标：

- ◆ 了解城市轨道交通车站的定义及功能。
- ◆ 掌握城市轨道交通车站的组成及作用。
- ◆ 掌握城市轨道交通车站的分类。

车站是城市轨道交通线网中一种重要的建筑物，也是城市轨道交通系统重要的组成部分，乘客上、下车及相关的作业都是在车站进行的。

第一节　城市轨道交通车站概述

一、城市轨道交通车站定义与功能

城市轨道交通车站是城市轨道交通客运组织工作的场所，可供乘客乘降、换乘和候车，供列车到发、停靠、通过、折返、临时停靠，以及供运营、管理人员工作。

一个完整的城市轨道交通车站应容纳主要的技术设备和运营管理系统，从而保证城市轨道交通系统的安全运行。

从使用功能来讲，城市轨道交通车站能为乘客提供舒适、清洁的环境，有良好的通风、照明、卫生、防火设备，能保证乘客安全、迅速地进出车站及换乘，同时还集中了轨道交通线路的电气设备、信号设备、控制设备等，可供列车到发、通过、折返、临时停靠。在轨道交通线网构架中，车站起到了锚固作用。

从建筑功能来讲，城市轨道交通车站还可供行人购物、集聚、通过，以通道形式联络重要的建筑物或地下商店，与此同时，城市轨道交通车站往往具有浓厚的地方特色或者历史文化特色，能代表一个城市的风格，经常成为一个城市的旅游景点之一。

二、世界著名城市轨道交通车站介绍

1. 莫斯科地铁车站

莫斯科地铁车站被公认为世界上最漂亮的地铁站之一，每座地铁站都由著名建筑师设

计，建筑风格独特。车站大厅用二十多种不同产地的大理石及各种矿石装饰而成，配以精美的大理石艺术雕像、浮雕、典雅的吊灯、玻璃拼花，以及站台顶部技艺精湛的马赛克镶嵌画，使车站仿佛成了一座艺术博物馆，又好似富丽堂皇的宫殿，因此享有“地下的艺术殿堂”之美称。莫斯科地铁站如图 4–1 所示。

图 4–1　莫斯科地铁站

除了建筑艺术上的特点外，莫斯科地铁站的建设主题也非常明确，有爱国主义教育、国家文化名人、历史事迹、民俗风光等，地铁站命名也是如此。以爱国主义教育为主题的车站会将反法西斯战争等重大历史事件反映在壁画及雕塑上，展现出人民英勇奋战的壮观场面；以著名文学家为主题的车站，有各种人物雕塑和历史题材的浮雕画，在明亮灯光照耀下，体现了历史和装饰艺术的高度融合，使人们获得精神教益和艺术享受的双丰收。莫斯科地铁站壁画和雕塑如图 4–2、图 4–3 所示。

图 4–2　莫斯科地铁站壁画

图 4–3　莫斯科地铁站雕塑

近几年，莫斯科地铁站又向乘客推出了俄罗斯经典文学虚拟图书馆，免费向乘客提供 100 多部经典文学作品，包括俄罗斯文学巨匠普希金、托尔斯泰和契诃夫的小说，乘客只需用智能手机扫描二维码，就可以浏览图书馆的虚拟书架。

知识窗

共青团地铁站

共青团地铁站在整个莫斯科地铁系统中最有名气，它也是莫斯科的标志，一方面是因为它处于莫斯科最繁忙的交通枢纽——共青团广场，另一方面是它的内部装饰金碧辉煌，如同宫殿。它的设计主题激发了人们对俄罗斯的坚定守护及对未来的向往。

2. 斯德哥尔摩地铁车站

斯德哥尔摩的100多个地铁站中有90个都已经被各式各样的艺术占领了：壁画、雕塑、油画、装饰艺术等，超过150位艺术家在这些站台里尽情展示着自己的才华。因此，斯德哥尔摩的地铁站也被誉为“世界上最长的艺术长廊”。

斯德哥尔摩居民引以为傲的地铁站看上去都像是地下的岩洞，凹凸有致，这是因为瑞典人初期建设地铁采用了爆破凿洞的方式，因此岩石洞穴的特点被顺势保留了下来。后来，设计师根据岩石的不规则表面及不同车站所在地的历史、文化特色进行彩绘和装饰。每个地铁站主题颜色不尽相同，有的颜色比较朴素，有的是耀眼的红色，有的是鲜艳的深蓝色，月台和轨道也从自然岩石中凿开，加上特殊的照明效果，使人恍若置身原始洞穴之中。斯德哥尔摩地铁车站如图 4–4 所示。

图 4–4　斯德哥尔摩地铁车站

3. 东京地铁车站

由于东京用地资源紧缺而人口众多，因此轨道交通车站建设结构紧凑但功能齐全、有序，可以称为世界上最便利的轨道交通车站。

东京地铁车站衔接紧密，出入口及站内扶梯数量众多，车站出入口及内部路线设计合理，极大缩短了人们在地面及站内的移动时间，且车站内部空间庞大，四通八达，出入口布局与地面建筑协调一致，融为一体，四通八达的东京地铁车站如图 4–5 所示。除此之外，车站内还设有在其他国家都很少见到的面向乘客的便利设施，如站台售货亭、自动体外除颤器（AED）、自动售货机、存包柜等，东京地铁站台的便民设施如图 4–6 所示。

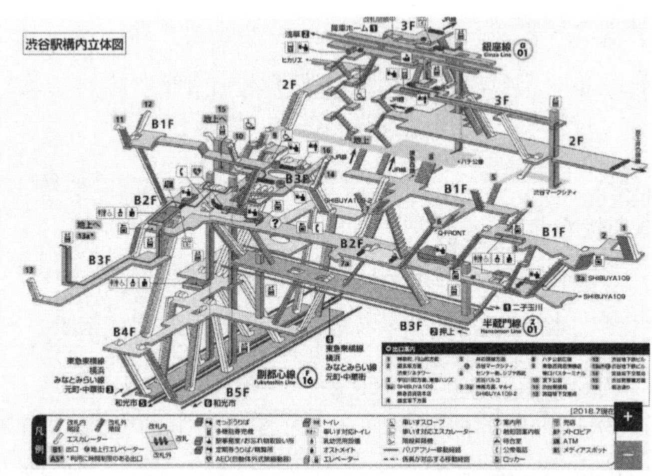

图 4–5　四通八达的东京地铁车站

图 4–6　东京地铁站台的便民设施

第二节　城市轨道交通车站建筑结构

城市轨道交通车站建筑结构主要包含车站主体、出入口及通道、其他附属设施。其中车站主体是车站的重要组成部分及核心，又可分为设备用房、工作人员工作及休息区和乘客使用区，乘客使用区又可分为付费区、非付费区，城市轨道交通车站建筑结构构成如图 4–7 所示。

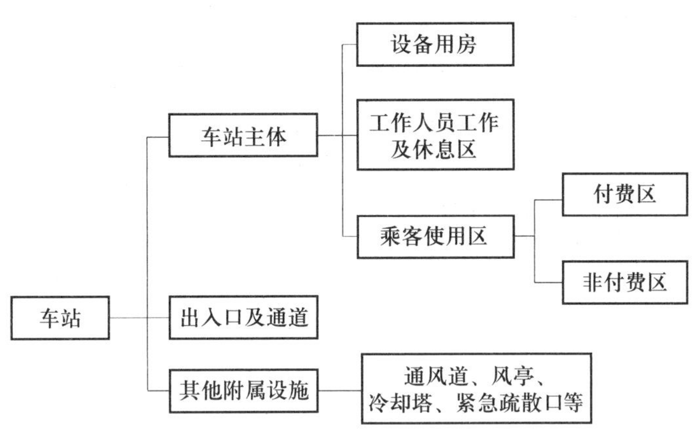

图 4-7　城市轨道交通车站建筑结构构成

一、车站主体

1. 设备用房

设备用房用于放置为保证列车正常运行、保证车站内良好环境条件和在灾害情况下乘客安全所需要的设备，它是直接或间接为列车运行和乘客服务的，可分为弱电设备房和强电设备房。弱电系统通常是指综合监控系统、通信系统、信号系统和 AFC 系统。强电系统主要是指高压牵引供电系统。

2. 工作人员工作及休息区

工作区是车站工作人员的办公用房，包括车站控制室、票务室、站长室、业务室、广播室、会议室、行车值班室及警务办公室等。

休息区是为保证车站工作人员正常工作生活所设置的用房，包括更衣室、休息室、茶水间、厕所等。休息区在设计时一般只考虑供工作人员使用，不对外开放。

3. 乘客使用区

乘客使用区可分为非付费区和付费区。非付费区是乘客购票并正式进入车站前的活动区域。它一般应有较宽敞的空间，并明确指示售检票位置，根据需要还可设 ATM 机、公用电话、小卖部、安检口等设施。付费区包括站台、楼梯和自动扶梯、导向牌等，它是为乘客候车提供服务的设施。对于一般的城市轨道交通车站来说，通常非付费区的面积应略大于付费区。

二、出入口及通道

出入口及通道是供人员和物资进出城市轨道交通车站用的通道式建筑物，有些也兼具行人过街的功能，主要作用在于吸引和疏散客流，一般由阶梯式通道、水平通道门和口部地面建筑等构成。城市轨道交通车站出入口及通道如图 4-8 所示。

图 4–8　城市轨道交通车站出入口及通道

出入口是车站的门户，一般布置在靠近地面交通集散点、著名建筑物、商业区、住宅区等客流繁忙但相对隐蔽之处。为吸引和方便疏散客流，车站出入口以分散的形式布置为宜，通常一座车站设置 2 ～ 4 个出入口。

三、其他附属设施

车站其他附属设施建于车站主体之外，主要有通风道、风亭、冷却塔、紧急疏散口等，城市轨道交通车站风亭如图 4–9 所示。

图 4–9　城市轨道交通车站风亭

通风道及风亭是为了满足地下车站通风要求而设置的。由于地下车站四周封闭，空气不流通，客流量大、机电设备多，站内湿度较大，空气较为污浊，为了及时排出车站内的污浊空气，为乘客创造舒适的乘车环境，需在城市轨道交通车站内设置通风与空调系统。风亭具有将地面的新鲜空气送入地铁内的作用；冷却塔的作用则是将挟带废热的冷却水在塔内与空气进行热交换，使废热传输给空气并散入大气。

紧急疏散口供紧急情况下乘客疏散所用。

第三节　城市轨道交通车站类型

一、按照车站建筑所在空间分类

按照与地面的相对关系不同，车站可分为高架车站、地面车站和地下车站。

1. 高架车站

高架车站是站台、轨道等车站设施架设于高架构造物上，离地面有一定高空落差距离的车站。高架车站的建筑要和城市风格、周围环境相协调，一般建于城市道路的中心线，也可设置在绿化隔离带。高架车站建设费用介于地面车站与地下车站之间，多建设在较易取得土地的区域，或是为了消除山岳地带的标高差而架设于地形高处。设置高架车站可有效消除平交道路的影响，并使轨道交通运输高速化，也常用于单轨系统等城市轨道交通系统。高架车站如图 4–10 所示。

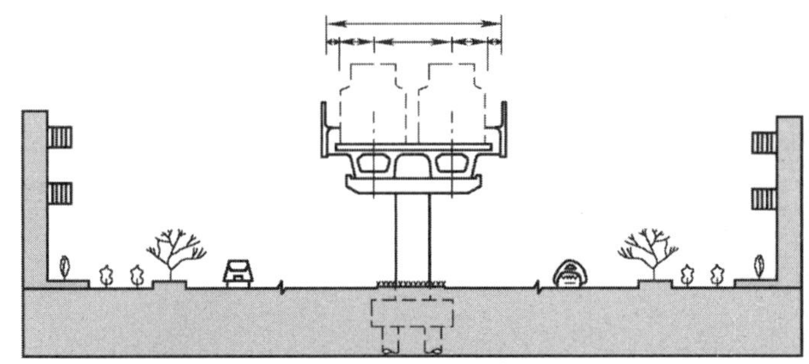

图 4–10　高架车站

2. 地面车站

站台及轨道建于地面上的车站，称为地面车站。地面车站最大的优势是能在地面上直接建造，因此施工时间短，投入资金最少，缺点是占地面积大。一般多应用于人口密度低、用地较为充裕的区域。地面车站如图 4–11 所示。

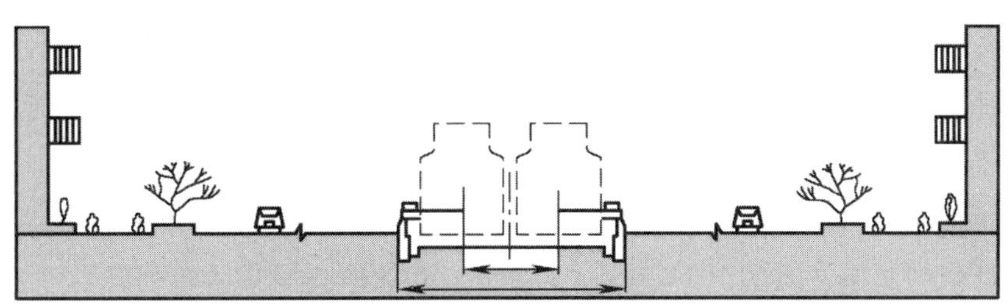

图 4–11　地面车站

3. 地下车站

地下车站是指建筑主体位于地面之下的车站，主要是配合地下轨道交通而建设。地下轨道交通大规模发展后，地下车站的数量就随之增加。地下车站是个庞大复杂的建筑工程，存在施工难度大、建设成本高、安全隐患多、作业时间长、进出站不便、空气不流通、改扩空间小和容易积水等缺点，但也具有节约地上空间、可像高架车站一样消除平交道路的影响、提升轨道交通车辆运输效率的优点，还具有对城市景观影响小、遮风挡雨、战备防空等优点，一般修建于人口密度大、用地紧张、经济发达的区域。地下车站如图 4–12 所示。

图 4–12　地下车站

二、按照车站运营功能分类

按照运营功能不同，车站可分为中间站、区域站、换乘站、枢纽站、联运站及终点站，如图 4–13 所示。

1. 中间站

中间站是轨道交通线路中最常见、数量最多的一种车站，仅供乘客上下车使用，功能单一。

2. 区域站

区域站是设在两种不同行车密度交界处的车站，设有折返线和相应设备。当轨道交通线路在不同地域的客流不均衡时，为了满足乘客需求并提高运营效率，可按客流量安排行车密度，中间设置区域站，使列车在站内折返或停车。有了区域站就可以在与之邻接的两个区域组织不同密度的行车，如一般在城市商业区的行车区段密度较高，郊区的行车密度较低。设置区域站时，除了根据客流的需求和满足行车组织需求外，还应考虑乘坐折返列车的乘客换乘的便利性。

3. 换乘站

换乘站是位于两条及两条以上线路交叉点上，能够使乘客从一线到另一线转乘的车站。它除了配备供乘客上下车的站台、楼梯或电梯以外，还要配备供乘客由一线站台至另一线站台的设施。

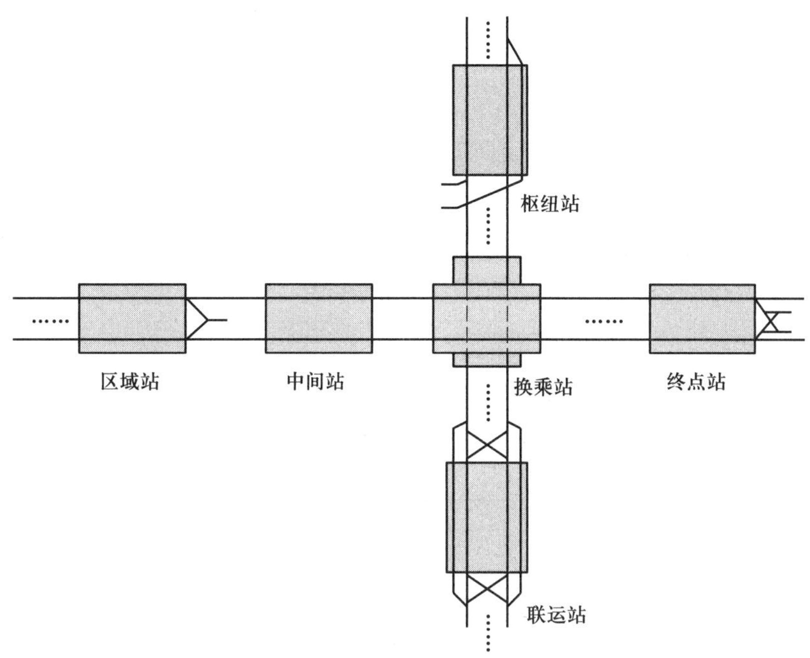

图 4–13　车站按不同运营功能进行分类

4. 枢纽站

枢纽站位于两条或多条线路交叉的地方，可以在两个或多个方向接车和发车，用于多条线路之间的换乘，以及轨道交通与其他交通方式之间的换乘。

5. 联运站

联运站内设有两种不同性质的列车线路进行联运及客流换乘，具有中间站及换乘站的双重功能。

6. 终点站

终点站是设在线路两端的车站，就列车上、下行而言，终点站也是起点站（或称始发站）。终点站设有可供列车全部折返的折返线和设备，也可供列车临时停留检修。

三、按照站台形式分类

城市轨道交通车站按照站台形式不同，可分为岛式站台、侧式站台及岛侧混合式站台。

1. 岛式站台

站台位于上下行车线路之间的布置形式称为岛式站台。岛式车站是常用的一种车站形式，具有面积利用率高、能调剂客流、乘客中途改变乘车方向方便、车站管理集中、站台空间宽阔等优点，一般常用于客流量较大的车站。岛式站台如图 4–14 所示。

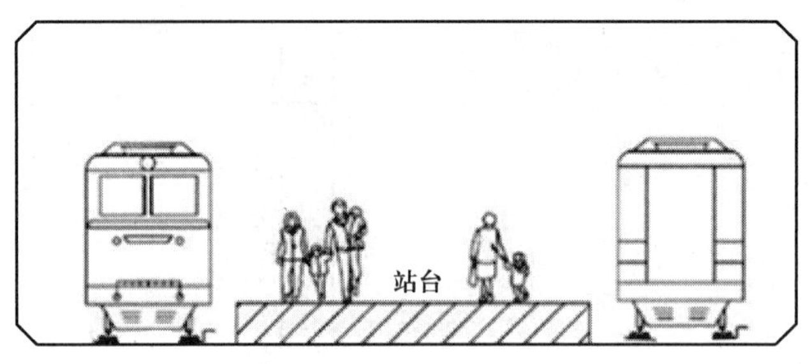

图 4–14　岛式站台

2. 侧式站台

侧式站台是位于一条轨道线路侧边的站台，即站台没有被两条轨道包围、只能服务于一条轨道线路上的列车。侧式站台如图 4–15 所示。

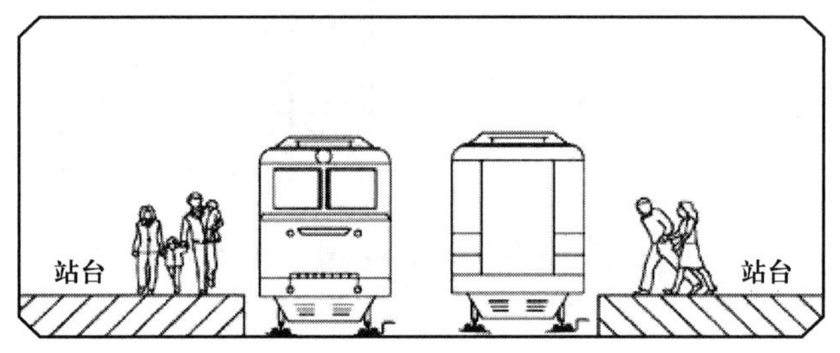

图 4–15　侧式站台

3. 岛侧混合式站台

岛侧混合式站台是岛式站台和侧式站台的组合，有一岛一侧式和一岛两侧式两种（见图 4–16）。

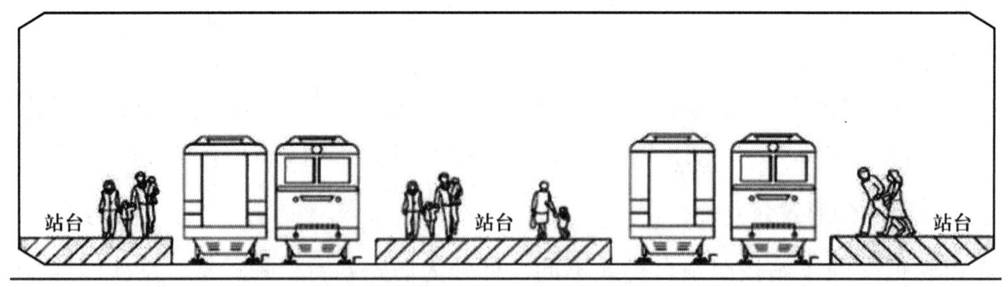

图 4–16　岛侧混合式站台（一岛两侧式）

四、按照车站规模大小分类

在进行车站总体布局以前，要确定车站的规模。车站规模直接决定车站的外形尺寸及整个车站的建筑面积等。轨道交通车站的规模主要是根据车站设计客流量确定的，一般可以参照日均乘降量和高峰小时乘降量综合确定。

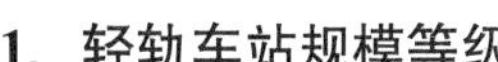

1. 轻轨车站规模等级

按日均乘降量及高峰小时乘降量不同，轻轨车站可分为四种类型，见表 4–1。

表 4–1　　轻轨车站规模等级

车站规模	日均乘降量	高峰小时乘降量
小型站	5 万人次 / 日以下	0.5 万人次 /h 以下
中型站	5 万 ~ 20 万人次 / 日	0.5 万 ~ 2.0 万人次 /h
大型站	20 万 ~ 100 万人次 / 日	2.0 万 ~ 10.0 万人次 /h
特大型站	100 万人次 / 日以上	10.0 万人次 /h 以上

注：特大型车站的日均乘降量为多条线路合计量。

2. 地铁车站规模等级

地铁车站规模主要根据车站远期预测客流及所处位置确定，一般可分三级：

A 级站：客流量大、地处大型客流集散点或地理位置十分重要的车站。

B 级站：客流量较大、地处市中心或较大居住区的车站。

C 级站：客流量较小、地处郊区的车站。

我国地铁系统通过能力应按该站远期超高峰客流量确定，超高峰流量一般取高峰小时流量的 1.2 ~ 1.4 倍。

思考与练习

1. 城市轨道交通车站的功能有哪些？

2. 莫斯科、斯德哥尔摩及东京地铁站各自的特色如何？

3. 请绘制出城市轨道交通车站的建筑结构组成图。

4. 城市轨道交通车站按运营功能不同，可分为哪几种车站？

5. 请找出你所在城市的城市轨道交通车站中，哪些是中间站、换乘站、区域站、终点站、枢纽站及联运站。

6. 城市轨道交通车站的岛式站台及侧式站台各有什么优缺点？

7. 请找出你所在城市的城市轨道交通车站中，哪些是岛式站台、侧式站台及岛侧混合式站台。

第五章　城市轨道交通供配电系统

学习目标：

- ◆ 了解城市轨道交通供配电系统的功能、组成及相关基本知识。
- ◆ 了解城市轨道交通系统变电所及相关电气设备。
- ◆ 掌握城市轨道交通牵引供电系统与动力照明供电系统相关知识。
- ◆ 熟悉城市轨道交通电力监控系统及杂散电流相关知识。

城市轨道交通供配电系统负责为城市轨道交通系统正常运营提供电能。在城市轨道交通系统中，客运列车为电动列车，同时，运营服务的辅助设施（包括照明、通风、空调、排水、通信、信号、防灾报警设施，以及电梯和扶梯等）也都依赖并消耗电能。在城市轨道交通系统运营期间，一旦供电发生中断，不仅会造成轨道交通线网运营瘫痪，而且有可能危害乘客生命安全和造成财产损失。

第一节　城市轨道交通供配电系统概述

电能是城市轨道交通车辆电力牵引系统必需的能源，电动列车及为城市轨道交通系统运营服务的机电设备也都依赖并消耗电能。高度安全、可靠而又经济合理的供配电系统是城市轨道交通正常运营的重要条件与基本保障。

一、城市轨道交通供配电系统的功能

在城市中，轨道交通系统是一个重要的供电用户，不同于一般的工业供电和民间供电，根据其重要性应规定为一级负荷。一级负荷规定应由两路独立的电源供电，当任何一路电源发生故障中断供电时，另一路应保证一级负荷的全部用电需要。

城市轨道交通供电电源一般取自城市电网或区域电网，通过城市电网一次电力系统与城市轨道交通供电系统实现输送或变换，最后以适当的电压等级、一定的电流形式供给用电设备。

1. 接受并分配电能

通过主变电所将来自城市电网的高压 110 kV 交流电源或者其他电压等级交流电源降压

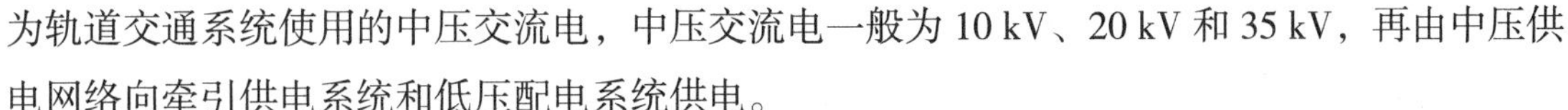

为轨道交通系统使用的中压交流电，中压交流电一般为 10 kV、20 kV 和 35 kV，再由中压供电网络向牵引供电系统和低压配电系统供电。

2. 降压整流及接触输送直流电能

将来自主变电所的 35 kV（或 20 kV、10 kV）电源通过中压网络分配给牵引变电所，并通过降压整流变成轨道交通电动列车使用的直流 1 500 V（或直流 750 V）电源，再通过沿线架设的接触网（轨）及回流网等，不间断地供给轨道交通电动列车电能。

3. 降压及动力照明配电

将来自于主变电所的 35 kV（或 20 kV、10 kV）电源通过中压网络分配给降压变电所，经降压变成车站、区间动力照明设备等使用的低压 380 V 或 220 V 电源，再通过低压配电系统供给动力照明设备等使用，保证车站、区间、场段动力设备与照明系统正常运行。

4. 电力监控（SCADA）

在城市轨道交通运营控制中心（OCC），通过电力调度端、通道、执行端（RTU），对整个城市轨道交通供配电系统的主变电所、牵引降压混合变电所、降压变电所、牵引网等主要供电设备设施的运行状态进行实时监视、控制、数据采集及处理，实现供电设备的自动化调度管理，保障系统正常运行。

二、城市轨道交通供配电系统的组成

城市轨道交通供配电系统可分为外部电源系统与内部电源系统。其中，内部电源系统为城市轨道交通供配电系统的主体，主要由中压环网供电系统、牵引供电系统、动力照明供电系统和电力监控系统构成。

城市轨道交通供配电系统如图 5-1 所示。

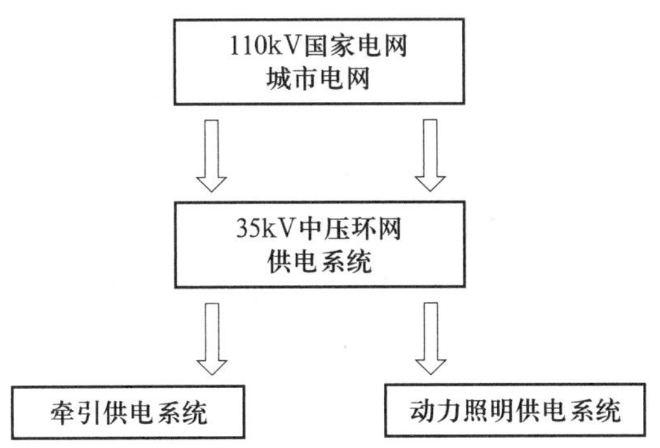

图 5-1　城市轨道交通供配电系统

1. 中压环网供电系统

中压环网供电系统连接城市或区域电网到城市轨道交通供电系统，包括所有的主变电所与 35 kV 系统线路环网。通过中压电缆，纵向把上级主变电所和下级牵引变电所、降压变电所连接起来，便形成了中压环网供电系统。中压环网供电系统不是供配电系统中独立的子系统，但其却是城市轨道交通供配电系统的核心组成，涉及外部电源方案、主变电所位置及数量、牵引变电所及降压变电所位置及数量、牵引变电所及降压变电所的主接线形式等。

2. 牵引供电系统

牵引供电系统是城市轨道交通供配电系统的核心，负责向电动列车提供电能，主要作用为降压、整流与传输电能。牵引供电系统主要包括牵引变电所、馈电线、接触网（轨）等。其中，牵引变电所是城市轨道交通牵引供电系统的核心，主要作用是生产满足要求的电能；馈电线负责把合格的电能输送到轨道沿线的接触网上；接触网负责将电能不间断地输送到运行的车辆设备（主要指受电弓、集电靴等）上。

3. 动力照明供电系统

动力照明供电系统由降压变电所、多路馈线等构成，负责向城市轨道交通信号、照明、通风、排水、制冷等设备馈送电能，作用是降压、分配与传输电能。

4. 电力监控系统

电力监控系统负责实时对城市轨道交通各变电所、接触网设备进行远程数据采集和监控。在城市轨道交通控制中心，通过调度端、通信通道和执行端（变电所综合自动化系统），对主要电气设备进行遥控、遥调、遥信、遥测，实现对整个供电系统的运营调度和管理。

三、城市轨道交通的供电方式

城市轨道交通的供电方式一般分为集中供电、分散供电与混合供电。

1. 集中供电方式

集中供电方式是指城市轨道交通从城市电网引入较高电压等级的电源（如 110 kV、220 kV），经主变电所进行电压转换，将外部电源降压（如 35 kV、10 kV）后，由主变电站集中向牵引变电所和降压变电所供电的外部电源引入模式。集中供电方式引入电源电压等级高，电源点供电能力较强，引入电源点较少，有利于日常调度管理，如图 5–2 所示。

2. 分散供电方式

相对于集中供电方式而言，分散供电方式是指城市轨道交通不设主变电所，由沿线城市变电站直接向牵引变电所和降压变电所提供中压电源（如 35 kV、10 kV）的供电模式。分散供电方式要保证每座牵引变电所和降压变电所均获得双路电源，要求城市轨道

交通沿线有足够的电源引入点和备用容量，其安全运营水平高，供电可靠，如图 5–3 所示。

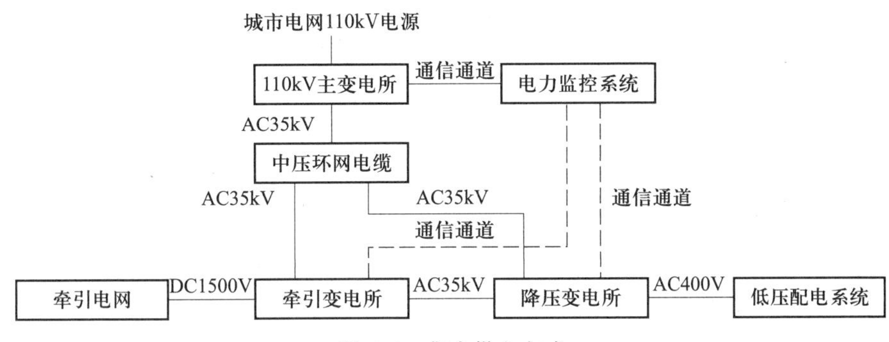

图 5–2　集中供电方式

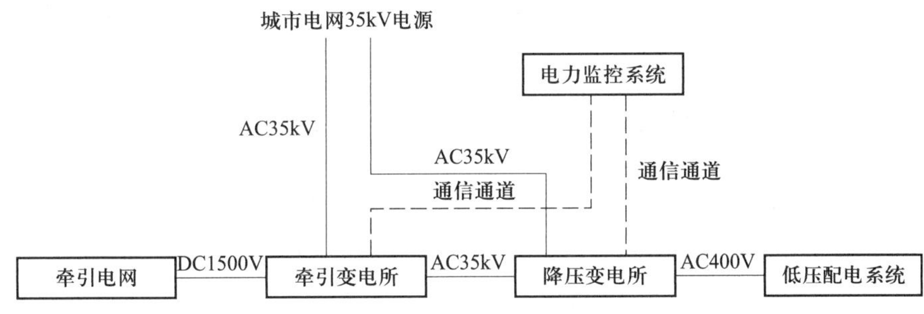

图 5–3　分散供电方式

3. 混合供电方式

混合供电方式是将集中供电与分散供电结合起来，一般以集中供电方式为主，部分区段引入城市电网电源作为集中供电方式的补充，使得城市轨道交通供配电系统更加完善与可靠。混合供电方式充分发挥了集中供电与分散供电方式的优点，体现了城市一体化的特点。

知识窗

二级电压供电方式与三级电压供电方式

1. 二级电压供电方式

将城市轨道交通供配电系统分为若干个供电分区，主变电所以 35 kV 电源向牵引变电所和降压变电所供电，每个供电分区内牵引变电所和降压变电所构成环网，均有两路互为备用电源。

2. 三级电压供电方式

每两座牵引变电所为一个单元，每个牵引变电所直接从主变电所 35 kV 母线各引入一回路 35 kV 主供电源，两牵引变电所间设联络电缆，电源一主一备。同时，全线设置若干个中心降压变电所，各中心降压变电所从主变电所引入两回路 35 kV 电源，向全线降压变电所输出 10 kV 电源。而 10 kV 系统采用环串供电方式，每个 10 kV 降压变电所也有两回路电源。

四、城市轨道交通供电制式与供电负荷

1. 供电制式

供电制式是指牵引供电系统向电动车组或电力机车供电所提供的电流与电压的制式。目前，电力牵引制式按电流不同，可分为直流供电制式与交流供电制式；按相数不同，可分为单相供电制式与三相供电制式。

（1）直流供电制式

其供电电压相对较低，一般为 600 ~ 3 000 V。在直流供电制式中，车辆通过逆变设备将接收的直流电变换成交流电，而且可调节电压与频率，实现柔性启动，使车辆运行更平稳，效率更高，同时，也可通过调压改变电动机的速度。

（2）交流供电制式

其供电电压相对较高，电压一般从几千伏到几十千伏，既保留了交流电可以升高供电电压的长处，又有用串励直流电动机作为牵引电动机的优点。车辆通过降压变压器与大功率整流设备将高电压降压，然后整流成适合直流电动机要求的形式。电动机的调速可通过降压变压器的抽头或控制整流装置的电压得以实现。

交流供电制式和直流供电制式都没有统一的国际标准。在我国，交流制式采用 50 Hz、25 kV 的工频单相交流，多用于干线电气化铁路系统；而对于直流制式，确定 1 500 V 与 750 V 两个标准，主要应用于城市轨道交通系统。

2. 供电制式选择原则

在选择城市轨道交通系统供电制式时，应遵循以下原则：

（1）供电制式应与客流量相适应

客流量是城市轨道交通设计的基础，应首先预测客流量大小，选择适用的电动列车类型与列车编组数。一般大运量轨道交通系统采用 DC 1 500 V 与架空式接触网馈电方式，中运量轨道交通系统采用 DC 750 V 与接触轨馈电方式。

（2）供电安全可靠

城市轨道交通系统在城市交通中承担重要作用，一旦发生供电故障，造成列车停运，则会影响市民出行，引起城市交通混乱。因此，安全可靠是选择供电制式的最重要条件。

（3）便于安装、维护与事故抢修

选用的牵引网应便于施工安装与日常维修，一旦发生牵引网故障，应便于抢修，尽快恢复运营。

（4）确保牵引网使用寿命

牵引网使用寿命长，维修工作量小，是降低城市轨道交通运营成本的重要条件。

（5）注重环境与景观效果

城市轨道交通是城市的基础设施，供电设施设备应注重环境保护，并与城市景观相符合。

3. 供电负荷

城市轨道交通供电负荷分为牵引负荷及动力照明负荷，负荷等级分为一级负荷、二级负荷和三级负荷。

（1）一级负荷

一级负荷包括牵引系统、变电所操作电源、火灾自动报警系统、消防系统、事故风机、排风（烟）风机和相关风阀、兼作疏散用的自动扶梯、通信系统、信号系统、电力监控系统、环境与设备监控系统、自动售检票系统、屏蔽门、防护门、防烟门、排雨泵、排水泵、事故照明设备、地下站厅站台照明设备和地下区间照明设备。其中，牵引系统正常运行时采用双边供电，故障情况下采用大双边供电。站厅站台照明由低压配电室不同母线以交叉供电方式进行供电，其他一级负荷供电由两段低压母线以专用回路各引一路电源进行供电，并在设备末端切换。事故期间，事故照明自动切换为蓄电池供电，确保必要的紧急照明。

（2）二级负荷

二级负荷包括自动扶梯、直升电梯、普通风机、排污泵、地上站厅站台照明设备、设备管理用房照明设备和出入口照明设备。正常运行时，由低压配电室两段低压母线的其中一段供电；故障情况时，低压母联断路器投入，由另一段母线供电。

（3）三级负荷

三级负荷包括冷水机组及配套设备、电热设备、清洁设备、广告照明设备和维修电源。正常运行时，三级负荷由一路电源供电；故障情况下，可根据运营需要从电网中自动切除。

第二节 变 电 所

变电所（室）通常设置在城市轨道交通线路沿线，一般可分为主变电所、牵引变电所与降压变电所三种基本类型。城市轨道交通变电所（室）是由各种不同用途的电气设备按照一定的电气主接线方式连接而构成的。

一、变电所基本类型

1. 主变电所

主变电所由上一级的城市电网区域变电所获得高压（如 110 kV 或 220 kV）电能，经其降压后以中压等级供给牵引变电所与降压变电所。为保证城市轨道交通一级负荷的用电，应设置两座或两座以上的主变电所（室）。另外，任一主变电所（室）停电并且另一主变电所一路电源进线失压时，可切除城市轨道交通供配电系统属于二、三级负荷的用电，保证全部牵引变电所不间断地供电，使电动列车仍能够继续运行。

2. 牵引变电所

牵引变电所从城市电网区域变电所或城市轨道交通主变电所（室）获得电能，经过降压和整流变成所需要的直流电。牵引变电所的容量和设置距离是根据牵引供电计算的结果，并作经济技术比较后确定的，一般设置在沿线若干车站及车辆段附近，相邻牵引变电所之间距离为 2 ~ 4 km。每个牵引变电所按其所需总容量设置两组整流机组并列运行，沿线任一牵引变电所故障解列，由两侧相邻的牵引变电所承担共同的全部牵引负荷。

3. 降压变电所

降压变电所从城市电网区域变电所或城市轨道交通主变电所（室）获得电能并降压变成低压交流电，再经过下设的配电所（室）分配给各种动力与照明等用电设备。由于城市轨道交通动力与照明等设备多集中设置于车站，也有一部分分散在区间内，因此一般在车站附近设置降压变电所（室）和配电所（室），由其对车站及两侧区间进行供配电。此外，车辆段与控制中心需由专设的降压变电所（室）供电。

二、变电所电气设备

城市轨道交通变电所主要电气设备包括变压器、断路器、隔离开关、母线、熔断器、电压互感器、电流互感器、避雷针和整流器等。

变压器是一种传送和交换交流电能的静止装置。变压器按功能不同，可分为升压变压器和降压变压器；按相数不同，可分为单相变压器、三相变压器和多相变压器；按绝缘方式不同，可分为干式变压器、浇注式变压器和油浸式变压器。

断路器是一种对电路进行控制（开断、关合）和保护的高压电气开关，用于自动切断负载电流和短路电流。按绝缘方式和熄弧介质不同，断路器可分为油断路器、六氟化硫断路器、真空断路器和空气断路器等。

隔离开关是一种没有熄弧装置的高压电器，它不能切断负荷电流与短路电流，可在无负荷电流时接通和断开电路，断开时能够起到隔离电压的作用，保证了运行、操作和检修的方便与安全。

母线是一种汇总和分配电能的导电线。室外常用软质母线，如钢芯铝绞线；室内则采用硬质母线，如铝排。母线常用不同颜色进行标记识别：在三相交流系统中，A 相为黄色，B 相为绿色，C 相为红色；在直流系统中，正极为红色，负极为蓝色，零线及接地线为黑色。

熔断器是一种在过负荷和短路时发热熔断切断电路的保护电器。电压互感器是电气测量、控制和保护回路用的变压器。电流互感器又称流变，是电气测量、控制和保护调路用的变流器。避雷针是防止从线路侵入的雷电波损坏电气设备的保护电器。整流器是一种与牵引变压器组合成整流机组的电流变换器。

除主要电气设备之外，城市轨道交通变电所（室）还应有各种电气设备的保护装置与电量（电压、电流等）的计量仪表，以及蓄电池等。蓄电池作为事故照明的备用电源和变电所（室）开关设备的操作电源。事故照明平时由交流电供电，当交流电源失去时，事故照明自动切换至蓄电池供电，保证紧急情况下对车站和变电所（室）提供必需的电源。

根据消防要求，各类变电所（室）内外的连接导线应该尽可能选用阻燃型电线、电缆。为了对变电所（室）的火灾采取及时而有效的措施，变电所（室）的所有开关（断路器）在火灾情况下，应能自动跳闸。此外，还应设置有效的灭火设备。

三、变电所电气主接线

变电所电气主接线是指由变压器、断路器、隔离开关、母线及其连接导线所组成的接受和分配电能的电路，反映了变电所（室）的基本结构与功能。电气主接线主要分为单母线型主接线、双母线型主接线和桥型主接线三种形式。

1. 单母线型主接线

单母线型主接线比较简单，设备少，费用低；每一个回路均由断路器切断负载电流与短路电流，断路器两侧隔离开关可使断路器与电源隔离，保证维修人员安全操作；检修某一回路时，仅该回路停电，其他回路不受影响；母线发生故障时，全线停电。

单母线型主接线改进后在母线中加装一个母线断路器或隔离开关，将母线分段，提高供电检修的灵活性，又称为单母线分段主接线。

2. 双母线型主接线

双母线型主接线是在单母线型主接线基础上加装一套母线得到的，作用是故障检修时缩短停电时间。

3. 桥型主接线

桥型主接线采用两条电源进线和两台变压器，在电源进线间用横向母线及断路器或隔离开关连接。若桥接母线在变压器外侧，且桥接母线在进线断路器内侧时称为内桥接线，桥接母线在进线断路器外侧时称为外桥接线。

桥型主接线正常运行时，两台变压器并列运行，桥接母线断路器或隔离开关全部闭合；当两台变压器分别工作时，则桥接母线断路器或隔离开关断开；当一路故障时，可切换线路，使两台变压器均由正常工作的一路提供电源。

四、接地装置

城市轨道交通接地装置除应满足系统正常的工作接地与人身、设备的安全接地功能之外，还应考虑杂散电流防护的需要。

1. 每座车站只设一个接地网，供车站各类设备的工作接地与安全接地。接地电阻应满足强弱电设备共用接地网的要求。

2. 沿线电缆支架上敷设贯通的接地扁铜线，供沿线区间电气、通信、信号等机电设备安全接地使用。

3. 敷设架空地线，供接触网系统设备工作接地、安全接地与防雷接地使用。

4. 牵引回流系统采用浮空不接地方式，钢轨、回流线、直流开关柜、整流器、负极柜等采用绝缘法安装。

5. 当杂散电流防护设计与安全接地发生矛盾时，优先考虑安全接地。

6. 各车站设置钢轨电位限制装置。

第三节 牵引供电系统

牵引供电系统是城市轨道交通供配电系统的核心，负责向电动列车提供电能，起到降压、整流与传输电能的作用。

一、牵引供电系统的组成

在城市轨道交通牵引供电系统中，电能由牵引变电所经馈电线、接触网输送给电动列车，再由电动列车经钢轨（轨道回路）、回流线流回牵引变电所，这一回路称为牵引供电回路。

城市轨道交通牵引供电系统主要由牵引变电所与牵引网构成，其中牵引网由馈电线、接触网（轨）、受电弓、电动列车、钢轨、回流线、电分段七部分组成，如图 5-4 所示。

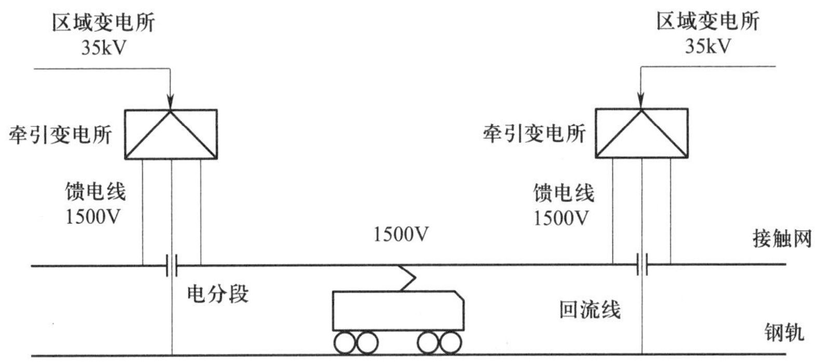

图 5-4　牵引供电系统示意图

牵引变电所向一定区域内的城市轨道交通车辆供给电能。接触网是指经过电动列车的受电器向电动列车供给电能的导电网。馈电线是指从牵引变电所向接触网（轨）输送电能的导线。回流线是指用以供牵引电流返回牵引变电所的导线，其中大多数城市轨道交通利用钢轨回流，跨坐式单轨系统则需沿线路敷设单独的回流线。为便于检修与缩小事故影响范围，将接触网（轨）分成若干段，称为电分段。

城市轨道交通牵引网电压主要采用 DC 1 500 V 或 DC 750 V，两种电压均应用广泛。采用较高的电压等级能够获得较大的牵引变电所间距，从而减少牵引变电所数量，节省工程投资，且在站间距较大的线路上可以避免设置不便于管理的区间牵引变电所，在运量大、速度高的线路上可以避免过大的牵引电流对电气故障判断的影响，并且运营中的电能损耗也相对较小。因此，较高的牵引网电压在技术与经济性方面均具有优势，但其可能会对隧道的断面提出更高的要求，增加城市轨道交通土建工程的投资。

二、牵引变电所

1. 牵引变电所的设置原则

在城市轨道交通系统中，设置牵引变电所的基本原则有以下几个方面：

（1）牵引变电所的位置应根据城市轨道交通牵引供电计算要求、线路情况、接触网类型、车站形式等要求综合考虑确定。

（2）牵引变电所在线路上的位置、数量与容量，应根据城市轨道交通远期高峰小时通过能力、车辆编组及车辆形式，通过牵引供电计算，经多方案比较后确定。

（3）牵引变电所一般设置在城市轨道交通车站站台层。同一车站同侧的牵引变电所与降压变电所可以合建，既节省设备投资，方便安装调试，又使得变电所设计结构紧凑，减小占用空间，节省土建工程投资。

2. 牵引变电所的运行方式

相邻的三座牵引变电所中，允许其中一座牵引变电所事故解列时，由相邻正常工作牵引变电所采用越区供电方式，担负起该段运行列车的牵引供电负荷，即正常时为双边供电，中间牵引变电所解列后为大双边供电。

35 kV 母线采用单母线断路分段形式，由中压网络系统引入两路独立电源，分别接至两段母线，每段母线环进环出，35 kV 联络电缆构成环网系统。正常运行时，母联开关打开，两段母线分段运行；当一路电源故障时，闭合母联开关，由一路进线电源同时带两段母线维持正常供电。每段母线上分别设有电压互感器与避雷针。

DC1 500 V 母线为单母线形式，整流机组正极通过电动隔离开关与 1 500 V 母线相连，负极通过手动隔离开关与负极柜中的负母排相连，由正母线引出四条出线，经直流快速开关、电动隔离开关分别接至两个方向上、下行接触网，直流快速开关与隔离开关联动操作。

三、接触网

1. 接触网的基本要求

接触网是牵引网的重要组成部分，主要负责把电能可靠地输送到电动列车上。因其无备用设备，因此接触网的安全、可靠尤为重要，其基本要求如下：

（1）在恶劣气候条件下，能够保证电动列车正常取流，要求接触网的机械结构具有稳定性和足够的弹性，在电气性能方面，应具有良好的导电性能与绝缘性能。

（2）接触网设备及零件应具有足够的耐磨性与抗腐蚀性，并尽量延长设备的使用年限。

（3）接触网对地绝缘应良好，安全可靠，对环境影响小，具备线网协调性。

（4）设备结构尽量简单，便于施工，有利于城市轨道交通运营与修护，在突发事故情况下，能够便于抢修与恢复通电。

（5）尽可能降低成本，特别注意节约有色金属及钢材；另外，尽量采用国产设备，减少对国外产品的依赖。

2. 接触网的分类

根据城市轨道交通制式不同，接触网分类方式也有所不同。接触网按其结构不同，可分为架空式接触网与接触轨式接触网两类，架空式接触网又可分为柔性接触网与刚性接触网。

（1）接触轨式接触网

接触轨式接触网是沿着走行轨道一侧平行敷设的附加第三轨，故又称第三轨。城市轨道交通电动列车（车辆）侧面或底部伸出的受电器与第三轨接触取得电能，这种受电器称为集电靴（接触靴），接触轨可分为上磨式、下磨式和侧磨式三种。下磨式接触轨如图 5–5 所示。

上磨式接触轨安装在专用绝缘子上，工字型轨底朝下，接触靴自上与之接触受电。上磨式接触轨固定方便，但由于接触靴在其上面滑行而无法加装防护罩。下磨式接触轨底朝上，由绝缘体紧固在弓形肩架上，肩架固定在轨枕一侧，可以加装防护罩，对工作人员较为安全。

（2）架空式柔性接触网

架空式柔性接触网由接触悬挂、支持装置、定位装置、支柱与基础几部分组成，如图 5–6 所示。

图 5–5　下磨式接触轨

图 5–6　架空式柔性接触网

其中，接触悬挂是由相隔一定距离的悬挂点架空悬挂，分为简单悬挂和链形悬挂两种。简单悬挂是一种直接将接触网固定在支撑装置上的悬挂方式，有简单悬挂与弹性简单悬挂两种形式。链形悬挂是接触网通过吊弦悬挂到承力索，承力索固定在支撑装置上的悬挂方式，有简单链形悬挂和弹性链形悬挂等多种形式。链形悬挂与简单悬挂相比性能更好，但结构复杂、工程投资大、施工与维修较为困难。

（3）架空式刚性接触网

架空式刚性接触网又称为刚性悬挂，是一种区别于传统柔性接触网的供电方式。架空式刚性接触网悬挂结构简单，由汇流排、支撑装置、绝缘子、接触线及架空地线等组成，如同将接触轨架设到隧道顶部，如图 5–7 所示。

图 5–7　架空式刚性接触网

根据汇流排形式不同，架空式刚性接触网

又可分为“T”形与“Π”形两种。架空式刚性接触网缩小了隧道顶部与轨道交通列车上部的空间，土建工程投入少，而且导电铜线无张力架设，不必设置下锚装置，也不会发生断线故障，零部件少，载流量大，安全可靠且维护量小，有效降低了运营成本，与架空式柔性接触网相比具有较大的优势。

知识窗

城市轨道交通接触网的应用

目前，根据我国城市轨道交通运营情况与建设规模，架空式接触网、接触轨与正负极刚性接触网的比例约为 5∶3∶1。

我国部分城市轨道交通系统接触网应用情况见表 5–1。

表 5–1　我国部分城市轨道交通系统接触网应用情况

线路名称	供电制式	接触网形式
北京地铁 1 号线	DC 750 V	接触轨（第三轨）正极供电，走行轨回流
上海磁浮列车示范运营线	DC 400 V	接触轨正极供电，接触轨负极回流
广州地铁 1 号线	DC 1 500 V	架空式接触网正极供电，走行轨回流
重庆轨道交通 2 号线	DC 1 500 V	正极刚性接触网供电，负极刚性接触网回流
深圳地铁 1 号线	DC 1 500 V	架空式接触网正极供电，走行轨回流

以城市轨道交通架空式接触网为例，系统地面、高架区段及车辆段 / 停车场内通常采用架空式柔性接触网，地下隧道区段一般采用架空式刚性接触网，而在地上线或车辆段 / 停车场与地下隧道入口处则采用刚柔过渡接触网。

3. 接触网的电分段

接触网分段有机械分段与电分段两种形式。其中，机械分段是指接触网在机械方面有明显分段，而在电气方面直接接通；电分段则是在电气方面隔离，从而缩小故障范围，同时有利于设备维护检修。

一般情况下，接触网电分段设置于设有牵引变电所的车站、车辆段或停车场与正线的接口处、车辆段与停车场内不同的供电分区之间、线路辅助线（折返线、联络线与停车线等）之间，以及列检库入口处。

在设有牵引变电所的车站设置电分段时，一般设置在进站端，如图 5–8 所示。

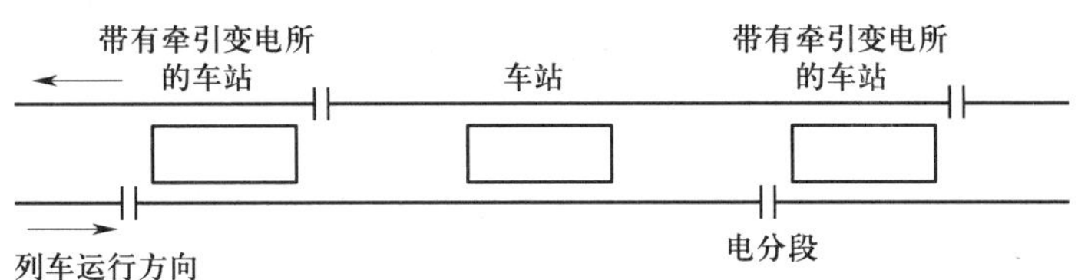

图 5-8　电分段示意图

4. 接触网的运行方式

城市轨道交通接触网（轨）在每个牵引变电所附近由电分段进行电气隔离，分成两个供电分区，每个供电分区又称为一个供电臂。正常情况下，两相邻供电臂之间的接触网在电气上为绝缘的。

（1）单边供电

每个供电分区只能从一端牵引变电所获得电能的供电方式称为单边供电。单边供电时，相邻供电臂电气上独立，运行灵活；接触网上发生故障时，只影响本供电分区，故障范围小；牵引变电所馈线保护装置较简单。在城市轨道交通末端、后期工程未投入运营或者故障情况下，一些区段将采取单边供电。

（2）双边供电

若一个供电分区通过开关设备在电路上连通时，同一供电分区可同时从两个牵引变电所获得电能，这种供电方式称为双边供电。双边供电可提高城市轨道交通接触网电压水平，减少电能损耗。因此，目前城市轨道交通系统多采用这种供电方式，特别是正线一般采用双边供电方式。在采用双边供电时，当某一牵引变电所因故障退出运行时，该段接触网即成为单边供电。

（3）大双边供电

当牵引变电所因检修或故障原因退出运行时，相关接触网由与该牵引变电所相邻的两个牵引变电所通过纵向开关（刀闸）进行供电的运行方式，称为大双边供电。大双边供电运行方式的优点是简单方便，可以满足一般线路正常运行需求；缺点是如果采用纵向电动隔离开关，则不能带负荷操作，对线路正常运营有短时间的影响。

（4）越区供电

当牵引变电所两套整流机组因故障原因退出运行时，相关接触网由相邻的两个牵引变电所通过该牵引变电所的上下行四路馈线开关和直流母线对接触网进行供电的运行方式，称为越区供电。这种运行方式保障了供电连续性，提高了牵引电网电压质量，但存在着上下行接触网混送电的情况，当任一点发生故障时，可能引起多路馈线开关跳闸，从而扩大事故影响范围。

第四节　动力照明供配电系统

城市轨道交通动力照明供配电系统由降压变电所及动力照明配电所（室）组成，如图 5–9 所示。

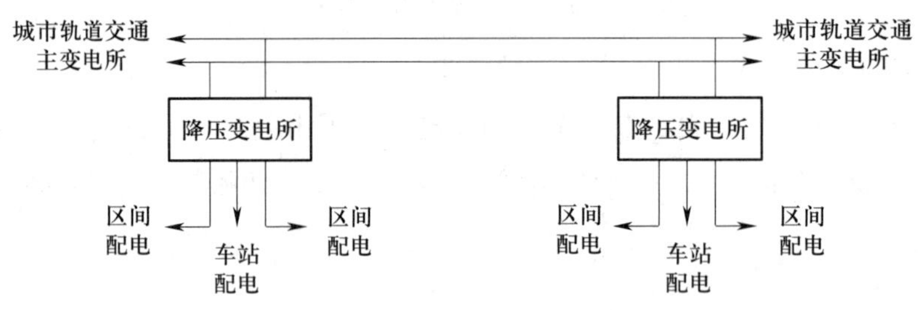

图 5–9　动力照明供配电系统示意图

一、降压变电所

1. 降压变电所的设置原则

城市轨道交通地下车站一般设置一座降压变电所，位于车站重负荷端。有折返线的车站或规模较大的车站设置一座降压变电所和一座跟随式降压变电所，分别位于车站两端。地上或高架车站均设置一座降压变电所。车辆段及车辆基地设置降压变电所及跟随式降压变电所各一座，控制中心设置一座降压变电所。在设有牵引变电所的车站，可将降压变电所与牵引变电所合建为牵引与降压混合变电所。

设置一座降压变电所和一座跟随式降压变电所的车站，每个变电所负责半个车站及半个区间的动力照明负荷；设置一座降压变电所的车站，变电所负责整个车站及车站两端各半个区间的动力照明负荷。另外，长大区间供电可增设区间小型变电站。

2. 降压变电所的运行方式

35 kV/0.4 kV 降压变电所高压侧采用单母线断路器分段接线，由城市轨道交通 35 kV 中压网络系统接引两路独立电源，分别引入两段母线，每段母线环进环出，正常时母联开关打开，当其中一路电源故障时，高压母联开关闭合，由另一路电源供电。同时，每座降压变电所设两台动力变压器，分别接在高压侧两段母线上。

变电所低压配电室两路 400 V 电源同时运行，低压母线采取单母线分段方式运行，当一路电源故障时，母联分段开关自投，由另一路电源供全站一、二级负荷用电，三级负荷经断路器由支母线供电，当一路电源故障时，三级负荷自动切除。

低压配电室两段 400 V 母线均设置电容自动补偿装置，补偿后功率因数为 0.9 以上，低压接地系统采用 TN–S 系统。接地采用公用接地网，电阻 $R \leqslant 0.5\ \Omega$。

二、动力供电系统

1. 动力供电方式

动力供电系统主要采用放射式的供电方式。

（1）通信、信号、防灾报警、售检票、电力监控、消防、屏蔽门等系统，以及主排水泵、雨水泵、污水泵均由低压配电室直接供电。

（2）每座地下车站的两端各设置一座环控电控室。每座环控电控室设一、二级负荷母线和三级负荷母线。一、二级负荷母线分别从低压配电室不同母线段各接引一路电源，采用单母线不分段接线方式，两路电源以一主一备方式运行。三级负荷母线电源取自低压配电室三级负荷母线，采用单母线不分段接线方式。环控通风设备均集中由环控电控室供电。

（3）车站设备管理用房及公共区域适当位置设置安全式插座箱。防火阀门及风阀由环控电控室馈出回路在风阀相对集中的位置设置配电箱分回路供电。

（4）行车调度指挥设备用电主要采用树干式供电方式。

2. 动力供电控制

动力设备控制分控制中心远程控制、车站综合控制室控制、就地控制三种方式，通过 FAS、BAS 和 SCADA 系统实现。

3. 动力供电保护及自动装置

低压配电室需远控的开关采用电动断路器，频繁操作的设备采用交流接触器，一级负荷在末端采用自动电源切换装置，断路器设过载、短路及接地保护，动力插座、插座箱及移动式用电设备设漏电保护。

三、照明供电系统

1. 系统组成

城市轨道交通照明供电系统可分为工作照明、节电照明、应急照明、标示照明、广告照明等。

站厅、站台照明及主要设备用房照明由低压配电室不同母线以交叉供电方式进行供电。应急照明以 EPS 作为备用电源，容量满足事故状态下车站、区间 1 h 供电的需求。

地下车站站台板下及地面车站净高小于 2 m 的电缆通道设置安全照明，采用安全电压（≤ 36 V）供电。

2. 照明设备

室内照明光源以荧光灯为主，白炽灯为辅，灯具选择主要考虑结构轻巧、便于维修、光效高并满足装饰需要。车辆段等室外场所采用弯灯及投光灯塔照明，光源采用高压钠灯。

第五节　电力监控系统及杂散电流

目前，国外城市轨道交通供配电系统均采用计算机远动监控设备实现集中监控。电力监控系统能够提高城市轨道交通供配电系统的安全性与经济性；集中控制使调度人员直接控制运行方式切换，运行操作效率与可靠性高。因此，我国城市轨道交通牵引供电系统优先采用计算机远动监控设备。

一、电力监控系统

电力监控系统能实时对城市轨道交通供配电系统中各变电所、接触网设备进行远程数据采集和监控，通过控制中心调度端、通信通道和执行端（变电所综合自动化系统）对主要电气设备进行遥控、遥信、遥测，实现对整个供电系统的运营调度和管理。

1. 电力监控系统的功能

电力监控系统基本功能主要包括：对遥控对象进行遥控，遥控种类分为选点式、选站式与选线式；对城市轨道交通供配电系统设备运行状态进行遥信；对城市轨道交通供配电系统中主要运行参数进行遥测；实现汉化的屏幕画面显示、模拟盘显示或其他方式显示，以及运行和故障记录信息的打印；实现电能统计等日报月报制表打印；系统自检功能；以友好的人机界面实现系统维护功能；主、备通道的切换功能。

知识窗

遥控、遥信和遥测

遥控是指从调度所发出命令实现远方操作与切换。通常情况下，遥控只有两种指令，如开关的“分”“合”、电动机的“启动”“停止”、闸门的“开启”“关闭”等。

遥信是指将被控制端设备的状态（如断路器的位置信号、报警信号等）传输给调度端。

遥测是指将被控制端设备的运行参数（如功率、电压、电流等）传输给调度端。

2. 电力监控系统的监控对象

城市轨道交通电力监控系统的监控对象一般分为遥控对象、遥信对象和遥测对象。

（1）遥控对象

遥控对象包括主变电所、牵引变电所、降压变电所内 10 kV 及以上电压等级的断路器、负荷开关及电动隔离开关，牵引变电所的直流快速断路器、直流电源总隔离开关，降压变电所的低压进线断路器、低压母联断路器、三级负荷低压总开关，接触网电源隔离开关，以及有载调压变压器的调压开关。

（2）遥信对象

遥信对象包括遥控对象的位置信号，高中压断路器、直流快速断路器的各种故障跳闸信号，变压器、整流器的故障信号，交直流电源系统的故障信号，降压变电所低压进线断路器、低压母联断路器的故障信号，以及钢轨电位限制装置的动作信号、预告信号、断路器手车位置信号、无人值班变电所的大门开启信号和控制方式。

（3）遥测对象

遥测对象包括主变电所进线电压、电流、功率、电能，变电所中压母线电压、电流、功率、电能，牵引变电所直流母线电压，牵引整流机组电流、电能、牵引馈线电流、负极柜回流电流，变电所交直流操作电源的母线电压。

3. 电力监控系统的组成

电力监控系统由运营控制中心主站系统、数据传输通信通道、被控站系统组成，如图 5-10 所示。

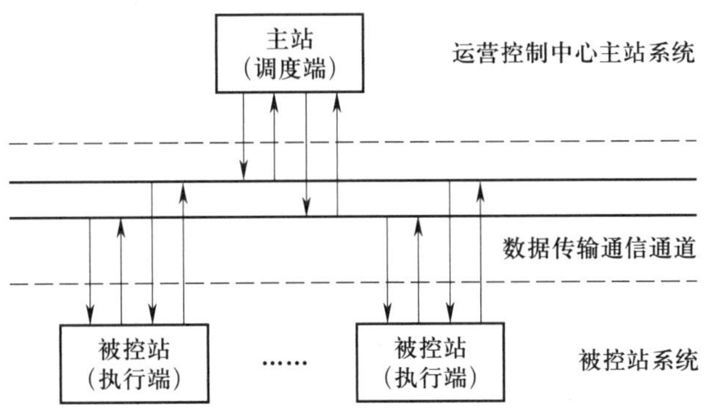

图 5-10　电力监控系统组成

（1）主站系统

主站系统一般设置在城市轨道交通运营控制中心大楼内。主站系统采用计算机网络技术，客户机 / 服务器模式，主从网络节点方式，配置服务器、调度工作站、系统维护工作站、前置通信处理器、行车调度显示终端节点设备，设置实时数据、程序、统计报表、画面拷贝等打印机，以及实时监控供电系统概况的模拟盘（或投影仪）等外围设备，重要设备冗余配置，提高系统的可靠性。另外，主站系统还配置保证系统供电的不停电电源装置。

（2）被控站系统

被控站系统设置在城市轨道交通主变电所、牵引降压混合变电所、降压变电所。变电所采用分层分布式变电所综合自动化系统，主要由站级管理层设备、所内现场通信网络、间隔设备层单元组成，完成对变电所及其供电范围内供电设备的保护、控制、测量及自动装置、远程通信等功能。

（3）数据传输通信通道

数据传输通信通道采用通信专业配置，通道结构一般为点对点式结构。

二、杂散电流

在理想状态下，直流牵引供电系统的牵引电流由牵引变电所的正极出发，经由接触网、电动列车及回流轨或走行轨返回牵引变电所的负极。但钢轨与隧道或道床等结构钢之间的绝缘电阻并非无限大，因此造成流经接触网的牵引电流不能全部经由钢轨流回牵引变电所的负极，有一部分牵引电流会泄漏到隧道或道床等钢结构上，然后经钢结构与大地流回牵引变电所的负极。这部分泄漏到隧道或道床等钢结构上的电流就称为杂散电流，又称为迷流。直流牵引地下杂散电流如图 5-11 所示。

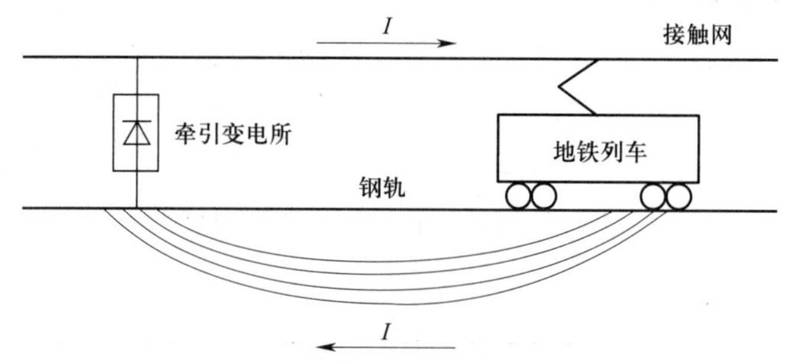

图 5-11　直流牵引地下杂散电流示意图

1. 杂散电流的危害

城市轨道交通系统中的杂散电流是一种有害电流，会对轨道交通系统中电气设备、设施的正常运行造成不同程度的影响，也会对隧道、道床的结构钢及附近的金属管线造成危害。这种危害主要表现在以下几个方面：

（1）若地下杂散电流流入电气接地装置，将引起过高的接地电位，使某些设备无法正常工作。

（2）若钢轨（走行部）局部或整体对地的绝缘变差，则此钢轨（走行部）对大地的泄漏电流增大，地下杂散电流增大，此时有可能引起牵引变电所的框架保护动作。框架保护动作会导致整个牵引变电所的断路器跳闸，全所失电，同时还会联跳相邻牵引变电所对应的馈线断路器，从而造成较大范围的停电事故，影响轨道交通系统正常运营。

（3）对城市轨道交通隧道、道床或其他建筑物的结构钢筋及附近的金属管线（如电缆、金属管件等）造成电腐蚀。若这种电腐蚀长期存在，将会严重破坏其附近的各种结构钢筋与

地下金属管线，破坏结构钢的强度，降低其使用寿命。

2. 杂散电流的防护

杂散电流防护系统的功能是减少因直流牵引供电引起的杂散电流并防止其对外扩散，尽量避免杂散电流对城市轨道交通系统本身及其附近结构钢筋、金属管线的电腐蚀，并对杂散电流及其腐蚀防护情况进行监测。

城市轨道交通系统中杂散电流的腐蚀防护应遵循“以堵为主，以排为辅，放排结合，加强监测”的基本原则。

（1）以堵为主

隔离和控制所有可能的杂散电流泄漏途径，减少杂散电流进入城市轨道交通系统的主体结构、设备，以及可能与其相关的设备设施。例如，确保牵引回流系统的畅通，使牵引电流通过回流系统流回牵引变电所，从根本上减少杂散电流的产生。

（2）以排为辅

通过杂散电流的收集及排流系统，提供杂散电流返回至牵引变电所负母线的通路，防止杂散电流继续向本系统外泄漏，减少腐蚀。例如，为保护道床结构钢筋不受杂散电流腐蚀及减少杂散电流扩散，可利用道床内结构钢筋的可靠电气连接，建立主要的杂散电流收集网，收集由钢轨泄漏出来的杂散电流，在阴极区经钢轨流回牵引变电所。

（3）加强监测

设计完备的杂散电流监测系统，监视、测量整体道床排流网的极化电位、本体电位，隧道侧壁结构钢的极化电位、本体电位，监测点的轨道电位等，为城市轨道交通系统运营维护提供依据。

尽管杂散电流腐蚀防护涉及多个专业，由于直流牵引供电系统是产生杂散电流的根源，因此通常将杂散电流腐蚀防护系统归由供电系统设计。

思考与练习

1. 城市轨道交通供配电系统的主要功能有哪些？
2. 简述城市轨道交通供配电系统的组成。
3. 城市轨道交通系统供电方式有哪几种？列出它们各自的特点。
4. 简述主变电所、牵引变电所、降压变电所的基本功能。
5. 城市轨道交通系统对接触网的基本要求有哪些？
6. 城市轨道交通接触网可分为哪几种？列出它们各自的特点。
7. 简述城市轨道交通电力监控系统的功能与组成。

第六章　城市轨道交通信号与通信系统

学习目标：

- 掌握城市轨道交通信号基础设备的特点、功能。
- 掌握列车自动控制系统的组成和功能。
- 了解城市轨道交通通信传输系统的结构特点。
- 掌握城市轨道交通通信传输系统各组成部分的功能。

城市轨道交通信号设备是城市轨道交通系统的主要技术装备，它担负着指挥列车运行、保证行车安全、提高运输效率的重要任务。城市轨道交通因其固有的特点，对信号系统有安全性高、通过能力大、保证信号显示距离、抗干扰能力强、可靠性高、自动化程度高等要求。

城市轨道交通信号系统通常由列车运行自动控制（ATC）系统和车辆段信号控制系统两大部分组成，用于列车进路控制、调度指挥、信息管理、设备工况检测及维护管理，由此构成一个高效的综合自动化系统。

城市轨道交通配备专用的、完整的、独立的通信系统，以便集中统一指挥，保证城市轨道交通列车运行安全、可靠、准时，实现行车调度和列车运行自动化。

第一节　信号基础设备

信号是保证行车安全、指示列车及调车作业的命令，行车有关人员必须熟知信号的显示方式，按照信号显示要求进行行车及调车作业。

一、各种信号显示设备

1. 信号种类

（1）视觉信号和听觉信号

视觉信号是以信号灯的颜色、显示数目及灯光状态等表达的信号，如地面信号机、手信号旗等发出的信号。听觉信号以声音的强度、长短等方式表示信号意义，如机车鸣笛等。例如，某地铁公司的《行车组织规则》中关于列车鸣笛的规定：一是鸣笛的作用是发出警告或要求协助，长声为 3 s，短声为 1 s，音响间隔为 1 s，重复鸣示时必须间隔 5 s 以上；二是为避免对站内乘客及铁路沿途的居民造成滋扰，列车在正线上运行时只可在必要时鸣笛。

（2）固定信号和移动信号

固定信号是固定设置在规定位置的信号装置，如地面信号机等。移动信号是根据需要临时设置的信号装置，如实施临时限速时设置的限速告示牌和限速终止牌等。

2. 信号色及其表示意义

（1）基本颜色

红色：停车信号，禁止越过该信号机。

绿色：允许信号，信号处于正常开放状态，可按规定速度通过该信号机。

黄色：允许信号，信号处于有限开放状态，要求列车注意或减速运行。

（2）辅助颜色

月白色：用于指示调车作业时，表示允许越过该信号机调车；用于指示正线列车作业时，同时显示一个红灯信号，构成引导信号，表示准许列车越过显示红灯的信号机，并随时准备停车。

蓝色：用于调车信号机，表示禁止越过该信号机调车。

知识窗

信号显示的差异性

我国的城市轨道交通信号系统没有对地面信号的显示方式和显示意义进行统一规定，因此信号显示存在一定差异。例如，有的城市轨道交通企业采用一个红色灯光和一个黄色灯光构成引导信号。

3. 信号机的设置及其功能

（1）设置原则

1）设置于列车运行方向右侧。我国的城市轨道交通系统采用右侧行车制，因此，地面信号机设置于列车运行方向的右侧，地下部分一般安装在隧道壁上。特殊情况下，地面信号机可以设置在列车运行方向左侧或其他位置。

2）信号机限界是用以限制设备安装的轮廓线，信号机不得侵入设备限界。车辆轮廓线是限制列车横断面最大允许尺寸的轮廓，将其扩大一定尺寸后，构成车辆限界。直线地段设备限界是在直线地段车辆限界外扩大一定安全间隙后形成的。曲线地段设备限界应在直线地段设备限界的基础上，按平面曲线不同半径过超高或欠超高引起的横向或竖向偏移量，以及车辆、轨道参数等因素计算确定。

（2）正线信号机及表示器

有的城市轨道交通车站设有道岔，有的仅有两条正线，因此应根据各站设备具体情况设置信号机。正线常用的信号机包括以下几种：

1）防护信号机。防护信号机设置在正线道岔岔前和岔后适当地点，采用三显示机构，自上而下为黄（或月白）、绿、红，具体显示意义为：

红色：禁止越过该信号机。

绿色：道岔开通直向位置，允许列车按照规定速度越过该信号机进入区间。

黄色：道岔开通侧向位置，允许列车按照规定速度（一般限速不超过 30 km/h）越过该信号机，运行至折返点。另外，黄色 + 红色为允许列车以不超过 25 km/h 的速度越过该信号机进入区间。

正线上防护信号机用“X”“F”等命名，以数字序号作为下标，下行咽喉编为单号，上行咽喉编为双号，从站外向站内顺序编号。

2）阻挡信号机。阻挡信号机设置在线路尽头处，表示列车停车位置，采用单显示机构，只有一个红灯。当阻挡信号机显示红灯时，列车应在距信号机至少 10 m 的安全距离前停下。当车站设置有阻挡信号机时，与防护信号机共同顺序编号。

3）通过信号机。采用 ATC 系统的城市轨道交通系统中，自动闭塞通过信号机已经失去主体信号的作用，一般在区间不设置通过信号机。为便于驾驶员在 ATP 设备发生故障时控制列车运行，可以根据需要设置通过信号机。通过信号机采用三显示机构，自上而下灯位为黄、绿、红。

4）进、出站信号机。车站可根据需要设置进、出站信号机，或仅设置出站信号机。进站信号机设置在车站入口外方适当距离，用于保障车站内作业安全。进站信号机显示一个红色灯光表示不准列车越过信号机进入站内，显示一个绿色灯光表示允许列车按规定速度越过信号机进入站内。出站信号机设置在车站出口，即列车由车站向区间发车处前方，指示列车能否由车站进入区间。出站信号机显示一个红灯表示不准列车出站，显示一个绿灯表示允许列车出发进入区间。

5）发车表示器（倒计时发车牌）。车站可在正向出站方向站台一侧、列车停车位置前方适当地点设置发车表示器，向驾驶员表示能否关闭车门及发车的时间。发车表示器平时不亮灯，列车停靠后无显示，表示不能关闭车门、发车；距发车还有 5 s 时显示白色闪光，提醒驾驶员关闭车门；显示白色稳定灯光，表示可以发车。

6）车辆段信号机。车辆段入口转换轨外方设置进段信号机。进段信号机显示及灯光配列可与防护信号机相同，也可采用双机构。

二、继电器

1. 继电器的基本原理

继电器是一种电磁开关，能以较小的电信号控制执行电路中的大功率设备，是实现自动控制和远程控制的重要设备，在城市轨道交通信号技术中广泛采用。

继电器工作原理如图 6–1 所示。当线圈中通入规定的电流后，根据电磁原理，线圈中产生磁性，衔铁被吸引；当线圈中没有电流时，衔铁由于重力作用被释放。衔铁上的触点称为动触点。随着衔铁的动作，动触点与静触点接通或断开，从而实现对其他设备的控制。

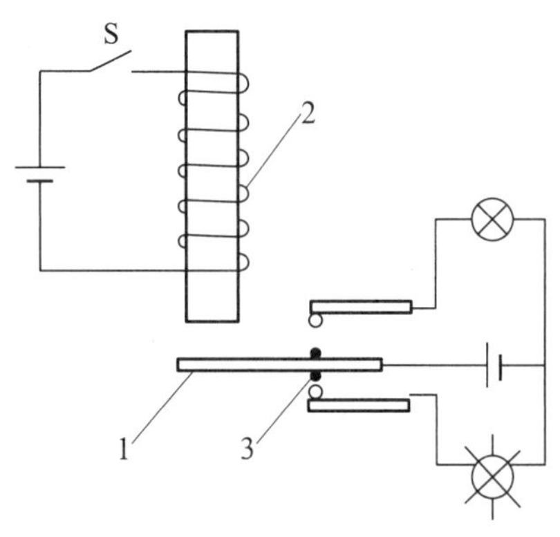

图 6–1　继电器工作原理

1—衔铁　2—线圈　3—动触点

继电器类型有很多，都由电磁系统和触点系统两部分组成。电磁系统主要包括线圈、铁芯及可动的衔铁等，触点系统由动触点和静触点组成。

2. 继电器的作用

继电器能够实现自动控制和远程控制，用于城市轨道交通信号中，可实现室内控制台对现场设备的控制。继电器在以继电技术构成的系统中（如继电集中联锁）起到核心作用。随着电子技术的迅速发展，电子元件（尤其是计算机）以其速度快、体积小、容量大等优势，在很大程度上将逐步取代继电器，构成自动控制和远程控制系统（如计算机联锁等系统中的全电子单元）。但是，继电器仍存在一定优势，它在计算机联锁中作为接口部件，将系统主机与信号机、轨道电路、转辙机等执行部件结合起来。

三、动力转辙机

道岔的转换和锁闭直接关系到行车安全，转辙机就是转换和锁闭道岔的重要信号基础设备，它对保证行车安全、提高运输效率、改善行车人员的劳动强度都起着非常重要的作用。

1. 转辙机概述

转辙机是转辙装置的核心和主体，除转辙机本身外，还包括外锁闭装置和各类杆件、安装装置，它们共同完成道岔的转换和锁闭。

（1）转辙机的作用

1）转换道岔位置，根据需要转换至定位或反位。

2）道岔转至所需位置且密贴后，实现锁闭，防止外力移动道岔。

3）正确地反映道岔的实际位置，道岔的尖轨密贴于基本轨后，给室内监控设备相应的表示。

4）道岔被挤或因故处于“四开”（两侧尖轨均不密贴）位置时，及时给出报警及表示。

（2）转辙机的基本要求

1）转辙机作为转换装置，应具有足够大的拉力，带动尖轨作直线往返运动，当尖轨受限不能运动到底时，应随时通过操纵使尖轨回复原位。

2）转辙机作为锁闭装置，当尖轨和基本轨不密贴时，不应进行锁闭，一旦锁闭，应保证不致因列车通过道岔时的震动而错误解锁。

3）转辙机作为监督装置，应能正确地反映道岔的状态。

4）道岔被挤后，在未修复前转辙机不应再使道岔转换。

（3）转辙机的设置

城市轨道交通正线上一般采用 9 号道岔，车辆段、停车场一般采用 7 号道岔，通常道岔由一台转辙机牵引。如果正线上采用的是 9 号道岔，其曲线半径较大，道岔尖轨较长，一组道岔需两台转辙机牵引。

2. ZD6 系列电动转辙机

ZD6 系列电动转辙机是我国城市轨道交通系统使用最广泛的电动转辙机，包括 A、D、E、J 等派生型号，主要由电动机、减速器、摩擦连接器、主轴、动作杆、表示杆、移位接触器、外壳等组成。ZD6–A 型电动转辙机如图 6–2 所示。

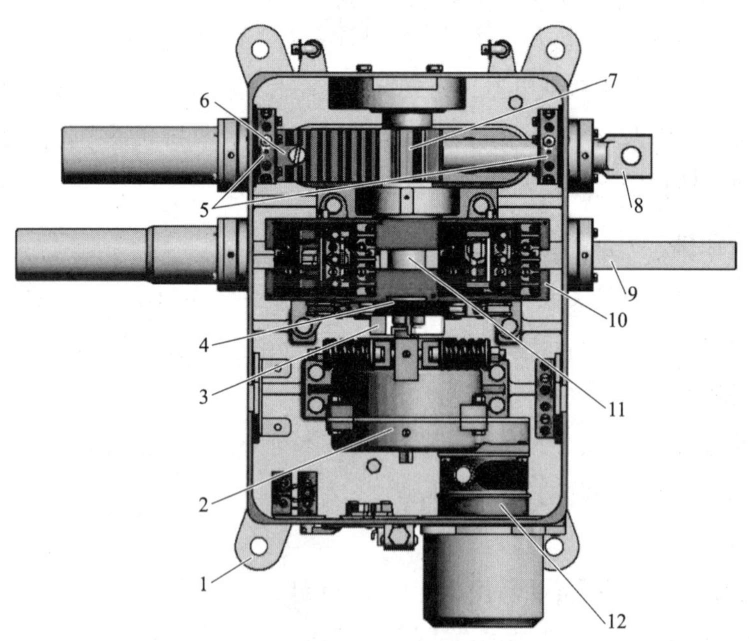

图 6–2　ZD6–A 型电动转辙机

1—底壳　2—减速器　3—启动片　4—速动片　5—移位接触器　6—齿条块
7—锁闭齿轮　8—动作杆　9—表示杆　10—自动开闭器　11—主轴　12—电动机

（1）电动机

电动机为电动转辙机提供动力，ZD6 系列电动转辙机采用直流串励电动机。当电枢绕组和励磁绕组通过电流时，励磁绕组在所产生的磁场中将受到力的作用，产生转矩，驱动电枢旋转。此种电动机采用电枢电流转向法，即励磁电流方向不变，通过改变电枢绕组的电流方向改变电动机的旋转方向，既能正转，又能反转。

（2）减速器

减速器用于降低转速，以获得足够的转矩，完成传动。转辙机所用电动机的功率是固定不变的，其转速一般在 2 000 r/min 以上。为了获得较大的转矩来带动道岔，必须对其进行减速。减速器由第一级齿轮和第二级行星传动式减速器组成，两级间以输入轴联系，减速器由输出轴和主轴联系。

（3）摩擦连接器

弹簧和摩擦制动板组成输出轴与主轴之间的摩擦连接器，防止尖轨受限时损坏机件。

（4）主轴

主轴由输出轴通过启动片带动旋转，主轴上安装锁闭齿轮。锁闭齿轮和齿条块相互动作，转动变为平动，通过动作杆带动道岔尖轨运动，并完成锁闭。

（5）挤岔装置

动作杆和齿条块用挤切销相连。正常动作时，齿条块带动动作杆。挤岔时，挤切销折断，动作杆和齿条块分离，避免机件损坏。

（6）表示装置

表示杆由前、后表示杆及两个检查块组成。表示杆随尖轨移动，只有当尖轨密贴且锁闭后，自动开闭器的检查柱才能落入表示杆缺口，接通道岔表示电路。挤岔时，表示杆被推动，顶起检查柱，从而断开道岔表示电路。

（7）自动开闭器

自动开闭器由静接点、动接点、速动片、检查柱等组成，是自动开闭电动机电路和自动开闭道岔表示电路的接点系统，用于表示道岔尖轨所在位置。

（8）安全接点（遮断接点）

安全接点用于保证维修安全。正常使用时，安全接点接通，才能接通道岔动作电路。检修时，安全接点断开，防止检修过程中转辙机转动，影响维修人员作业。

（9）壳体

壳体用来固定转辙机各部件，保护内部机件免受机械损伤和雨水、尘土侵入。它由底壳和机盖组成，底壳是壳体的基础，也是整机安装的基础。

3. S700K 型电动转辙机

S700K 型电动转辙机是由于我国铁路提速需要，从德国引进设备和技术，经消化吸收和改进后，迅速在主要干线推广运用的转辙机。数年实践表明，该型转辙机结构先进、工艺精良，不但解决了长期困扰信号维修人员的电动机断线、故障电流变化、接点接触不良、移位接触器跳起和挤切销折断等故障，而且可以做到“少维护、无维修”，符合中国铁路运营的特点和发展方向，适用于城市轨道交通系统。

（1）S700K 型电动转辙机的特点

S700K 型电动转辙机适用于采用外锁闭的道岔，主要特点如下：

1）采用交流三相电动机，不仅从根本上解决了原直流电动转辙机必须设置换向器而引起的故障率高、使用寿命短、维修量大等不足；而且线路上的电能损失大大减少，在同样的控制电流下，可增大控制距离，或减小电缆芯线的截面积。

2）采用直径为 32 mm 的滚珠丝杠作为驱动装置，摩擦力非常小，机械效率高，延长了转辙机的使用寿命。

3）采用具有簧式挤脱装置的保持连接器，并选用不可挤型零件，从根本上排除了由于挤切销劳损造成的故障。

4）采用多片干式可调摩擦连接器，经工厂调整加封，使用中无须调整。

（2）S700K 型电动转辙机的组成

S700K 型电动转辙机主要由外壳、动力传动机构、安全装置、配线接口等部分组成，其结构如图 6-3 所示。

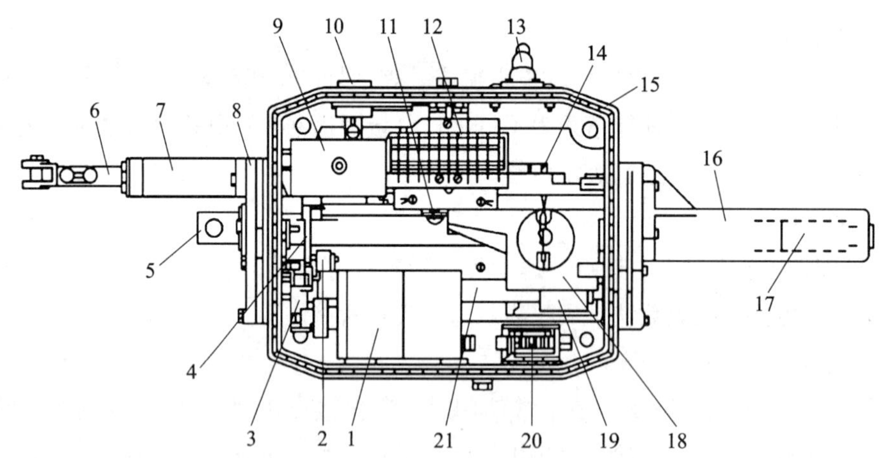

图 6-3　S700K 型电动转辙机

1—电动机　2—摩擦连接器　3—齿轮组　4—连杆　5—动作杆　6—检测杆　7—导向套筒　8—导向法兰　9—安全接点座　10—开关锁　11—锁闭块及锁舌　12—速动开关　13—电缆密封装置　14—指示标　15—底壳　16—动作杆套筒　17—止挡片　18—保持连接圈　19—螺母　20—接插件　21—滚珠丝杠

1）外壳由底壳、机盖、动作杆套筒、导向套筒、导向法兰等组成。

2）动力传动机构由电动机、摩擦连接器、滚珠丝杠、动作杆等组成。

3）检测和锁闭机构由检测杆、叉形接头、速动开关、锁闭块及锁舌组成。

4）安全装置由开关锁、连杆等组成。

5）配线接口由电缆密封装置、接插件等组成。

四、轨道电路

轨道电路用来监督线路的占用情况，并向列车动态传递行车信息。

1. 轨道电路的基本原理

轨道电路是以轨道线路的两根钢轨作为导体，两端加以机械绝缘或电气绝缘，接上送电和受电设备构成的电路。

轨道电路的送电设备设在送电端，由轨道电源和限流电阻组成。限流电阻的作用是保护电源不致因过负荷而损坏，同时保证列车占用轨道电路时轨道继电器可靠落下。接收设备设在受电端，一般采用继电器（称为轨道继电器）接收轨道电路的信号电流。

钢轨是轨道电路的导体，为减小钢轨接头的接触电阻，增设了轨端接续线。钢轨绝缘是为分隔相邻轨道电路而装设的。两绝缘节之间的钢轨线路长度即为轨道电路的长度。

当轨道电路内钢轨完整，且没有列车占用时，轨道继电器吸起，表示轨道电路空闲。轨道电路被列车占用时，它被列车轮对分路，轮对电阻远小于轨道继电器线圈电阻，流经轨道继电器的电流大大减小，轨道继电器落下，表示轨道电路被占用。

2. 轨道电路的作用

轨道电路的第一个作用是监督列车占用线路的情况。利用轨道电路可反映该段线路是否空闲，为开放信号、建立进路或构成闭塞提供依据。轨道电路被占用则信号关闭，从而把信号显示与轨道电路是否被占用结合起来。

轨道电路的第二个作用是传递行车信息。例如，音频数字编码轨道电路中传送的行车信息为 ATC 系统直接提供控制列车运行所需的前行列车位置、运行前方信号机状态和线路条件等有关信息，以决定本次列车运行的速度，控制列车在当前运行速度下是否停车或减速。对于 ATC 系统来说，带有编码信息的轨道电路是车、地之间传输信息的重要通道。

第二节 联锁设备

一、联锁基本概念及联锁设备

联锁设备是城市轨道交通系统的重要信号设备，用来在车站或车辆段实现联锁关系，建立进路、控制道岔的转换和信号机的开放，以及进路解锁等，保证行车安全。联锁设备分为正线车站联锁设备和车辆段联锁设备，早期的联锁设备采用电气集中联锁，现在多采用计算机联锁。

1. 联锁

（1）联锁的概念

联锁就是指车站范围内进路、信号、道岔之间互相制约的关系，这一互相制约的关系是保证车站行车安全的重要技术措施。

（2）联锁的内容

联锁的基本内容包括：防止建立会导致城市轨道交通车辆相互冲突的进路，必须使列车或调车车列经过的所有道岔均锁闭在与进路开通方向相符合的位置，必须使信号机的显示与所建立的进路相符。

1）进路上各区段空闲时才能开放信号。如果进路上有车占用却能开放信号，则会引起列车、调车车列与原停留车冲突。

2）进路上有关道岔在规定位置且锁闭时，才能开放信号。如果进路上有关道岔开通位置不对却能开放信号，则会引起列车、调车车列进入异线或挤坏道岔。

3）敌对信号未关闭且被锁闭在未建立状态时，防护该进路的信号机不能开放，否则列车或调车车列可能造成正面冲突。信号开放后，与其敌对的信号也必须被锁闭在关闭状态，不能开放。

4）信号机开放后，它们防护的进路上的各道岔必须被锁闭在规定位置，不能转换，与该进路敌对的所有进路不能建立。

2. 联锁设备

控制车站道岔、进路和信号，并实现它们之间互相制约关系的设备称为联锁设备。联锁设备分为机械联锁设备、机电联锁设备、电气联锁设备，可分散控制也可集中控制。用电气的方法集中控制和监督全站的道岔、进路和信号机，并实现它们之间联锁的设备，称为电气集中联锁设备。电气集中联锁采用色灯信号机，道岔由转辙机转换，进路上所有区段均设有轨道电路，在信号楼进行集中控制和监督。由于电气集中联锁把全部道岔、进路和信号集中起来控制和监督，从而实现了站内行车指挥的集中控制，省去了分散控制时所需的联系作业办理时间，且能够避免因联系错误而引起的事故，从而大大提高了行车安全程度和作业效率，并且极大改善了行车人员的劳动条件。电气集中联锁具有操作简便、办理迅速、表示完善、安全可靠等一系列优点。

20 世纪 80 年代以来，在大力发展电气集中联锁的基础上，又研制成计算机联锁。它用计算机逻辑判断的方法完成联锁，进一步提高了可靠性，扩展了功能，并方便设计、施工、维修和使用。计算机联锁正在迅速发展，是车站联锁设备的发展方向。

城市轨道交通正线上的集中控制站和车辆段设有联锁设备，前期采用 6502 电气集中联锁，之后大多采用计算机联锁。

正线上的集中控制站将几个车站的联锁控制集于一站，称为联锁车站。该站的联锁设备除了实现车站及附近几个车站的集中联锁关系外，还将其联锁的有关信息传送至 ATP 或 ATO 系统，并接收 ATS 系统的命令。通常，正线上集中控制站的联锁设备与 ATC 设备结合在一起。

车辆段设一套联锁设备，用以实现车辆段的进路控制，并通过 ATS 车辆段分机与行车指挥中心交换信息。

二、电气集中联锁

电气集中联锁电路曾有过多种制式，其中 6502 电气集中电路被认为是较好的定型电路，从而得到广泛应用。

1. 6502 电气集中电路的主要技术特征

（1）6502 电气集中电路是组合式电路，即按道岔、信号机和轨道电路区段为基本单元设计成定型的单元电路，称为继电器组合。将各种组合按站场形状拼装起来即成为组合式电路。组合式电气集中电路具有简化设计、加速施工、工厂预制、便于维修等优点。6502 电气集中电路几乎是用定型组合拼成的，只需设计少量零散电路。

（2）6502 电气集中电路采用双按钮选路方式，只需按压两个进路按钮，就能转换道岔、开放信号，而且不论进路中有多少组道岔，均能一次转换，简化了操作手续，提高了效率。

（3）6502 电气集中电路采用逐段解锁方式，把进路分为若干段，多次分段解锁，即列车或调车车列出清一段解锁一段。

（4）6502 电气集中电路动作层次清晰，各网路线和继电器用途明确。

2. 6502 电气集中联锁设备的组成

6502 电气集中联锁设备中包括室内设备和室外设备。室内设备有控制台、区段人工解锁按钮盘、继电器组合及组合架、电源屏、分线盘等。室外设备有信号机、电动转辙机、轨道电路，以及连接室内、室外设备的电缆线路。

（1）控制台

控制台是车站值班员指挥列车运行和调车作业的控制中心，用来控制道岔的转换和信号开放，并对进路、信号、道岔进行监督。控制台设于信号楼控制台或车站值班室内。

（2）区段人工解锁按钮盘

区段人工解锁按钮的作用如下：在更换继电器、轨道电路停电恢复等情况下使设备解锁恢复电路的正常状态；在道岔区段因故障不能解锁时办理故障解锁；在取消进路时发生不能关闭的情况下也可用来关闭信号。区段人工解锁按钮盘上设有多个二位自复式带铅封的事故按钮，对应于每个道岔区段或有列车经过的无岔区段，区段人工解锁按钮盘与控制台设于车站控制室内，但必须与控制台隔开一定距离。操作时必须一人操作控制台上的按钮，另一人按区段人工解锁按钮盘上的按钮，以免单人操作而危及安全。

（3）继电器、继电器组合和组合架

6502 电气集中电路是按车站信号布置平面图用继电器组合拼接而成的。任何一个站场都可以按所布置的信号机、构成站场的道岔形状，以及划分的轨道电路区段，选用相应的组合拼接起来，组成整个站场电路。这种与站场相似的网络结构的优点如下：简化电路结构，节省继电器接点，同样用途的继电器可以接在同一网络上；图形规律性强，与站场信号平面图相似，便于设计、施工与维修；有利于组合单元电路的标准化和提高定型率，适于批量生产。继电器插在继电器组合中，组合安装在组合架上，构成的电路完成全站信号设备的联锁关系，执行对室外设备的控制和监督。组合和组合架的数量取决于车站规模。

（4）电源屏

电源屏是电气集中的供电装置，是供给稳定可靠、符合使用条件的各种交、直流电源。电源屏要保证不同时断供电，且不受电网电压波动和负荷变化的影响，可根据车站规模的大小选用容量合适的电源屏。

（5）分线盘

分线盘设于继电器室，连接室内外设备接线端子，完成相互间的电气联系。

（6）电缆线路

电缆线路是连接室内外设备、传送信息的通道。

三、计算机联锁系统

计算机联锁安全可靠，处理速度快，与电气集中联锁相比具有十分明显的技术经济优势和广阔的发展前景。

1. 计算机联锁系统的主要设备

（1）操纵显示设备

计算机联锁的操纵显示设备有多种形式，鼠标控制台是最常用的一种。操纵显示设备的主要功能是供值班员办理各种行车命令，提供站场图形显示、语音和文字提示等。

（2）监控机

监控机的主要功能是作为人机接口，一方面接收来自控制台的操作命令和向控制台提供图像、语音、文字等信息；另一方面与联锁机进行信息交换，向联锁机提供初选的操作命令并接收来自联锁机的道岔、信号、轨道电路等表示信息。除上述功能外，监控机还向其他系统提供站场信息。

（3）联锁机

联锁机是计算机联锁系统的核心。根据现场信号设备状态和控制台操作命令，实现信号设备的联锁逻辑处理功能，完成进路确定和锁闭，发出转换道岔和开放信号等控制命令。

（4）执行表示机和输入输出接口

执行表示机通过继电电路构成的输入输出接口接收并执行来自联锁机的控制命令，采集并向联锁机发送现场设备信息。

（5）现场设备

现场设备保留电气集中联锁系统的设备，道岔控制电路、信号机点灯电路、轨道电路等仍采用现有的成熟电路。

（6）其他设备

计算机联锁系统除上述设备外，还包括与其系统连接的网络、电务维修机等设备。其中，电务维修机能够再现一月内系统的操作信息和故障诊断信息等，为维修工作提供便利。

2. 计算机联锁系统的特点

计算机联锁与传统的电气集中联锁的主要区别在于：

（1）利用计算机对车站值班员的操作命令和现场监控设备的表示信息进行逻辑运算后，完成对信号机、道岔及进路的联锁和控制。

（2）计算机发出的控制信息和现场发回的表示信息均能由传输通道串行传送，可节省大量干线电缆。

（3）用 CRT 屏幕显示代替现行的表示盘，大大缩小了体积、简化了结构，且方便使用，还可根据需要实现多台并机使用。

（4）采用积木式的模块化软件和硬件结构，便于站场变更，并容易实现故障控制、分析等功能。

与传统的电气集中联锁相比，计算机联锁具有以下优点：进一步提高了安全性和可靠性；增加和完善了功能；容易实现标准化、方便设计；省工省料，降低造价。

3. 计算机联锁应用于城市轨道交通系统

城市轨道交通系统对计算机联锁有特殊的要求，如列车运行控制、多列车进路、追踪进路、折返进路和联锁监控区段等。

（1）列车运行控制

列车运行进路控制采用三级控制，即控制中心控制、远程控制终端控制和车站工作站控制。

控制中心控制为全自动的列车监控模式。在该模式下，列车进路设置命令由自动进路设定系统发出，其信息来源于时刻表和列车运行自动调整系统。控制中心列车调度员也可以进行人工干预，通过人工排列和取消进路实现对列车运行的调整。

在控制中心设备故障或控制中心与下级设备的通信线路发生故障时，自动转入远程控制终端控制模式。此时，由司机在车上输入目的地码，通过列车上的车次号发送系统发出的带有列车去向的车次号信息，远程控制终端自动产生进路控制命令，联锁系统根据来自远程控制终端的进路号排列进路。

在车站工作站控制模式下，列车运行的进路由车站工作站控制。

（2）多列车进路

城市轨道交通列车运行间隔小，行车密度大，在一条进路中可能出现多列车同时在运行的情况。对于多列车进路，当前列车离开进路始端信号机后的监控区可以排列第二条相同终端的进路。第二条进路排出后，前后列车均通过进路中的轨道区段后轨道区段才解锁。

（3）追踪进路

追踪进路为联锁系统本身的一种自动排列进路功能。列车接近信号机前方第一个接近区段时，列车运行所要通过的进路即可自动排列。

（4）折返进路

列车需折返时，通过列车自动选择排列折返进路。

（5）联锁监控区段

在装备准移动闭塞的城市轨道交通系统中，开放信号机前联锁设备不需要检查全部区段，只需检查部分区段。这些被检查的区段称为联锁监控区段，只要监控区段空闲，进路防护信号机便可正常开放。

为了保证列车运行安全，避免列车因某种原因不能在信号机前停住而导致事故的发生，应充分考虑列车的制动距离及线路等因素，在停车点后设置保护区段（即终端信号机后方的 1 ~ 2 个区段）。

第三节　闭塞及闭塞设备

闭塞设备是用于保证列车在区间运行安全，并提高区间通过能力的区间信号设备。

城市轨道交通正线一般为双线。正常情况下，上行列车和下行列车分别占用一条正线。为了避免同向列车在区间内追尾，区间两端车站值班员在向区间发车前，必须办理行车联络手续，称为行车闭塞。用来办理行车闭塞的设备称为闭塞设备。因此，闭塞是为防止列车在区间发生冲突或追尾事故，使列车按照一定空间间隔或时间间隔安全运行的技术方法。

一、闭塞的概念

两站之间的线路称为区间。列车要在区间内运行，区间必须空闲，而且必须杜绝其对向和同向同时有列车运行的可能，即必须从列车的头部和尾部进行防护。这种为确保列车在区间运行安全而采取一定措施的方法称为行车闭塞法，简称闭塞。在双线区间，闭塞的作用主要是保证列车之间一定的安全间隔。

城市轨道交通列车间隔控制（即闭塞）均由列车运行自动完成，故为自动闭塞。由于采用了 ATC 系统，各个轨道电路区段（即闭塞分区）均不设通过信号机，而由车载 ATP 系统予以显示，也没有铁路那样专用的闭塞设备的概念，闭塞作用由 ATP 系统完成。

二、闭塞的实现方式

按照闭塞实现的方式，城市轨道交通的闭塞可分为固定闭塞、移动闭塞和介于两者之间的准移动闭塞。准移动闭塞式和移动闭塞式 ATC 系统可以实现较大的通过能力，对于客运量变化具有较强的适应性，可以提高线路利用率，具有高效运行、节能等作用，并且控制模式与列车运行特性相近，能较好地适应不同列车的技术状态，具有较好的发展前景。虽然固定闭塞式 ATC 系统技术水平相对较低，但由于可满足 2 min 通过能力的行车要求，且价格相对较低，因此，应因地制宜选择三种不同制式的 ATC 系统。

1. 固定闭塞

固定闭塞将线路划分为固定的区段，不论前、后列车的间距都是用固定的地面设备（如轨道电路等）检测和表示的。线路条件和列车参数等均需在闭塞设计过程中加以考虑，并体现在地面固定区段的划分中。

由于列车定位以固定区段为单位（系统只知道列车在哪个区段中，而无法精确监测列车在区段的具体位置），所以固定闭塞的速度控制模式必然是分级的，需要向列车传送的只是少数几个速度级的速度码。

固定闭塞方式无法满足提高系统能力、系统安全性的要求。

传统 ATP 系统的传输方式采用固定闭塞，通过轨道电路判断闭塞分区占用情况，并传输信息码，需要大量的轨旁设备，维护工作量较大，并存在较多缺点。

2. 准移动闭塞

准移动闭塞（也可称为半固定闭塞）是介于固定闭塞和移动闭塞之间的一种闭塞方式。它对前、后列车的定位方式是不同的。前行列车的定位仍沿用固定闭塞的方式，而后续列车的定位则采用连续的或移动的方式。准移动闭塞可解释为一种“预先设定列车的安全追踪间隔距离，根据前方目标状态设定列车的可行车距离和运行速度，介于固定闭塞和移动闭塞之间的闭塞方式”。

由于准移动闭塞同时采用移动和固定两种定位方式，所以它的速度控制模式必然既具有无级的特点，又具有分级的性质。若前行列车不动而后续列车前进时，其最大允许速度是连续变化的；当前行列车前进，其尾部驶过固定区段的分界点时，后续列车的最大速度将按“台阶”跳跃上升。

准移动闭塞在控制列车的安全间隔方面比固定闭塞进了一步。它采用报文式轨道电路辅之环线或应答器判断分区占用并传输信息，信息量大；可以告知后续列车继续前行的距离，后续列车可根据这一距离合理地采取减速或制动；列车制动的起点可延伸至保证其安全制动的地点，从而可优化列车速度控制，缩小列车安全间隔，提高线路利用效率。准移动闭塞中后续列车的最大目标制动点仍必须在先行列车占用分区的外方，因此它并没有完全突破固定闭塞的限制。

3. 移动闭塞

移动闭塞是种新型的闭塞制式。它不设固定闭塞区段，前、后两列车都采用移动式的定位方式。移动闭塞可解释为“列车安全追踪间隔距离不预先设定，而是随列车的移动不断移动并变化的闭塞方式”。

移动闭塞可借助感应环线或无线通信的方式实现。早期的移动闭塞系统大部分采用基于感应环线的技术，即通过在轨间布置感应环线判定列车和实现车载计算机与控制中心之间的连续通信。武汉轻轨一期和广州地铁 3 号线相继采用基于环线的移动闭塞技术。现今大多数先进的移动闭塞系统已采用基于通信的列车自动控制（CBTC）系统实现各子系统间的通信，构成基于无线通信技术的移动闭塞。

第四节　列车自动控制系统

一、列车自动控制系统概述

1. 列车自动控制系统的功能及组成

城市轨道交通信号系统是保证列车运行安全和提高线路通过能力的重要设施。城市轨道交通系统与铁路不同，传统的信号系统已不能适应城市轨道交通的发展，必须用能实现列车速度自动控制和列车运行间隔自动调整的新的系统来替代，这就是列车自动控制（Automatic Train Control，简称 ATC）系统。系统中，后续列车根据与先行列车之间的距离和进路条件，在车载信号屏上连续地显示允许的速度信息或按设定的运行条件达到该允许速度的距离信息。根据上述信息，列车自动地控制运行速度，达到自动调整行车间隔的目的，提高运输效率，并由列车自动控制系统实现在车站的程序定位停车。列车自动控制系统取消了传统的地面信号，将机车信号作为主体信号，信号的含义发生了质的变化，传递给列车的是具体的速度和距离信息，系统能可靠地防止由于司机失误发生追尾等事故，确保列车运行安全。

列车自动控制系统包括三个子系统，即列车自动监控（Automatic Train Supervision，简称 ATS）系统、列车自动防护（Automatic Train Protection，简称 ATP）系统和列车自动驾驶（Automatic Train Operation，简称 ATO）系统

三个子系统简称“3A”系统。列车自动控制系统在保证行车安全，提高运营效率的情况下，实现列车的自动控制。

2. 列车自动控制系统控制模式

列车自动控制系统控制模式包括控制中心自动控制模式、控制中心自动控制时的人工介入控制或利用 CTC 系统的人工控制模式、车站自动控制模式、车站人工控制模式。以上控制等级应遵循的原则是：车站人工控制优先于控制中心人工控制、控制中心人工控制优先于控制中心自动控制或车站自动控制。

（1）控制中心自动控制模式（CA）

在控制中心自动控制模式下，列车进路命令由 ATS 进路自动设定系统发出，其信息来源是时刻表及列车运行自动调整系统。控制中心调度员可以对列车运行自动调整系统进行人工干预，使列车按调度员意图运行。

（2）控制中心自动控制时的人工介入控制或利用 CTC 系统的人工控制模式（CM）

在控制中心自动控制时，控制中心调度员可关闭某个联锁区或某个联锁区内部分信号机或某一指定列车的自动进路设定，直接在控制中心的工作站上对列车进路进行控制。在关

闭联锁区自动进路设定时，控制中心调度员可利用联锁设备自动进路控制功能，随着前行列车的运行，自动排列一条后续列车的固定进路。在自动进路功能出现故障的情况下，调度员可以人工设置进路。

在 CM 模式中，车站的人工控制转到 ATS 系统，由 ATS 系统启动控制，车站控制计算机继续接收表示、更新显示和采集数据。

（3）车站自动控制模式

在设备故障或通信线路故障时，控制中心将无法对联锁车站的远程控制终端进行控制，此时将自动进入车站自动控制模式，由列车上的车次号发送系统发出的带列车去向的车次信息，通过远程控制终端自动产生进路命令，由联锁设备的自动功能自动设定进路，即随着列车运行，自动排列一条固定进路。

（4）车站人工控制模式

当 ATS 系统因故不能设置进路（不论人工方式还是自动进路方式），或由于运营上的某种需要而不能由中心控制时，可改为车站人工控制模式，进行人工排列进路。

在此模式下，将车站的人工控制（如进路控制）转到车站控制室的车站控制计算机。车站自动控制和车站人工控制也可合称车站控制（LC）。当车站工作于 LC 模式时，不能由 ATS 系统启动控制。然而，ATS 系统将继续收到表示、更新显示和采集数据。对车站控制计算机而言，这是唯一可用的控制模式。

二、列车自动防护系统

1. 列车自动防护系统概述

ATP 系统的功能是对列车运行进行超速防护，对安全有关的设备实行监控，实现列车位置检测，保证列车间的安全间隔，保证列车在安全速度下运行，完成信号显示、故障报警、降级提示、列车参数和线路参数的输入，以及 ATS、ATO 和车辆系统接口并进入信息交换。

ATP 系统不断将来自联锁设备和操作层面上的信息、线路信息、前方目标点的距离允许速度信息等从地面通过轨道电路、无线传输设备、应答器等传至车上，从而由车载设备计算得到当前所允许的速度，或由行车指挥中心计算出目标速度传至车上，由车载设备测得实际运行速度，以此对列车速度实行监督，使之始终在安全速度下运行，并缩短列车运行间隔，提高运行效率，保证行车安全。

2. 列车自动防护系统功能

（1）列车检测

ATP 系统采用轨道电路等作为列车检测设备。当轨道电路区段空闲时，发送轨道电路

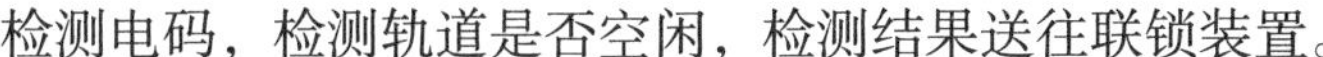

检测电码，检测轨道是否空闲，检测结果送往联锁装置。

（2）列车自动限速

连续式 ATP 系统利用数字音频轨道电路，向列车连续地发送数据，连续监督和控制列车运行。

ATP 系统通过轨旁单元从联锁和轨道空闲检测系统获得有关信息，并传至车载设备，车载设备对数据进行运算，求出列车允许速度等相关数据，同时检测列车实际速度，经由司机室显示器指示给车载设备。

ATP 车载设备将列车实际速度与列车允许速度进行比较。当列车超速运行时，车载设备就报警并控制列车实施制动，当列车速度降至 ATP 车载设备所指示的速度以下时，便自动缓解。

（3）车门监控

通过车载对位天线和地面对位天线检测列车停车状态，当列车安全停靠时，车载 ATP 设备自动控制车辆门控电路进行开门操作。此时，地面 ATP 设备将列车停车信息送至控制中心，作为列车到站的依据。

（4）制动模式

列车制动控制模式分为分级制动模式和一级制动模式。

三、列车自动驾驶系统

1. 列车自动驾驶系统的基本概念

列车自动驾驶（ATO）系统主要实现“地对车控制”，即地面信息实现对列车驱动、制动的控制，包括列车自动折返，根据控制中心指令自动完成对列车的启动、牵引和制动，发出车门和屏蔽门同步开关信号，以及使列车按计划正点、安全、平稳地运行。

ATO 系统可使列车经常处于最佳运行状态，高质量地进行自动驾驶，提高列车运行效率，避免了不必要的、过于剧烈的加速和减速。

2. 列车自动驾驶系统设备组成

ATO 子系统包括地面和车载两部分。ATO 地面设备是设在每个车站 ATC 设备室内的车站停车模块或 ATO 通信器沿每个站台设置的地面标志线圈，或环路、ATP、联锁系统的接口设备。

ATO 车载设备包括司机室内的一个由微型计算机构成的 ATO 控制器，以及车底部的标志线圈和对位天线（接收、发送天线）。

ATO 系统具有一个双向通信系统，通过车载 ATO 天线和地面 ATO 环线允许列车直接与车站内的 ATS 系统连接，可以实现最佳的运营控制，完成程序停车、运行图和时刻表调整、

轨旁 / 列车数据交换、目的地和进路控制功能。

3. 列车自动驾驶系统的主要功能

ATO 系统的功能分为基本控制功能和服务功能。基本控制功能是指自动驾驶、无人自动折返、自动控制车门开闭，这三项控制功能相互独立地运行。服务功能包括列车位置、允许速度、巡航 / 惰行、列车定位识别信息支持功能等。

（1）列车自动驾驶系统基本控制功能

1）自动驾驶。自动调整列车运行速度。ATO 车载控制器通过比较实际列车运行速度和 ATP 给出的最大允许速度及目标速度，并根据线路的情况，自动控制列车的牵引及制动，使列车在区间内的每个区段始终以最优速度（ATP 计算出的限制速度再降低 5 km/h）运行，并尽可能减少牵引、惰行和制动之间的转换。

停车点的目标制动。车站停车点由 ATP 系统轨旁单元和 ATS 系统控制。当列车启动后，ATO 系统基于列车速度、预先决定的制动率和距停止点的距离计算出一条制动曲线，采用最合适的减速度（制动率）使列车准确、平稳地停在规定的停车点。列车定位系统的配合可使停车位置误差达到 0.5 m 以下。假如列车超过了停车点，ATP 系统准许后退一定距离。如果超过后退距离限制值，系统会向列车发出声音和视觉报警。

从车站自动发车。当符合安全发车条件时，ATO 系统给出启动显示，司机按下启动按钮，ATO 系统使列车从制动停车状态转为驱动状态，停车制动将被缓解，然后列车加速。ATO 系统通过预设的数据提供牵引控制，该牵引控制可使列车平稳加速。停站时间由 ATS 系统控制，并传给 ATP 系统。另外，基于车站和方向的停车时间也储存在 ATP 系统轨旁单元中，用作 ATS 系统故障下的后备程序。

区间内临时停车。由 ATP 系统给出目标点位置（例如前方有车）及制动曲线，并将数据传送给 ATO 系统车载单元，ATO 系统得到目标速度为“0”的命令并启动列车制动器，使列车停稳在目标点前方 10 m 左右。此时车门还是由 ATP 系统锁住的。一旦前方停车目标点取消，速度信息改为进路码后，ATO 系统使列车自动启动。假如车门由紧急开门打开，或是司机手柄被移至非零位置，那么列车必须由司机重新启动 ATP 系统监督下的人工驾驶模式或 ATO 模式（如果允许）。在危险情况下，如按下紧急停车按钮，或是因常用制动不充分而使列车超过紧急制动曲线，由 ATP 系统启动紧急制动，ATO 系统向司机发出图像和声音警报，5 s 以后声音警报自动停止。

临时限速区间。临时限速区间的数据由轨旁设备报文传输给 ATP 车载设备，再由 ATP 车载设备将减速命令经 ATO 系统传达给列车驱动、制动控制设备。

2）无人自动折返。无人自动折返是一种特殊情况下的驾驶模式，这种驾驶模式无须司机控制，而且列车上的全部控制台将被锁闭。从接收到无人驾驶折返运行许可时，列车就自动进入无人自动折返模式。授权经驾驶室的列车车载控制单元（MMI）显示给司机，司机必须确认这个显示，并得到授权，锁闭控制台。只有按下站台的列车自动折返按钮以后，才能实施无人自动折返运行。ATC 轨旁设备提供所需的数据，使列车进入折返轨，自动回到出发站台。列车一到出发站台，ATC 车载设备就会退出列车自动折返模式。

3）自动控制车门开闭。由 ATP 系统监督开门条件，当 ATP 系统给出开门命令时，可以按事前的设定由 ATO 系统自动打开车门，也可由司机手动打开正确一侧的车门。车门的关闭只能由司机完成。当列车空车运行时，从 ATS 系统接收到的指定目的地号阻止车门打开。车门打开功能的输入是来自 ATP 系统的车门释放、运行方向和打开车门的数据，以及来自 ATS 系统的确定目的地号。车门打开命令发给负责控制车门的列车系统。

（2）列车自动驾驶系统服务功能

1）列车位置。列车位置功能是指从 ATP 功能中接收到当前列车的位置和速度等详细信息，根据上次计算后运行的距离调整列车的实际位置。此调整也考虑到计算列车位置时传送和接收的延迟时间，以及打滑和滑行的影响。

另外，ATO 功能同测速单元的接口为控制提供更高的测量精确性。列车位置功能也接收到地面同步的详细信息，由此确定列车的实际位置和计算位置的误差。调整列车位置时，可在由 ATO 功能规定的位置直至接近实际停车点 10 ~ 15 m 的任意位置开始。调整后，停车精度由 ATO 系统控制在希望的范围内。

列车位置功能的输入来自 ATP 功能中的列车当前速度和位置、轨道电路信息的变化，测速单元的读入、轨道中同步标记的检测。列车位置功能的输出用于校正列车位置信息。

2）允许速度。允许速度功能为 ATO 速度控制器提供列车在轨道任意点的对应速度值。这个速度没有被优化，只是低于当前速度限制和制动曲线给的限制。允许速度功能的输入来自 ATP 功能的轨道当前位置速度限制，以及列车制动曲线。允许速度功能输出至 ATO 速度控制器。

3）巡航 / 惰行。巡航 / 惰行功能的任务是按照时刻表自动实现列车区间运行的惰行控制，同时节省能源，保证最大能量效率。

确定列车运行时间的功能。当列车在 ATO 功能下，从报文给定的列车运行时间中减去通过计时器测定的已运行时间，可以确定到下一站有效的可用时间。确定列车运行时间功能的输入来自 ATC 轨旁功能的轨道电路占用报文，以及通过 ATC 轨旁和 ATP 车载功能接收的 ATS 的运行时间命令。确定列车运行时间功能的输出为能源优化轨迹功能中的到下一站停车点的有效运行时间。

能源优化轨迹功能。能源优化轨迹的计算要考虑加速度、坡度制动以及曲线制动，整套系统的轨道曲线信息都储存在 ATO 存储器中。借助此信息，并使用最大加速度、惰行/巡航功能计算出到下一停车点的速度距离轨迹。能源优化轨迹功能的输入来自确定列车运行时间功能中的至下站可用的列车运行时间、ATO 存储器的轨道曲线，以及 ATP 功能的 ATP 静态速度曲线（例如速度限制）。能源优化轨迹功能的输出为至 ATO 速度控制器的速度距离轨迹。

4）列车定位识别信息（PTI）支持功能。PTI 支持功能是指通过多种渠道传输和接收各种数据，在特定的位置（通常设在列车进入正线的入口处）传给 ATS 系统，向 ATS 系统报告列车的识别信息、目的地号码和乘务组号，以及列车位置数据（例如当前轨道电路的识别信息和速度表的读数），优化列车运行。PTI 支持功能是由车载设备和轨旁设备实现的，由 ATC 车载设备提供的数据，通过 ATO 功能，传输到轨旁设备，进而传给 ATS 系统。编辑信息必需的数据从 ATS 系统、ATC 轨旁功能、司机 MMI 功能发送至 ATO 系统。

4. 列车自动驾驶系统的基本要求

（1）根据线路条件、道岔状态，区间停车后，在允许信号的条件下列车自动启动、车站发车时，列车启动由司机控制。

（2）ATO 系统应能提供多种驾驶模式，满足不同行车间隔的运行要求，适应列车运行调整的需要，手动驾驶和自动驾驶可任意转换。手动驾驶时由 ATP 系统监测速度，自动驾驶时由 ATO 系统给出速度指令，控制驱动设备工作，ATP 系统负责监测列车运行速度。

（3）ATO 定点停车精度应根据站台计算长度、列车性能和屏蔽门的设置等因素确定。

（4）ATO 控制过程应满足舒适度和快捷性要求。舒适度要求主要是牵引、惰行和制动控制，以及各种工况之间转换控制过程的加、减速度变化率应符合要求。快捷性要求主要是指控制过程的时间宜短，以减少对站间运行时间的影响和提高运量。

（5）自动记录运行状态，自诊断及故障报警。

5. 列车自动驾驶与列车自动防护的关系

在“距离码 ATP 系统”的基础上安装了 ATO 系统，列车就可以采用手动方式或自动方式进行驾驶。不论是由司机手动驾驶还是由 ATO 系统自动驾驶，ATP 系统始终执行其速度监督和超速防护功能。可以这样认为：手动驾驶 = 司机人工驾驶 + ATP 系统，自动驾驶 = ATO 系统自动驾驶 + ATP 系统。

四、列车自动监控系统

1. 列车自动监控系统的基本功能

ATS 系统实现对列车运行及所控制的道岔、信号等设备运行状态的监督和控制，向行车调度人员展示全线列车的运行状态，监督和记录运行图的执行情况，及时做出调整，辅助行车调度人员完成对全线列车运行的管理。ATS 系统在 ATP 系统和 ATO 系统的支持下，根据运行时刻表完成对全线列车运行的自动监控，可自动或由人工监督和控制正线（车辆段、停车场、试车线除外）列车进路，并向行车调度员和外部系统提供信息。

ATS 系统具有下列主要功能：列车监视和追踪、时刻表编制及管理、自动排列进路、列车运行自动调整、设备状态自动监视、操作与数据记录、输出及统计处理、车辆修程及乘务员管理、系统故障复原处理、列车运行模拟及培训、乘客向导信息显示。

2. 列车自动监控系统的组成

ATS 系统应由控制中心设备、车站设备、车辆段设备、列车识别系统及列车发车计时器等组成。因用户要求不同，ATS 系统的硬件、软件配置差别很大。

（1）控制中心设备

控制中心设备属于 ATS 系统，是 ATC 系统的核心，主要包括中心计算机系统、综合显示屏、调度员及调度长工作站、运行图工作站、培训 / 模拟工作站、绘图仪和打印机、维修工作站、电源系统。

1）中心计算机系统。中心计算机系统包括控制主机、通信处理器、数据库服务器、局域网及外部设备。为保证系统的可靠性，主要硬件设备均为主 / 备双套热备方式，可自动或人工切换。中心计算机系统能满足自动控制、调度员人工控制及车站控制的要求。

2）综合显示屏。综合显示屏设于控制中心的控制室，用于帮助调度员监视列车运行情况及系统设备状态。

3）调度员及调度长工作站。调度员及调度长工作站用于行车调度指挥，使操作员能在控制中心监视和控制联锁设备及列车的运行，如果需要，可显示计划运行图和实际运行图。

4）运行图工作站。运行图工作站用于运行计划的编制和修改，通过人机对话可以实现对运行时刻表的编辑、修改及管理。

5）培训 / 模拟工作站。培训 / 模拟工作站配有各种系统的编辑、装配、连接和列车运行仿真软件。它可与调度员工作站显示相同的内容，有相同的控制功能，能对列车在线运行各种异常情况进行仿真，而不参与实际的列车控制。实习操作员可通过它模拟实际操作，培养系统控制能力和各种情况下的处理能力。

6）绘图仪和打印机。列车自动监控系统一般使用彩色绘图仪和彩色激光打印机。

7）维修工作站。维修工作站主要供设备维护和检修人员对全线信号系统设备和列车进行监督，及时处理故障，保证信号系统设备稳定可靠运行。

8）电源系统。控制中心配备在线式 UPS 及可提供 30 min 后备电源的蓄电池。

（2）车站设备

车站分集中联锁站和非集中联锁站。集中联锁站设有一台 ATS 分机，用于采集车站设备的信息、传递控制命令。车站联锁设备可以受 ATS 系统的控制，实现车站进路的自动办理。

（3）车辆段设备

车辆段或综合基地一般设一台 ATS 分机，用于采集车辆段内的联锁信息（如列车占用状态、道岔位置及车辆段信号机的状态），并在控制中心显示屏上显示以上信息，以便控制中心、车辆段值班员及车辆管理人员掌握相关情况，正确控制列车出段。

第五节　城市轨道交通通信系统

一、城市轨道交通通信系统概述

为保证城市轨道交通列车运行的安全、可靠、准点和高效率，实现运输的集中统一指挥、行车调度自动化和列车运行自动化，城市轨道交通系统必须配备专用、完整、独立的通信系统，供城市轨道交通系统各职能部门之间进行联系和行车调度指挥。

对城市轨道交通通信系统的要求是能迅速、准确、可靠地传递和交换各种信息。例如，将各站的客流量、沿线列车的运行状况等信息及时地传送到调度室，并将调度室发布的各项调度命令和各种控制信号传送至各个车站的执行部门和机构，从而使轨道交通系统的运行始终处于有条不紊的状态。

城市轨道交通通信系统应是一个既能传输语音信号，又能传输文字数据和图像等各种信息的综合业务数据通信网。

1. 通信系统的作用

（1）通信系统与信号系统共同完成行车调度指挥。

（2）通信系统使城市轨道交通各子系统之间紧密联系，提高整个系统的运行效率。

（3）通信系统是城市轨道交通系统内外联系的通道。

2. 通信系统的要求

（1）对于行车组织，通信系统应能保证将各站的客流情况、工作状况、线路上各车运

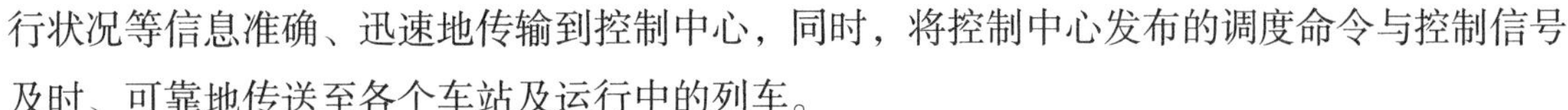

行状况等信息准确、迅速地传输到控制中心，同时，将控制中心发布的调度命令与控制信号及时、可靠地传送至各个车站及运行中的列车。

（2）对于系统的组织管理，通信系统应能保证各部门之间、上下级之间保持畅通、有效、可靠的信息交流与联系。

（3）通信系统应能保证本系统与外部系统之间的联系便捷、畅通。

（4）通信系统主要设备和模块应具有自检功能，发生故障时自动切换并报警，控制中心可采集各车站设备运行和检测的结果。

3. 城市轨道交通通信系统分类

（1）按功能分类

1）专用通信系统是系统内部运行组织的通信网络，用于直接指挥列车运行，是最主要的业务通信网。

2）自动电话通信系统是城市轨道交通系统内部的公务通信网，供一般公务联系并能与外界通信网联系。

3）有线广播通信系统是城市轨道交通运行组织的辅助通信网，用于向乘客报告列车运行信息。

4）闭路电视系统是城市轨道交通的现场监控系统，用以监视车站各部位情况、客流情况、列车停靠情况，以及车门开闭和启动状况。

5）无线通信系统更适用于位置不固定的相关业务工作人员间的联络，可作为固定设置的有线通信网的补充，可以提供高效的远程会议通信，如电话会议、可视电话会议等。

（2）按传输媒介分类

城市轨道交通通信系统按传输媒介不同，可分为有线通信系统和无线通信系统。有线通信系统包括光纤传输系统、程控交换系统、广播系统、闭路电视系统。

4. 城市轨道交通通信网

城市轨道交通通信网由光纤数字化系统和无线通信系统组成，通过电缆、光缆、电磁波等传输媒介，在控制中心与各车站、各列车间构成一个互相关联、互相补充的完整的通信系统，为城市轨道交通提供综合通信能力。

构成通信网络的基本要素是终端设备、传输设备和交换控制设备。将这三者按照适当的方式连接起来，就可构成各种形式的通信系统。

城市轨道交通通信网的构成方式必须与城市轨道交通系统本身的构成方式相适应。根据城市轨道交通系统中控制中心和各车站的地理位置分布及线路的构成情况，城市轨道交通系统的通信网大体上有总线形、星形—总线形和环形等几种基本构成形式。

二、传输系统

1. 传输线路

城市轨道交通通信网采用两条独立的通信传输线，并将通信传输信息较均匀地分配到两条传输线上，如果其中一条线路发生故障而中断时，就由另一条线路独立承担传输任务，有效地保证城市轨道交通通信的可靠性。

（1）传输线的分类

传输线可分成有线通信系统的光缆和电缆、无线通信系统的漏泄电缆、广播系统的屏蔽对称电缆，以及连接各类设备的射频电缆、对称电线电缆、电源线、并行总线等。

（2）对传输线的要求

1）采用阻燃、低毒、低烟性能材料制作电缆外套（尤其是安置在地下隧道的电缆）。

2）加强屏蔽、接地措施，保证安全接地和防止地下杂散电流造成侵蚀。

3）采用易于维护保养的充油填充方式。

4）具有转换速度快、频带宽、容量大、抗干扰能力强、耐腐蚀等性能。

2. 光纤及光缆

光纤是光导纤维的简称。光纤通信是以光波为载频、以光导纤维为传输介质的一种通信方式。由于光纤具有传输频率宽、通信容量大、不受电磁干扰、耐腐蚀、重量轻和价格低等一系列优点，光纤通信已成为各种信息网的最主要传输方式。

光纤细而脆，不能承受施工等各种外力，在实际使用中可将若干根光纤以适当的方式组合，配上加强构件和防护外套形成光缆，使之具有一定的强度，并能保证传输性能稳定可靠。

三、数字程控交换系统

数字程控交换系统将输入的模拟信号进行模数转换，变成数字信号，再输入交换网络。进行数字交换接续的程控交换机是系统的核心，它体积小而适应性强，交换网络阻塞小；采用冗余结构，可靠性高，并具有自动故障诊断和处理功能；易于构成综合业务数字网，提供各种语音通信业务，如缩位拨号、热线服务、呼出限制、免打扰服务、闹钟服务，呼叫转移、等待、遇忙回叫、会议电话等，所以在城市轨道交通中得到广泛应用。数字程控交换网除了提供一般公务电话通信外，还可实现其专用的通信业务。

1. 公务电话系统

公务电话系统用于城市轨道交通各部门间及城市轨道交通系统与外界进行公务通话和业务联系。

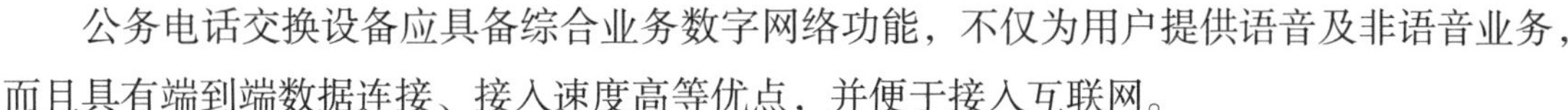

公务电话交换设备应具备综合业务数字网络功能，不仅为用户提供语音及非语音业务，而且具有端到端数据连接、接入速度高等优点，并便于接入互联网。

城市轨道交通公务电话采用统一用户编号，如在交换网中可采用“0”或“9”为呼叫市内电话的号码，“1”为特种业务、新业务首位号码，“2 ~ 8”为城市轨道交通用户的首位号码。

2. 专用电话系统

城市轨道交通专用电话系统包括调度电话子系统、站内电话子系统，以及站间和轨旁（区间）电话子系统。

（1）调度电话子系统

调度电话子系统专为城市轨道交通调度人员（如行车调度员、电力调度员、环控调度员等）提供专用的单键直通电话，同时可为站内各有关部门提供与车站值班员之间的直达通话，并且有单呼、组呼、全呼、会议、紧急呼叫、强插等特有功能。调度电话子系统是调度人员指挥列车运行和下达调度命令的重要通信工具，是为列车运营、电力供应、日常维修、防灾救护等提供指挥手段的有线电话系统。

调度电话子系统主要包括调度总机、调度台和调度分机三部分，通过城市轨道交通专用传输系统或通信电缆连接组成调度电话网。调度总机设置于控制中心调度所内，用于处理调度台的信息。调度台根据调度功能不同，设有行车调度台、电力调度台、环控调度台及总调度台，通常采用带有液晶显示屏的数字式多功能电话机。电力调度分机设在各变电所的值班室，环控调度分机设在各车站车控室及所属业务部门。

（2）站内电话子系统

站内电话子系统由用户小交换机（或公务电话交换机远端模块）、车站值班主机（台）和电话分机组成，除了提供公务电话外，主要提供站内各分机与车站值班主机（台）之间的直通通信或分机间的拨号通信服务。

（3）站间和轨旁（区间）电话子系统

站间电话可为车站值班员与相邻车站值班员提供直通通信服务。轨旁电话（即区间电话或隧道电话）为安装在隧道内或地面、高架线路旁的话机，通过站内电话子系统连接相邻的车站值班台或接入公务电话网，为隧道内、高架线路旁的维修人员和遇到紧急情况的列车司机提供通信服务。

3. 传真通信与数据通信

利用城市轨道交通的程控交换网还可以实现传真通信和数据通信业务。

（1）传真通信

只要将传真机（FAX）与电话机并联，接入程控交换网，就可以进行传真通信，通信的建立是通过电话机拨号来实现的。利用传真机的存储和自动转发功能，与程控交换机的交换功能配合，还可以将同一份文件依次传送到各个车站的相关业务部门，实现同报传送。

（2）数据通信

数据通信是以传送数据为业务的一种通信方式，可以实现计算机之间、计算机与数据终端及数据终端之间的通信。城市轨道交通系统中，控制中心与各车站之间可用数据通信方式传递文件和数据。数据通信可以通过程控交换网提供的交换和传输功能得以实现。利用调制解调器（MODEM），将数据终端设备（DTE）接至交换机的模拟用户接口。调制解调器用以完成数据信号与模拟信号之间的交换，只要数据终端设备双方的传输速率、字符编码格式、同步方式、通信规程等完全兼容，就可以实现相互通信。

四、闭路电视系统

城市轨道交通运用闭路电视监控系统向行车组织管理人员及安全监控人员提供各要害部位的监控画面，便于管理监控与及时处理，确保城市轨道交通运输的安全。闭路电视系统由控制中心集中监控系统及车站电视监控系统两大部分组成。

1. 控制中心集中监控系统

城市轨道交通闭路电视系统既可由车站值班员控制，也可由控制中心的行车调度员、环控调度员进行控制，当控制中心还设有总调度台时，还可由总调度员控制，互不影响。控制中心各调度台上配备一定数量的监视器和一个带键盘的控制台。每位调度员可通过键盘操作选择希望了解的某个区域的客流情况或突发事件的图像。

2. 车站电视监控系统

车站电视监控系统根据车站的布局情况设置监视点。例如，在地下车站，固定的摄像机设于上、下行站台，根据站台的长度不同，可在上、下行站台分别设置 1 ~ 2 台摄像机，摄像范围应能覆盖站台。配有自动云台且具有调焦功能的摄像机设于站厅，它可以自由偏转进行摄像。车站控制室内设有显示器及图像选择设备，可以自由地选择所希望监视的车站各部位，并对摄像机的云台和焦距进行遥控调整。各站还配有四路图像复用调制设备和光发射设备，将各站图像经光纤传送至控制中心。

五、广播系统

广播系统是实现集中管理的重要组成部分，对乘客广播的播音范围主要是站台和站厅。广播系统的作用如下：一是在正常运行情况下对乘客进行导向服务，通报列车到站和离站信息，或播放音乐，或在非常情况下安抚和疏导乘客。二是对工作人员进行广播，播音范围为办公区域、站台、站厅、隧道及车辆段范围内，以便及时发布有关通知信息，使有关工作人

员协同工作。

根据覆盖范围不同，广播系统分为控制中心广播系统、车站广播系统和车辆段广播系统。

1. 控制中心广播系统

控制中心设有列车调度、电力调度和环境控制调度三个播音台，三个播音台之间互锁，即当一个播音台在广播时，其他播音台不能插入或使其中断播音。三个播音台分别配有选择键盘和送话器，用于对各车站或各区域进行选择和播音。控制中心内每个播音台均装有扬声器，可以对播音进行监听。从控制中心可对所有车站的所有区域播音，也可对某个车站的某个区域有选择地播音，以及对每个运行方向的站台有选择地播音。

2. 车站广播系统

各车站的行车值班室配备带有送话器和区域选择键盘的播音台，两台之间实施互锁。车站的通信和机电室内设有前置放大器功放及接口单元等车站广播设备。这套广播设备可以供本站播音员向本站各广播区域进行播音，还可转接控制中心发来的调度员播音。在本站行车值班室可以对播音进行监听，在固定区域可以根据列车运行实现自动广播。各车站的播音台具有对本站的各个广播区域进行播音的优先权，即本站播音键盘选择键按下后，既接通该广播区域的广播电路，也中断了控制中心送来的播音信号。

3. 车辆段广播系统

车辆段广播系统设有供维修值班员、信号楼控制室值班员、车辆段列车调度员使用的三个播音台。播音范围分三个区域，即车辆段入口区域、维修区域和停车库区域。三个播音台都配置送话器、键盘和对讲控制台。同样，机房内设有广播设备，用于对信号进行放大和对播音区域（或对讲分机）进行选择控制。

车辆段广播系统除了扬声器外，还安装了对讲分机。对讲分机通过电缆与三个播音台的对讲控制台相连，对讲分机的扬声器与送话器设在分机内，还设有三个选择键，使车辆段内工作人员能够方便地与各个对讲控制台的值班员直接通话而不致大范围喧哗，对讲分机还可根据需要分成若干个分机组，分布在各个广播区域。

六、无线通信系统

为了给处于移动状态的相关工作人员（如运行中的列车司机、车站内流动的公安警务人员、各工种抢修或维护人员，以及意外情况下的组织、指挥、操作人员等）提供便捷的通信联络手段，必须设置无线通信系统。城市轨道交通无线通信系统包括列车无线调度电话、站场无线电话、维修及公安部门使用的无线电话等，其中，列车无线调度电话是最主要的一种。

1. 无线通信系统的组成及功能

无线通信是利用无线电波在空间传递信息的一种通信方式。无线通信系统主要由发射机、接收机和天线等设备组成。

送话器输出的音频电信号经高频放大，与本机振荡输出的高频信号一起送入调制器进行调制。调制器输出的已调信号经倍频器将频率提高到发射频率后，输入到高频功率放大器进行功率放大，最后将具有足够功率的高频已调信号送到天线，将其转变为无线电波发射到空间。

天线将接收到的电波转变为高频电信号，经高频放大后与本机振荡输出的信号一同加入混频器。混频器输出的中频信号经中频放大器放大后，由解调器将已调信号还原成音频信号，最后由音频放大器将音频信号放大后，输出至扬声器发出声音。

城市轨道交通无线通信系统由控制中心内、车站内和车辆基地的基地台，车站内的天线及射频电线，隧道内（或高架的线路旁）的漏泄同轴电缆，列车无线电台设备，控制中心、各个车站和列车上的无线通信控制台，控制中心的自动指示设备，电源，以及带有电池和充电器的便携式无线电台等组成。

城市轨道交通的线路要穿越隧道，电波在隧道中传播困难，故需要在隧道内相邻车站的站台之间采用漏泄同轴电缆，使无线电波从漏泄同轴电缆中泄漏出来，充满整个隧道空间而被列车车载电台接收。

城市轨道交通无线通信系统为了实现双向无线通信，设置了 4 个频率对，每个频率间隔 10 MHz。各个频率相应的工作范围分配如下（以上海地铁 1 号线为例）：信道 0 用于车辆段，其覆盖范围是整个车辆段，供车辆段运转值班员与车辆段范围内处于移动状态的行车人员之间通话；信道 1 用于列车调度员，其覆盖范围是全线及各车站，调度员通过控制台与正在运行的司机及车站上行车有关人员之间通话；信道 8 为紧急用信道，其覆盖范围为信道 1 和信道 0 覆盖范围的总和，当信道 1 或信道 0 发生故障，或发生其他紧急情况时，为有权使用上述两信道的人员提供通信手段；信道 9 用于公安治安，其覆盖范围是全线及各车站，供公安人员与沿线、车站处于移动状态下的公安人员之间通话。

2. 无线通信的分类

（1）固定通信和移动通信

无线通信主要分为两大类：一类是固定点与固定点之间的通信，称为固定通信；另一类是固定点与移动点或移动点之间的通信，称为移动通信。

（2）公用移动通信和专用移动通信

城市轨道交通中采用的无线通信主要是移动通信，移动通信又可分为公用移动通信和专用移动通信两大类，城市轨道交通中采用的是专用移动通信。

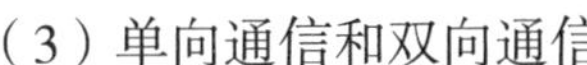

（3）单向通信和双向通信

不论是固定通信还是移动通信，均采用的是双向通信方式，双向通信是指通信双方能相互通过城市轨道交通专用移动通信系统发送信息和接收信息。

（4）单工制和双工制

按照通信状态和频率使用方法不同，无线电台有单工制和双工制两种。单工制电台在发送信号时不能接收，而在接收信号时不能发送；双工制电台在发送信号的同时也能接收。城市轨道交通系统中一般采用双工制。

思考与练习

1. 简述城市轨道交通信号基础设备的组成及功能。
2. 城市轨道交通信号系统中设置了哪些地面信号机?
3. 如何设置 ZD6 型系列转辙机与 S700K 型转辙机?
4. 车站联锁系统的基本联锁条件是什么?
5. 简述城市轨道交通通信系统的组成。
6. 简述城市轨道交通专用电话系统的组成及功能。

第七章　城市轨道交通环境控制系统

学习目标：

- ◆ 了解城市轨道交通隧道环境的发展及特点，总结环控系统基本要求。
- ◆ 掌握城市轨道交通通风空调系统、给排水与消防系统基础知识。
- ◆ 掌握城市轨道交通火灾自动报警系统基本构成。
- ◆ 了解城市轨道交通火灾自动报警系统基础知识。

第一节　城市轨道交通环境控制系统概述

城市轨道交通发展初期，人们并未意识到内部环境的重要性。随着城市轨道交通的发展，不断恶化的内部环境条件直接影响城市轨道交通系统的正常运营。因此，人们开始对轨道交通隧道与地下车站采取了相应的环境控制措施，尽可能为系统提供良好的运行环境。随着世界各地城市轨道交通的不断发展，环境控制系统已成为满足与保证人员、设备运行所需内部环境的关键系统，是城市轨道交通系统中不可或缺的重要组成部分。

一、城市轨道交通隧道环境概述

1. 城市轨道交通隧道环境发展

1863 年 1 月，世界上第一条地下铁道线路在英国伦敦开通运营，并采用蒸汽机车驱动，蒸汽机车所排放的烟气使地下环境湿热难挡。随后，伦敦地铁引入电力机车，但因电力机车功率很大，运行过程中需要不断释放热量，随着客运量日益增加，伦敦地铁系统内部环境不断恶化。

1905 年 10 月，美国纽约的第一条地铁线路建成并投入运营。在设计规划过程中，技术人员并未对隧道与车站的强迫通风进行考虑，而是认为地面通风口能够为地铁系统提供足够的新鲜空气。次年，由于夏季地面通气口不畅，导致地铁系统内部温度越来越高。为了增加通气量，不得不在地铁车站的屋顶上设置了更多通气口，并在站内及区间内设置风机与通风管道。

1909 年 5 月，波士顿地铁建设已充分认识到为乘客提供舒适出行环境的必要性，首次利用隧道顶部的风管进行通风并增加了车站出入口面积，提出“采用机械通风方式获得纯净空气”，总结“温度问题与通风有关，加大通风换气次数将降低隧道内外温差”，并通过实践使得地铁系统内部环境大为改善。

1943 年，芝加哥首条地铁的建造便关注了车站环境控制问题。为实现地铁系统中的热量平衡，设计人员建立了列车活塞效应的计算方法，不仅考虑了保持舒适环境所需的空气变化量，还考虑了隧道结构、土壤温度日变化与年变化影响，以及热量的累积作用，并测定了多种温度及循环下的累积效应。芝加哥地铁充分利用这些数据，创造了在未使用空调设备的情况下，地下车站内部几乎全年都能提供充分通风与宜人环境温度的车站环控系统。

1954 年，以芝加哥地铁设计理念为蓝本的多伦多地铁将各通风竖井的间距增大了近 3 倍，虽有效地降低了工程造价，却提高了列车的阻塞比，隧道中高速行驶的列车形成的活塞风给站台乘客的生理、心理带来了很多负面影响。随后，多伦多地铁采用了一些结构上的改变，并利用隧道周围岩土层的蓄热 / 冷性能，通过夜间通风，创造了较好的环境。

2. 城市轨道交通隧道环境特点

根据城市轨道交通的系统特性，结合各地实际建设与运营情况，城市轨道交通隧道环境一般包括以下几个特征：

（1）由于城市轨道交通地下线路仅有车站与隧道出入口等极少部位与外界相连通，系统基本与外界隔绝，只有采用人工气候环境才能满足乘客的需求。

（2）城市轨道交通各种设备的运行以及乘客自身都将释放大量的热量，若不及时排出，将使得车站与区间隧道的空气温度上升，形成恶劣的环境条件。

（3）城市轨道交通隧道是狭长的地下空间，列车及各种设备运行产生的噪声不易消除，对乘客出行环境的影响较大。

（4）城市轨道交通列车在区间隧道运行时会产生“活塞效应”，若不能合理处置，将干扰车站的气流组织，使乘客感到不舒适，并影响车站的负荷。

（5）城市轨道交通车站与区间隧道需要不分昼夜地照明，因此车站与车厢的亮度、色调装饰与布置都会成为影响乘客心理的重要因素。

（6）当城市轨道交通隧道发生事故，尤其是发生火灾事故时，将导致环境恶化，不易救援，需要采取有效措施。

由此可见，城市轨道交通系统需要建立能够满足乘客及工作人员生理与心理需求的人工环境，其影响因素包括环境中空气温度、空气湿度、空气流动速度、空气质量、环境照度、色调、装饰、布置，以及噪声控制、安全措施等，是一项复杂的系统工程。

3. 城市轨道交通环控系统基本要求

城市轨道交通环控系统的目的就是在正常运行期间为乘客提供舒适的环境，在紧急情况下迅速帮助乘客离开危险地并尽可能减少损失。一条城市轨道交通线路的环控系统必须满足以下三个基本要求。

（1）正常运行

城市轨道交通系统正常运行时，环控系统能根据季节和气候，合理、有效地控制城市轨道交通系统内空气的温度、湿度、流速和洁净度，以及气压和噪声，提供舒适、健康的环境。

（2）阻塞运行

城市轨道交通系统阻塞运行时，环控系统能确保隧道内空气流通，维持列车空调器正常运行，使乘客感到舒适。

（3）紧急运行

城市轨道交通系统紧急运行时，环控系统能控制烟、热、气的扩散方向，为乘客撤离和救援人员进入提供安全保障。

二、通风空调系统

1. 通风空调系统的制式

在城市轨道交通系统中，根据隧道通风换气的形式及隧道与站台层的分隔关系，通风空调系统一般可分为开式系统、闭式系统与屏蔽门系统三种制式。

（1）开式系统

开式系统是指城市轨道交通隧道内部利用活塞风井、车站出入口及两端峒口与外界大气相通，仅考虑活塞通风或机械通风进行通风换气的通风空调系统，如图 7–1 所示。

图 7–1　开式系统

1）活塞通风。当列车正面面积与隧道断面面积之比大于 0.4 时，由于列车在隧道中高速行驶，如同活塞作用，使得列车正面的空气受压，形成正压，列车尾部空气稀薄，形成负压，由此产生空气流动，即为活塞通风。试验表明，当风井间距小于 300 m、风道长度在

25 m 以内、风道面积大于 10 m^2 时，有效换气量较大，在隧道顶部设风口效果更好。对于大城市来说，地面设置较多活塞风井很难实现，因此现今建设的城市轨道交通系统多采用活塞通风与机械通风联合的通风系统。

2）机械通风。当活塞通风不能满足城市轨道交通系统排出余热与余温的要求时，可设置机械通风系统。根据轨道交通实际情况，可在车站与区间隧道分别设置独立通风系统。车站通风系统一般为横向的送排风系统；区间隧道通风系统一般为纵向的送排风系统，并且均具备排烟功能。当区间隧道较长时，宜在区间隧道中部设置中间风井。当地气温不高、客运量不大时，可设置车站与区间连在一起的纵向通风系统，一般在区间隧道中部设置中间风井，但具体应通过计算确定。

（2）闭式系统

闭式系统是一种地下车站内空气与室外空气基本不相连通的通风空调系统。采用闭式系统时，城市轨道交通车站内所有与室外连通的通风井及风门均关闭，夏季车站内采用空调，仅通过风机从室外向车站提供空调所需最小新风量。区间隧道则借助于列车行驶时的活塞效应将车站空调风携带入区间，由此冷却区间隧道内温度，并在车站两端设置迂回风通道，满足闭式运行活塞风泄压要求。线路露出地面的峒口则采用空气幕隔离，防止峒口空气热湿交换。

（3）屏蔽门系统

如图 7–2 所示，屏蔽门是一道安装于城市轨道交通站台边缘且带有门扇的透明屏障，将站台公共区与隧道轨行区完全隔离，各扇活动门之间的间距与列车上的车门间距相对应。

图 7–2 屏蔽门系统

城市轨道交通列车到站时，列车车门正好对着屏蔽门上的活动门，乘客可自由上下列车，关上屏蔽门后，所形成的一道隔墙可阻止隧道内热流、气压波动和灰尘等影响车站。屏蔽门系统有效降低了空调负荷，相应地减少了环控机房面积，运行费用仅为闭式系统的一半左右。

另外，屏蔽门系统可有效防止乘客有意或无意进入轨道，减小噪声及活塞风对站台候车乘客的影响，改善乘客候车环境的舒适度，为轨道交通实现无人驾驶奠定了技术基础。屏蔽门系统的缺点是初期投资费用较高，增加了维修保养工作量及费用。

知识窗

屏蔽门系统的组成

屏蔽门系统是一套机电一体化的城市轨道交通设备系统，集成了现代计算机控制、伺服驱动、网络技术、UPS电源技术与精密机械技术。屏蔽门系统由机械与电气两部分构成。其中，机械部分包括门体结构与门机系统，电气部分包括电源与控制系统。

屏蔽门系统在站台设有滑动门、固定门、应急门与端门。正常情况下，应急门作为固定门使用；当紧急情况下进行人员疏散时，可由乘客从内部或工作人员从外部打开应急门进行疏散。端门则为车站工作人员通道，属非监控门，可在轨道侧推杆解锁或者在站台侧使用专用钥匙打开。

城市轨道交通通风空调系统制式优缺点对比见表7–1。

表7–1　城市轨道交通通风空调系统制式优缺点

制式	优点	缺点
开式系统	设备少，控制简单，运行能耗低	标准低，无法有效控制站内环境
闭式系统	活塞效应将车站的空气引入区间隧道内，降低隧道温度；区间隧道内的空气温度较同样运行条件下的屏蔽门系统低；站台视野开阔，广告效应较好	车站温度、气流无法维持稳定，空气品质难控制；如果乘客进入轨道，将影响运营；空调系统投资与运行费用高；通风空调系统机房大，土建投资大
屏蔽门系统	提高了安全性；降低了活塞效应对车站的影响，减少了车站与隧道的空气对流，减少了车站冷负荷的损失，提高了车站空气洁净度，降低了列车噪声；节省通风空调系统的初投资、运行费用与土建初投资	增加初期投资和运营、维修、保养费用，高温季节很难控制隧道内的温度

不同的城市气候条件不同，室外温湿度差异很大，城市轨道交通系统在选用环控方案或制式时，应根据客观条件、工程造价、运营效果等因素综合进行分析、确定。

2. 通风空调系统的组成

城市轨道交通通风空调系统的组成实际上与各地下车站功能区的划分密切相关，其中

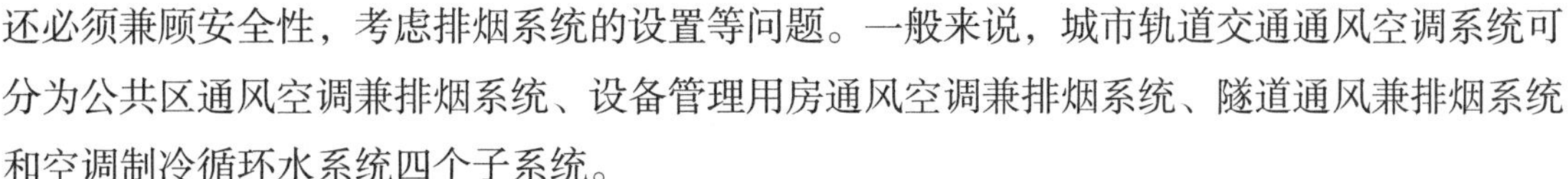

还必须兼顾安全性，考虑排烟系统的设置等问题。一般来说，城市轨道交通通风空调系统可分为公共区通风空调兼排烟系统、设备管理用房通风空调兼排烟系统、隧道通风兼排烟系统和空调制冷循环水系统四个子系统。

（1）公共区通风空调兼排烟系统

城市轨道交通车站公共区是乘客活动的主要场所，也是通风空调系统的主要控制区。公共区通风空调系统简称为大系统，其在站厅、站台范围内设通风管道均匀送、排风，在站台层列车顶部设车顶回、排风管，站台层下部设站台下网、排风道，并在车站列车进站端部设集中送风口，使进站热风尽快冷却，增加空气扰动，减少活塞风对乘客的影响。

岛式车站横断面送风、回风形式如图 7–3 所示。

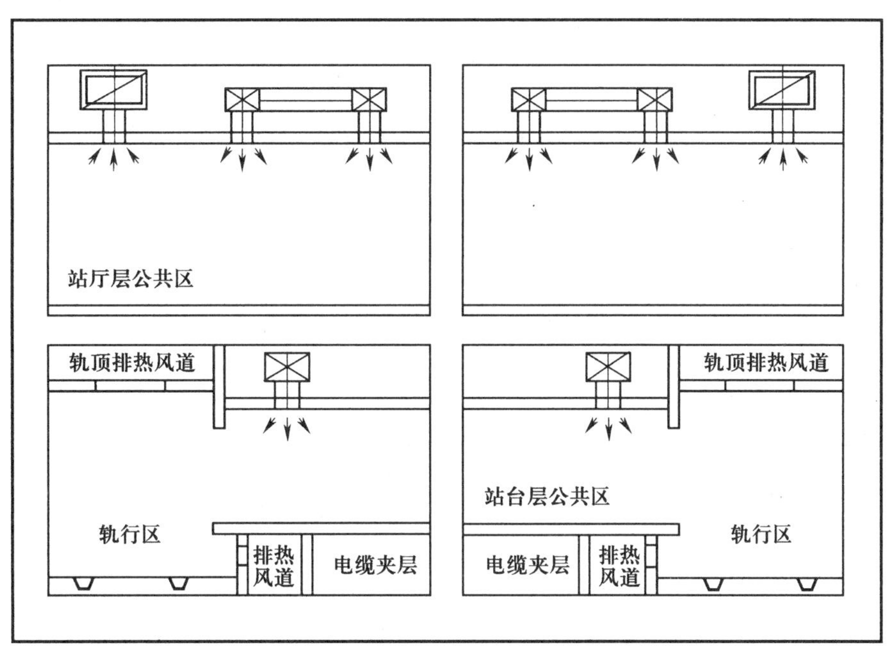

图 7–3　岛式车站横断面送风、回风形式示意图

车站空调、通风机设于车站站厅层两端，对称布置，基本上各负担半个车站的负荷。车站大系统一般包括组合式空调机组、回风机、排风机，以及各类风阀、防火阀等设备，其作用是通过空调或机械通风排出车站公共区的余热余湿，为乘客营造舒适的乘车环境，并在发生火灾时通过机械排风方式进行排烟，使车站内形成负压区，新鲜空气由外界通过人行通道或楼梯口进入车站站厅、站台，便于乘客撤离和消防人员灭火。

（2）设备管理用房通风空调兼排烟系统

设备管理用房的环境质量也将直接影响城市轨道交通安全与运营，是城市轨道交通车站管理系统的核心地带，也是环控系统设计的重点区域。设备管理用房通风空调系统简称为小系统。由于各类设备管理用房环境要求不同，温湿度要求也不同，设备管理用房通风空调基本可分为四种形式，见表 7–2。

表 7–2 设备管理用房通风空调形式

空调通风要求	设备管理用房类型
需空调、通风	通信设备室、信号设备室、车站控制室、环控电控室、会议室等
只需通风	高压设备室、低压设备室、照明配电室、环控机房等
只需排风	洗手间、储藏间等
需气体灭火保护	通信设备室、信号设备室、环控电控室、高压设备室、低压设备室等

设备管理用房通风空调系统的组成主要包括轴流风机、柜式空调机组、吊挂式空调机组和各种风阀等设备，其作用是通过对各用房的温湿度等环境参数的控制，为管理人员和工作人员提供舒适的工作环境，为各种设备提供正常运行的环境。在发生火灾时，设备管理用房通过机械排风方式进行排烟，有利于工作人员撤离和消防人员灭火；在需要气体灭火保护的用房内关闭送、排风管，进行密闭灭火。

（3）隧道通风兼排烟系统

隧道通风系统的设备主要由分别设置在车站站厅、站台层两端的隧道通风机，以及与其相应配套的消声器、组合风阀、风道、风井、风亭等构成。其作用是通过机械送、排风或列车活塞风，排出区间隧道内余热余湿，保证列车和隧道内设备的正常运行，同时，还可以在阻塞运行条件下提供机械通风，或紧急运行条件下进行排烟降温等。

另外，隧道通风系统中还包括闭式系统隧道洞口处的设备及过渡段折返线处的局部通风设施。为减少外界高温空气对通风空调系统的影响，在地面至隧道洞口处设有空气幕隔离系统，该系统由风机与空气幕喷嘴组成。为解决地下空间紧张及折返线处气流组织困难的问题，折返线处较常采用射流风机进行通风，并与车站隧道通风机共同组织气流。

（4）空调制冷循环水系统

空调制冷循环水系统能够为车站内空调系统制造冷源并将其供给车站空调大、小系统中的空气处理设备，同时通过冷却水系统将热量送出车站。根据冷源与车站的配置关系不同，制冷形式可分为独立供冷与集中供冷两种。

1）独立供冷。一般每个地下车站中均设置独立冷冻站，通常采用两台制冷能力相同的较大（制冷量≥ 1 000 kW）的螺杆式机组和一台较小的（制冷量≤ 500 kW）螺杆式冷水机组（或活塞式冷水机组及其他形式）组合运行的模式。

2）集中供冷。城市轨道交通集中供冷系统采用集中设置冷水机组、联动设备及其他辅助设备，经过室外管廊、地沟架空、区间隧道敷设冷水管，用二次水泵将冷水输送到车站空调大系统末端。集中供冷系统具有能效高、自动化水平高、环境热污染小、节约地下空间、便于维护管理和对周围环境影响小等优点，它作为节能环保的重要途径在城市规划和发展中正成为一大趋势。

3. 通风空调系统的运行模式

从安全性考虑，通风空调系统运行模式必须事先对各种可预见的灾害形式定义出各种模式状况，做到预防为主。城市轨道交通通风空调系统可分为正常运行模式、阻塞运行模式和火灾运行模式。

（1）正常运行模式

1）车站通风空调系统。城市轨道交通正常运行条件下，车站通风空调系统运行环境一般可分为全新风空调通风、小新风空调通风和非空调通风。

当外界大气焓值小于车站空气焓值时，启动制冷空调系统，进入全新风空调通风运行模式，外界空气经由空调机冷却处理后送至车站公共区，排风则全部排出地面。

当外界大气焓值大于或等于车站空气焓值时，启动制冷空调系统，进入小新风空调通风运行模式，部分回 / 排风排出地面，部分作为回风与空调新风机所输送的外界新风混合，经由空调机冷却处理后送至车站公共区。

当外界大气焓值小于或等于空调送风焓值时，关停制冷系统，进入非空调通风运行模式，外界空气不经冷却处理直接送至车站公共区，排风则全部排出地面。

2）区间隧道通风系统。区间隧道通风系统运行模式和通风方式较为复杂，属并非完全独立的系统，与车站大系统共同动作。

在闭式系统中，当外界大气焓值大于或等于车站空气焓值时，关闭隧道通风井，打开车站内迂回风道，区间隧道内利用列车运行的活塞作用进行通风换气，活塞风由列车后方车站进入隧道，列车前方气流部分进入车站，部分从迂回风道循环到平行的相邻隧道内口。

在开式系统中，当外界大气焓值小于车站空气焓值时，打开隧道风井，利用列车的活塞作用，外界大气从列车运行后方的隧道通风井进入隧道，完成进风。同时，外界大气从列车运行的前方隧道通风井排出地面，完成排风。

在机械开式系统中，当外界大气焓值小于车站空气焓值，自然开式系统又不能满足隧道内温湿度要求时，需启动隧道通风机进行机械通风。同时，与开式系统相似，机械开式系统中利用列车的活塞作用进行送、排风工作。

（2）阻塞运行模式

列车在正常运行时，由于各种原因导致其停留在区间隧道内，但乘客仍停留于列车内，即为城市轨道交通的阻塞运行状态。

在车站通风空调系统中，当列车阻塞在区间隧道内时，通风空调系统按正常运行；当隧道风机需运转时，车站按全新风空调通风运行模式运行。在运行隧道风机时，该端站台回、排风机停止运行，使车站的冷风经隧道风机送至列车阻塞的隧道内。

在区间隧道通风系统中，在闭式机械运行环境下，当车站自然闭式运行时，若列车在区间隧道内发生阻塞，隧道风机运转，将车站冷风送至隧道内；在开式机械运行环境下，当车站开始运行时，若列车在区间隧道内发生阻塞，隧道风机按机械开式系统模式运行。

（3）火灾运行模式

由于地下铁道空间狭小，一旦发生火灾，乘客疏散和消防条件较地面更为恶劣，因此，在城市轨道交通系统设计中应将火灾事故作为重点解决的问题。

区间隧道发生火灾时，应判断列车着火的部位、列车的停车位置，按火灾运行模式向火灾地点输送新鲜空气和排出烟气，引导乘客迎着新风方向撤离事故现场，同时消防人员进入现场灭火抢救。

站台发生火灾时，应使站台到站厅的上、下通道间形成一个速度不低于 1.5 m/s 的向下气流，使乘客从站台迎着气流撤向站厅和地面。因此，除车站的站台回、排风机运转向地面排烟外，其他车站大系统的设备均停止运行。

4. 通风空调系统的自动控制

空调设备运行的自动控制对于合理使用能量具有重要的作用。空调负荷是随着季节的变化而变化的，室外的气象参数随时在变化着，室外空气参数真正等于设计计算参数的时间非常少，因此，应对空调设备的运行进行相应的调节。

空调设备的控制方法分手动控制和自动控制两类，自动控制能提高通风空调系统的自动化管理水平、减轻劳动强度、减少运营管理人员、提升内部环境的空气质量、创造舒适的环境、合理地使用能源并节约能源。

城市轨道交通工程中，通风空调系统的控制功能主要由环境监控系统（简称 BAS 系统）完成，其主要作用是协调控制全线车站及区间的环控及其他机电设备安全、高效、协调运行，保证城市轨道交通车站及区间环境良好舒适，产生最佳的节能效果，并在发生突发事件（如火灾）时指挥环控设备转向特定模式，为城市轨道交通乘车环境提供安全保证。

城市轨道交通通风空调系统的控制一般由中央控制系统、车站控制系统和就地控制系统三级构成。

（1）中央控制系统

中央控制系统位于轨道交通运营线路的控制中心，是以中央监控网络和车站设备监控网络为基础的网络系统，对全线的通风空调系统进行监控，向车站下达各种运行模式指令或执行预定运行模式。中央控制级下某车站各系统组成通风监控界面如图 7–4 至图 7–7 所示。

图 7–4　公共区域通风监控界面

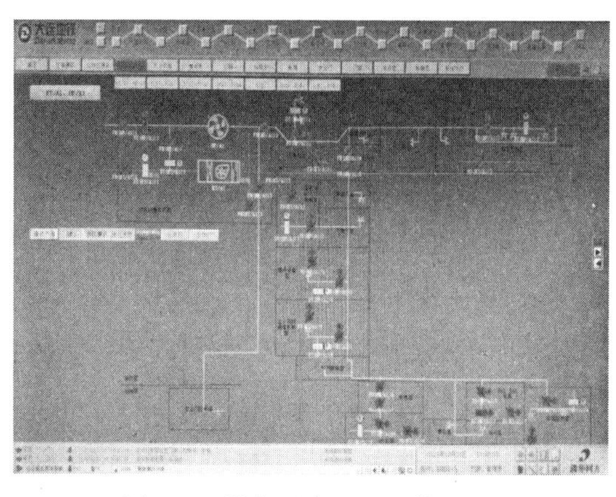
图 7–5　设备用房通风监控界面

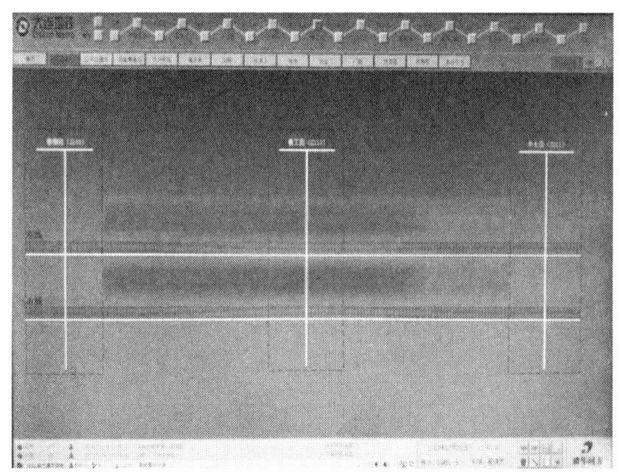
图 7–6　区间隧道通风监控界面

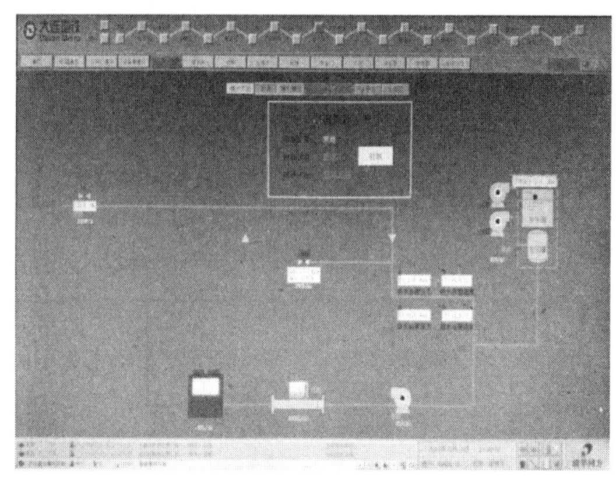
图 7–7　风冷机组监控界面

（2）车站控制系统

车站控制系统设置于各轨道交通站点的车站控制室内，对车站和所管辖区各种通风空调设备进行监视，向中央控制系统传送信息，并执行中央控制室下达的各项命令。车站火灾发生时，车站控制系统与火灾自动报警系统协调工作，根据实际情况将有关通风空调系统转入灾害模式运行。

（3）就地控制系统

环控系统的各种设备，如风机、空调机、冷水机组、水泵等，在其近处设有电源控制开关（部分设备设在环控电控室），便于设备调试、检修时现场使用。就地控制系统在三级控制系统中具有绝对优先权，即就地控制时，车站控制室和中央控制室仅接受其操作信号，对其控制失效。

正常工作情况下，城市轨道交通环境监控系统将通过室内外温湿度值实时计算空气焓值，并自动确定空调工况，控制空调系统运行工况转换。例如，盛夏季节时，环境监控系统控制空调运行于最小新风工况，最大限度防止冷量散失，同时维持车站内的最小新风需求，从而达到节能的目的；当计算出当前季节为过渡季时，则控制空调系统进入全新风工况，尽量利用室外低含湿量空气，同样达到节能的目的；当空调系统送风温度小于室外温度时，环境监控系统则控制空调系统进入通风工况，此时将停止制冷机运行。

空调系统自动化控制可以使系统进行集中管理和最佳控制，使空调运行效果最佳，而且能合理利用能量。随着计算机应用技术的发展，以计算机为基础的控制系统日臻完善，提高空调自动化控制水平是使空调系统节能运行的可靠手段。

第二节　城市轨道交通给排水及消防系统

城市轨道交通给排水系统可满足车站及车辆段生产、生活与消防对水量、水质和水压的要求，保证车站和车辆段排水通畅，为轨道交通安全运营提供服务，同时对车辆段内的生活和生产污水进行收集与处理，使其达到排放标准。

一、给排水及消防系统设计原则

1. 城市轨道交通给排水系统设计原则

给水系统主要满足城市轨道交通系统工程生产与生活用水需求，排水系统的作用是及时排出生产废水、生活污水、隧道结构渗水、事故消防废水及敞开式出入口部分的雨水等。城市轨道交通给排水系统设计主要遵循下列基本原则：

（1）遵循节约用水与综合利用的原则。

（2）给水系统设计须满足城市轨道交通车站生活与生产对水量、水质与水压的要求。

（3）排水系统设计应采取污、废分流制。

（4）给排水系统设备选型应尽可能采用国产设备，要求为技术先进、安全可靠、经济合理并经过实践运营检验的高质量产品，规格尽可能统一。

（5）生活饮用水水质必须符合国家现行生活饮用水卫生标准，排入市政下水道的污水、废水的主要水质指标必须符合有关标准。

（6）水泵按照常规设计，设置可曲挠橡胶接头、阀门、止回阀等，水泵基础设置减振装置。

（7）管道从出入口、风道或专用通道进入车站，不能随意穿侧墙或连续墙。

（8）给排水管道应采用防止杂散电流腐蚀的措施。

2. 城市轨道交通消防系统设计原则

城市轨道交通消防系统设计主要遵循下列基本原则：

（1）应贯彻“预防为主，防消结合”的原则。

（2）消防用水量按照全线同一时间内发生一次火灾设计。

（3）给排水系统水源采用城市自来水，各车站一般由两条不同城市自来水管引入给水管，并在消防引入管上设防污隔断阀。消防时，一般直接从管网抽水，不设消防水池，个别车站市政供水量不能满足消防用水量要求时，可设消防水池。

（4）消火栓布置应贯彻“任何位置失火，同时要有两股水柱到达”的原则。

（5）消防系统与车站内的生产、生活给排水系统分开设置，形成独立、安全、可靠的消防供水系统。

（6）除气体灭火设备可采用进口产品外，其余消防设备均尽可能采用国产设备。

（7）地下车站设置自动喷水灭火系统，区间隧道内仅设消火栓给水系统。

二、城市轨道交通给水系统

给水系统主要满足城市轨道交通系统工程生产与生活用水需求。生产用水主要包括车站公共区域地坪等冲洗用水、车站设备用房洗涤用水、空调冷冻机的循环水和冷却循环系统补充水。生活用水主要指车站卫生间、茶水间等用水。

1. 水源及水质

城市轨道交通给水源应优先选择城市自来水，除消防要求及特殊情况外，不宜选择地下水或地表水。轨道交通车站的生产、生活给水管网应为独立的内部供水系统，从两根接自市政管网的消防进水管中的任一根接出生产、生活给水管，单独设置水表后，进入车站，成枝状布置。

另外，城市轨道交通生活用水的水质应符合现行国家标准《生活饮用水卫生标准》（GB 5749—2006）的规定，生产用水与消防用水的水质按工艺要求确定。

2. 用水量

工作人员生活用水量约为 50 L/（人· 班）；冷却水系统补充水按循环水量的 2% ~ 3% 计算；车站公共区清扫用水量为 2 ~ 4 L/（m^2· 次），每次按冲洗 1 h 计算；生产用水量根据生产工艺确定；各附属建筑物及站内公共厕所用水量按照国家标准《建筑给水排水设计标准》（GB 50015—2019）确定。

3. 水压

城市轨道交通车站绝大多数是地下建筑，城市管网地面自来水压力一般不低于 0.2 MPa，可以满足车站生活和生产用水要求。因此，地下车站一般无须设置生活和生产用水加压泵。地面和高架车站需核算市政供水压力，不能满足用水需求的车站应设置增压设施，一般采用变频泵供水。

三、城市轨道交通排水系统

一般情况下，城市轨道交通排水系统采用分流制，分为污水系统、废水系统和雨水系统。原则上采用分类集中，经泵提升，经压力窨井就近排入市政下水道。

城市轨道交通生产、生活和消防的排水量分别按照以下标准和基本原则进行计算：工作人员生活排水量按 50 L/（人· 班）计算；生产及清扫排水量按用水量的 95% 计算；结构渗水量按照 1 L/（m^2· 天）计算；消防废水量与消防用水量相同；隧道出入口雨水量按照重现期为 30 年一遇的暴雨强度计算，高架及地面站雨水量按照暴雨重现期为 4 年计算。

1. 车站排水系统

城市轨道交通车站排水系统一般可分为车站污水系统、车站废水系统和车站雨水系统。

（1）车站污水系统

车站污水是指车站厕所所有卫生器具排出的水。站内厕所污水通过管道排入污水泵房内的污水集水池，其有效容积不大于 6 h 污水排放量，集水池地面设置坡度为 0.1 的坡向集水坑，集水池顶板上设有透气管并要求环控专业人员在泵房内设置排风口。污水集水池设在厕所附近且在污水泵房内，污水泵应带有反冲洗装置。污水经潜水排污泵抽至室外压力窨井后，经污水检测井后排入城市污水管道。一般情况下，设置 2 台潜水排污泵，一备一用。

（2）车站废水系统

车站废水可分为隧道结构渗水、公共区地面冲洗水、环控机房和各类排水泵房洗涤盆排水及消防废水。车站主排水泵房设置在车站内线路最低点，一般结合车站端头井布置。泵房尺寸不宜小于 3 m × 4 m，集水池有效容积不小于 10 min 的隧道结构渗水量和消防废水量之和，且不小于 30 m^3。废水泵房一般设置 2 台泵，一备一用。

（3）车站雨水系统

车站敞开式出入口的设计雨水量按照 30 年一遇的暴雨重现期计算，高架区间雨水设计重现期采用 4 年。敞开式出入口的自动扶梯下面设集水坑和雨水排出潜水泵，一备一用。泵提升雨水经压力窨井后，再排入市政雨水管道系统。

2. 区间排水系统

城市轨道交通区间排水系统一般可分为区间主排水系统与洞口雨水排水系统。

（1）区间主排水系统

区间主排水系统主要排出结构渗漏水、事故漏水、凝结冰和冲洗及消防废水。区间主排水泵房设在线路纵坡最低点。每座泵站所负担的区间长度，单线不宜大于 3 km，双线不宜大于 1.5 km。当主排水泵房所负担的区间长度超过规定，且排水量又较大时，宜设置辅助排水泵房。

（2）洞口雨水排水系统

隧道敞开引道段的设计雨水量按照 30 年一遇的暴雨重现期计算，宜设置 3 台泵，集水池有效容积不小于最大一台泵 5 ～ 10 min 的出水量。

四、城市轨道交通消防系统

城市轨道交通消防系统包括消防水源、消火栓系统、自动喷水灭火系统、自动气体灭火系统和灭火器设施。

1. 消防水源

若设置消防水池，必然增加车站内消防泵房面积，进而造成整个车站用房面积的增加，不利于降低土建工程造价。因此，城市轨道交通工程消防设计中，一般不设置消防水池，宜直接从城市自来水干管引入二路进水作为消防水源。

2. 消火栓系统

消火栓给水贯穿整个线路，其灭火范围为车站本身及其两端 1/2 的区间，并考虑到前后两站增压泵事故情况下向邻站增压送水的需求。为保证供水安全，消防管在车站内连通成环状，站厅层水平成环，站台层纵向成环，每条区间隧道设置一根消防管，由车站环状管网上接出，并在区间中部连通，连通管处设手动或电动阀门。由于区间的埋设深度往往较深，在出口压力大于 0.5 MPa 的消火栓处应采取减压措施。

城市轨道交通车站站台消火栓如图 7–8 所示。

图 7–8　城市轨道交通车站站台消火栓

消防水泵控制设计为泵房内手动启闭，消防箱内按钮启动（只能开，不能关），车站控制室遥控，防火中心监测遥信显示。

3. 自动喷水灭火系统

自动喷水灭火系统一般设置在城市轨道交通地下车站的站厅、站台层公共区、长距离出入口通道等部位。自动喷水灭火系统具有很高的灭火率和控火率，能够及时扑灭初起火灾，降低火场温度，并具有报警功能，而且不污染环境。

自动喷水灭火系统喷头如图 7–9 所示。

图 7–9　自动喷水灭火系统喷头

水喷淋泵可由报警系统驱动，也可由机械手动控制、泵房内手动控制或中央控制室遥控。

4. 自动气体灭火系统

自动气体灭火系统布置在城市轨道交通系统重要的设备用房，比如高低压室、通信设备室、环控电控室、信号设备室等，能够实现火灾信号采集、系统信息处理、声光报警控制、信息报告、相关环控设备联动控制和气体释放全过程自动控制。其控制方式一般有自动控制、电气式手动控制和机械操作控制三种。

全自动气体灭火系统部分设备如图 7–10 和图 7–11 所示。

图 7–10　气体灭火系统控制器

图 7–11　气体灭火系统警示灯

5. 灭火器设施

灭火器的设置按现行国家标准《建筑灭火器配置设计规范》（GB 50140—2005）的规定执行。

地下车站火灾危险等级为严重危险级。灭火器设施如图 7–12 和图 7–13 所示。

图 7–12　灭火器设施（一）

图 7–13　灭火器设施（二）

第三节　城市轨道交通防灾报警系统

城市轨道交通以其大运量与快捷等优势在城市交通中担当着十分重要的角色，若其发生事故或灾害，将会产生巨大的影响。尤其是地下线路一旦发生火灾，人员疏散、救生与灭火都将十分困难，造成的灾害与损失将难以估量。因此，城市轨道交通系统必须设置火灾监控与报警设施，对可能发生的灾害进行自动监控，及早发现灾情，并有针对性地采取应对措施。

一、城市轨道交通火灾自动报警系统的基本要求和基本元件

火灾自动报警系统（Fire Alarm System，简称FAS）一般由火灾报警控制器、火灾探测器和火灾联动控制装置组成，也可根据工程要求与各种灭火设施和通信装置联动，形成中心控制系统。

1. 火灾自动报警系统基本要求

（1）严格遵循“预防为主，防消结合”方针，应在城市轨道交通系统内部设置火灾自动报警系统。

（2）应以防火灾为主，同时具备水淹、地震等灾害自动监测和自动报警的功能。

（3）火灾自动报警系统以一条运营线路为监控目标进行系统设置，针对一条轨道交通运营线路设置一套完整的火灾自动报警系统。

（4）火灾自动报警系统的保护对象为车站、区间隧道、控制中心、车辆段、停车场、主变电所等全线所有的建筑物与设施。

（5）火灾自动报警系统的火灾报警控制器可手动和自动控制消防泵、喷淋泵等重要的消防火灾设备。

（6）按照规范要求，在重要设备用房采用独立的气体自动灭火系统保护，保护范围内的探测器由该系统设置，相关防火阀由该系统控制，可与火灾自动报警系统交换信息，由火灾自动报警系统对其进行监视。

（7）为实现火灾报警的消防联动控制功能，火灾自动报警系统与环境监控系统、电梯系统、售检票系统或设备由不同的接口进行连接。

（8）火灾自动报警系统应具有极高的可靠性及稳定性，技术先进、组网灵活、利于调试、布线简便、维护容易，并具有扩展功能，抗电磁干扰能力强，且能适应城市轨道交通环境的要求。

2. 火灾自动报警系统基本元件

火灾自动报警系统一般由火灾报警控制器、火灾探测器和手动报警按钮等基本元件构成。

（1）火灾报警控制器

火灾报警控制器是火灾自动报警系统的重要组成部分，是系统运行的指挥中心，主要担负着整个系统的监控、报警、控制、显示、信息记录与档案存储等功能，如图 7–14 所示。火灾报警控制器在正常运行条件下，若有火灾发生时，监控探测器及系统自身将接受、转换、处理火灾探测器输出的报警信号，并进行声光报警，而后通过自动灭火控制装置启动自动灭火设备与消防联动控制设备。

图 7–14　火灾报警控制器

（2）火灾探测器

火灾探测器是火灾自动报警系统中最重要的组成部分，是将火灾发生后的温度、烟雾等信息转换成电信号，向火灾报警控制器发送信号报警的一种自动火灾探测装置。一般情况下，火灾探测器可分为感温、感烟、感光、感气、线形、复合式等类型。感温火灾探测器如图 7–15 所示。

（3）手动报警按钮

手动报警按钮如图 7–16 所示，分布在公共活动场所墙壁上与消火栓箱内，为红色方形盒体。当发生火灾时，直接按下手动报警按钮面板上的玻璃，即可向火灾自动报警系统报警。

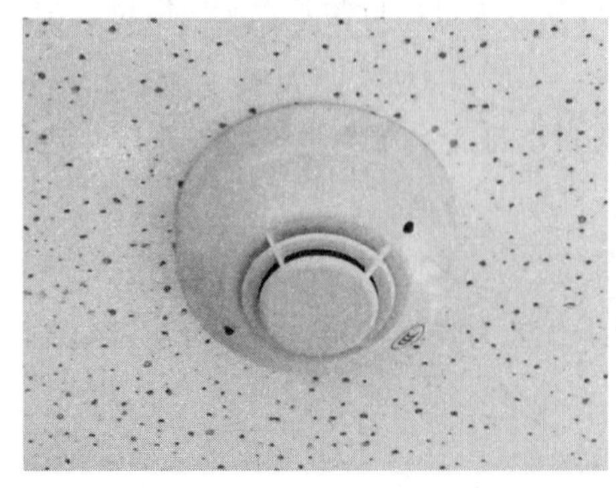

图 7–15　感温火灾探测器

图 7–16　手动报警按钮

二、城市轨道交通火灾自动报警系统管理与运行

城市轨道交通火灾自动报警系统主要由设置在与城市轨道交通运营有关建筑物或设施内的火灾自动报警系统设备、相关的网络设备和通信接口组成，可分为中央级与车站级二级系统，并采用中央级与车站级的二级监控管理方式。

具体说来，设置于控制中心的中心级防灾监控系统主要负责监视全线防灾设备的运行状态，接收报警信号，发布救灾指令等；设置于车站控制室的车站级防灾监控系统主要负责接收车站的灾害报警，及时与指挥中心联络，并接收中心防灾指令、控制设备。城市轨道交通火灾自动报警系统如图 7–17 所示。

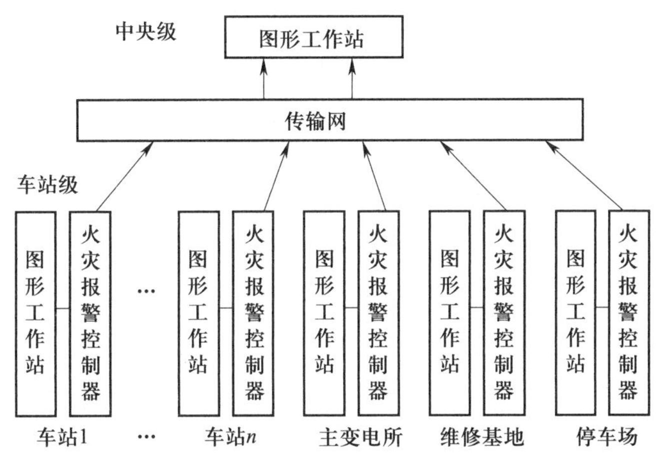

图 7–17　城市轨道交通火灾自动报警系统示意图

1. 中央级火灾自动报警系统

中央级火灾自动报警系统设于城市轨道交通线路所属控制中心的中央控制室内，主要包括火灾报警控制器、图形工作站和网络设备等，可实现对全线防灾系统集中监控与管理的功能。

中央级火灾自动报警系统主要负责对轨道交通全线各车站、主变电所、车辆段、停车场、控制中心大楼的灾情监视，防救灾设备的管理和灾害时的组织指挥工作，侧重于上层的救灾指挥和协调功能。

2. 车站级火灾自动报警系统

车站火灾报警控制器、图形工作站，以及本管辖区内的各种探测器、手动报警按钮、电话插孔、消防专用电话、控制联动设备、信号输入与输出模块等现场设备构成了车站级火灾自动报警系统。

车站级火灾自动报警系统（含控制中心大楼）在各车站、控制中心大楼等消防设备室设置火灾报警控制器，能对其所辖范围独立执行消防监控管理。其管辖范围除车站外，还包括与车站相邻的区间隧道和隧道中间风井。区间隧道和区间隧道中间风井的火灾自动报警系统以区间中心里程为分界点，分别纳入邻近车站的火灾自动报警系统。中间风井接入相邻车站回路，由车站火灾自动报警控制器实施报警和联动控制。另外，车辆段、停车场信号楼控制室设置火灾报警控制器，作为车站级的火灾自动报警系统控制器，并与全线火灾自动报警系统直接联网。主变电所视站内火灾工况的要求，设置联动型火灾报警器与全线火灾自动报警系统直接联网，或设置区域火灾报警器接入相邻车站的火灾报警控制器。

（1）系统组成

车站级火灾自动报警系统是全线火灾自动报警系统的基本组成单元，也是火灾自动报警系统的关键环节。车站级火灾自动报警系统负责对所管辖的区域进行灾情监视，火灾时进行一系列消防联动控制，并向 EMCS 系统发出控制指令，指挥车站人员疏散和灭火、救灾工作。其具体组成如下：

1）现场设备。现场设备是构成火灾自动报警系统的基础，火灾发生的第一时间，通过这些现场设备探测到火灾的发生并发出警报，以便疏散人员、呼叫消防人员，执行相关的联动措施。

2）消防联动控制单元。消防联动控制是火灾自动报警系统中的关键部分，是在确认火灾后向消防设备、非消防设备发出控制信号的处理单元。

3）防灾通信设备。防灾通信设备包括广播、电视监视、电话等。

①广播。火灾自动报警系统在车站不单独设置紧急广播，而是与车站通信系统设置的公共广播合用，平时为车站公共广播用，火灾确认后，提供给广播系统一个火灾信号，将公共广播自动转换到火灾紧急广播，引导乘客安全疏散。

②电视监视。火灾自动报警系统与行车调度共用一套电视监控系统。火灾时，能通过手动切换装置对所设的电视监控系统显示终端进行镜头切换，实现对火灾区域的实时监视。

③电话。控制中心设置了与相关部门直连的市内直线电话。各车站、车辆段、停车场设置消防直线电话。

4）网络系统。网络系统一般由中央级和车站级二级系统构成。

①中央级。不同车站的火灾报警主机主要需要通过上层网络实现联网通信。上层网络一般可采用电缆、光缆和调制解调器三种信息传输方式。

②车站级。车站级传输线路对整个系统的可靠性影响较大，并随系统的增大而扩大。目前根据检测器种类不同，车站级传输线路分为多线制、总线制和二线制。

（2）系统运作模式

系统运作模式包括监视模式和报警模式两种。

1）监视模式。在正常状态下，火灾报警控制器及车站现场设备均处在监视状态，车站

图形显示终端显示车站各防火分区、防烟分区的平面布置图及车站现场的设备状态。

2）报警模式。报警模式包括自动确认模式、人工确认模式和消防联动模式三种。

①自动确认模式。任何一个报警区域，如果有一个智能火灾探测器报警，同时又有一个手动报警按钮报警，或者两个及两个以上的智能火灾探测器同时报警（只设置一个探测器的设备用房火灾探测器报警）后，则火灾自动报警系统自动确认报警。火灾确认后，火灾报警控制器发出指令、控制相关消防设备并发送指令至设备监控系统，设备监控系统接受并执行指令，按照预先设置的程序使相应的设备投入火灾工况模式运行，指令执行完成后给火灾自动报警系统一个反馈信号，并传送至控制中心。

②人工确认模式。如果报警区域为电视监控系统可监控的区域，可由车站控制室的值班人员将电视监控系统切换至报警区域内进行确认。如果电视监控系统无法监视到该报警区域，则值班人员应采用通信工具通知现场值班人员到报警现场进行确认。确认后，人工启动火灾自动报警系统进行消防联动，并发出指令至设备监控系统，设备监控系统接受并执行指令，按照预先设置的程序使相应的设备投入火灾工况模式运行，指令执行完成后给火灾自动报警系统一个反馈信号，并传送至控制中心。

③消防联动模式。消防联动模式是指火灾自动报警系统自动实现火灾探测、火灾报警功能，控制和监视火灾时排烟防火阀、防烟防火阀的动作状态，并控制相关消防设备的联动，接受其反馈信号，将信息上传至控制中心。火灾自动报警系统与设备控制系统设置有相应的通信接口，火灾发生时，火灾报警控制器发出指令，设备监控系统执行指令，启动相应的设备，按照预先设置的火灾工况模式运行。火灾自动报警系统指令具有最高优先权。

思考与练习

1. 城市轨道交通系统环境有哪些特点？
2. 城市轨道交通通风空调系统有哪些制式？分别有哪些优缺点？
3. 城市轨道交通通风空调系统的运行模式有哪些？
4. 简述城市轨道交通给排水系统的基本功能。
5. 简述城市轨道交通消防系统的基本组成。
6. 简述城市轨道交通火灾自动报警系统的基本组成与运作模式。

第八章　城市轨道交通运营管理

学习目标：

- ◆ 了解城市轨道交通运营特性与组织架构。
- ◆ 掌握城市轨道交通行车组织基础知识。
- ◆ 掌握城市轨道交通客运组织基础知识。
- ◆ 掌握城市轨道交通票务组织基础知识。
- ◆ 了解城市轨道交通网络化运营的条件与要求。

现代化、高水平的运营管理是城市轨道交通安全畅通与实现优质客运服务的重要保证，也是一项复杂的系统工程，其具体工作是通过人员组织管理与设备维护使用，实现对乘客的承运与送达。

第一节　城市轨道交通运营管理概述

城市轨道交通运营管理是一个系统工程，必须遵循轨道交通的客观规律，在运输组织方面，实行集中调度、统一指挥、按图行车；在功能方面，实现车辆、车务、机电、通信信号、供电、工建等专业紧密配合，各类专业系统设备状态良好、运行正常；在行车安全管理方面，主要依靠合理的行车组织与可靠的设备运行保证行车间隔和正确的行车路径。

一、运营组织机构

城市轨道交通系统是一个复杂的技术密集型城市公共交通系统，需要各个部门、各类专业协同工作，维护正常运营。城市轨道交通系统日常运营生产活动实行统一调度指挥，设置了集中统一的调度指挥管理组织机构，如图 8–1 所示。

1. 控制中心

控制中心是城市轨道交通线路日常运输工作的指挥中枢，其基本任务是调度指挥与列车运行相关的各部门、各专业工种协同作业，确保按列车运行图行车，组织完成所辖线路的客运生产任务，保证行车与乘客安全，努力提高所辖轨道交通线路运输效率，创造经济效益。

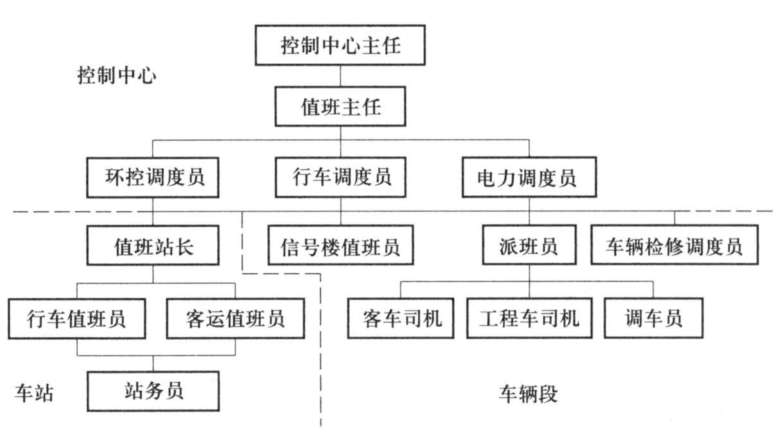

图 8–1 城市轨道交通运营组织机构

2. 车站

车站应在控制中心的统一指挥下，保证站内专业工种协同作业，组织完成车站的客运生产任务，为乘客提供舒适、高效、清洁的出行环境，从而保证城市轨道交通系统安全有序运行。

3. 车辆段或停车场

车辆段是城市轨道交通系统中对车辆进行运营管理、停放、维修和保养的场所。若运行线路较长，为了有利于行车组织与分担车辆的检修工作，也可在线路的另一端设停车场，负责部分车辆的停放、运用、检查与整备工作。此外，车辆段还可设置综合维修中心、材料总库和培训中心等。

二、管理人员

1. 控制中心运营管理人员

在城市轨道交通系统中，控制中心的运营管理人员主要包括如下人员：

（1）值班主任

控制中心值班主任是调度班组工作的组织者与领导者，主要工作职责是传达、贯彻和执行上级有关文件、命令及指示，负责完成本班组各项运输指标，主持交接班会，布置有关事项，检查安全生产情况，掌握列车运行图执行情况，负责施工和救援工作的把关，主持事故分析会议。

（2）行车调度员

控制中心行车调度员是列车运行调度指挥工作的核心，担负着指挥列车运行、贯彻安全生产、实现列车运行图、完成运输计划。行车调度员日常负责工作有：监控或操纵列车运行控制设备，掌握列车实时运行、到发情况；发布有关行车的调度命令，检查各站各段执行和完成行车计划情况，在列车晚点或运营秩序紊乱时采取有效措施尽快恢复正常行车；发生突发事件时迅速采取救援措施，并向上级与有关部门报告。

（3）电力调度员

控制中心电力调度员主要负责监控变电所、接触网（轨）和与供电相关各类设备的运行状态，实时采集有关数据并做好报表记录填写工作，同时需处置供电设备设施的突发性故障，保证各车站、各次列车供电的可靠性与安全性。

（4）环控调度员

控制中心环控调度员主要负责监控所辖线路全线各车站通风、空调、给排水等与环境控制相关的各种设备设施，以及屏蔽门、电扶梯与防淹门的运行情况，及时根据具体环控要求调节所管辖区域温度、湿度、空气流动速度、含尘量等各种环境参数，保证城市轨道交通环境质量、满足乘客出行需要。

（5）维修调度员

控制中心维修调度员主要负责非车辆专业设备的维修管理组织工作，发布相关客运信息，保障设备设施运行水平，为列车安全平稳运行奠定基础。

2. 车站运营管理人员

城市轨道交通车站的运营管理人员主要包括如下人员：

（1）站长

车站站长全面负责车站的行政管理工作，对站内的安全管理、票务管理、服务管理、培训管理、人员管理和班组建设等工作进行把控，组织站内人员完成车站行车、票务与客运服务工作，以及特殊情况下的应急组织工作。

（2）值班站长

车站值班站长直接对站长负责，服从行车调度员或者其他调度员指挥，具体职责如下：必须掌握车站近期工作计划、生产计划和当日生产工作重点，制定工作措施，合理组织和开展工作，对持续性工作做好交接班并跟踪完成情况；当车站发生设备故障或突发情况时，组织指挥现场人员按照应急处理预案的要求进行处理；对本站的行车、客运、票务、培训和人员管理等具体事务进行管理与落实。

（3）值班员

值班员可分为车站值班员和客运值班员。车站值班员是车站落实行车组织与客运组织的关键岗位。在值班站长的领导下，车站值班员根据行车与客运组织要求，按照工作处置流程实施，并对当值站务员的工作进行监督指导。行车值班员主要负责车站的行车工作，包括监控列车运行情况，管理行车备品，监控车站各类设备运行状态，进行施工管理，接收、传达和执行调度命令，将各类信息向相关部门汇报等。客运值班员主要负责车站客运与票务工作。客运工作包括解决乘客票务、服务问题，发生紧急情况时协助值班站长进行处置。票务

工作主要包括车站车票、票款管理，组织站务员完成售检票、车站票务营收数据统计、表报填写与保管等工作。

（4）站务员

站务员直接面向乘客提供服务，主要负责售检票业务、接发列车、组织乘客乘降、解答乘客询问，以及对车站设备设施运营状态进行巡视检查等工作。

3. 车辆段、停车场运营管理人员

城市轨道交通车辆段、停车场的运营管理人员主要包括如下人员：

（1）信号楼值班员

信号楼值班员主要职责包括：接受并执行行车调度员的接发列车、调车作业计划；指挥车辆段内部行车、进路排列和列车接发工作；操控计算机设备，实现计算机联锁设备的功能。

（2）车辆检修调度员

车辆检修调度员全面负责车辆的计划维修、故障抢修、事故处理、调试、改造作业安排及组织实施，监听所有车辆技术状态，提供运行图所规定的列车上线服务，并确保其状态良好，符合有关规定，同时，负责车辆检修内务管理及协调，调配车辆部各中心的生产任务。

（3）派班员

派班员主要职责包括：安排司机出勤、退勤；编制、实施司机的排班计划；有突发事件时及时调整交路，调整司机的出勤、派班工作；与车辆检修调度员交接检修及运用列车，与出 / 退勤司机交接运营列车，向行车调度员通报司机的配备情况；管理司机日常事务，检查落实各项管理制度和作业安全规定。

（4）调车员

调车员主要负责车辆段内机车车辆移动的现场指挥，通常由工程车司机或副司机担任。

（5）司机

车辆段根据列车配置数和运行图的要求配备若干司机。司机包括工程车司机与电客车司机。工程车司机主要根据调度员的调度指挥，负责车辆段工程车的开行工作。电客车司机主要负责城市轨道交通列车的运行工作，依据列车运行计划的要求，根据行车调度员的指示、命令完成列车驾驶及在站乘客乘降工作。

第二节　城市轨道交通行车组织

城市轨道交通系统客流量随时间段不同具有显著的高峰与低谷特征，并且这种不均衡特征与城市产业布局、居民出行习惯等因素息息相关。因此，为有计划地组织与疏导客流，实施优质、高效的城市轨道交通行车组织工作，必须依靠科学管理，制订合理的列车运输计划。

一、列车运输计划

城市轨道交通列车运输计划一般包括客流计划、全日行车计划、列车交路计划、车辆配备计划与列车运行图等相关内容。

1. 客流计划

客流计划是对运输计划期间城市轨道交通线路客流的规划，是编制全日行车计划、车辆配备计划和列车交路计划的基础。对于新建投入运营的轨道交通线路，客流计划根据客流预测资料进行编制；对于既有轨道交通运营线路，客流计划根据客流统计资料与客流调查资料进行编制。

客流计划的主要内容包括轨道交通各站间到发客流量、各站不同方向上下车人数、全日断面客流量、高峰小时断面客流量（见图 8–2）、低谷小时断面客流量、全日分时最大断面客流量等。

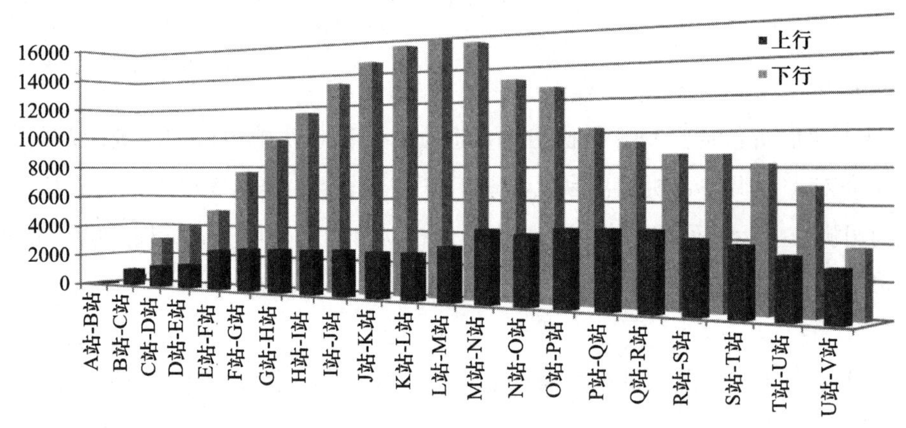

图 8–2 高峰小时断面客流量（人次 /h）

客流计划以各站间到发客流量资料为基础编制，可分步计算出各站不同方向上下车人数和断面客流量数据。

2. 全日行车计划

全日行车计划是指城市轨道交通系统营业时间内各个小时开行的列车对数计划，它规定了轨道交通线路的日常作业任务，是科学地组织运送乘客的管理计划。全日行车计划也是编制列车运行图、计算运营工作量和确定车辆配备数的基础资料。

全日行车计划是综合考虑营业时间内各时段内最大断面客流量、列车定员人数、列车满载率和希望达到的服务水平编制而成的。

3. 列车交路计划

在城市轨道交通线路各区段客流量不均匀的情况下，采用科学合理的列车运行交路是行车计划的一个重要组成部分。列车交路计划规定了列车的运行区段、折返车站与按不同列车交路运行的列车对数。科学合理的列车交路计划能够提高城市轨道交通列车的运用效率，避免运能浪费，降低运营成本，方便乘客出行。

列车交路计划可以分为长交路、短交路与混合交路等。

（1）长交路

长交路是指列车在线路上全线运行，适用于各区段客流量比较均匀的情况，其行车组织简单，对中间站折返设备要求也不高。长交路如图 8–3 所示。

图 8–3　长交路示意图

（2）短交路

短交路是指列车在线路上的某一区段内运行，主要适用于各区段客流量相当不均匀的情况，其运营比较经济，要求中间站具备双向折返能力与方便乘客换乘的条件，但服务乘客水平有所降低。短交路如图 8–4 所示。

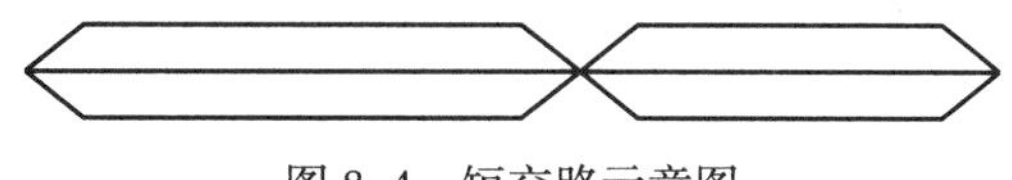

图 8–4　短交路示意图

（3）混合交路

混合交路即为长短交路混跑的组织方案，适用于区段客流不均匀的情况，其优势在于既能够满足客运要求，又能够提高运营效益。混合交路如图 8–5 所示。

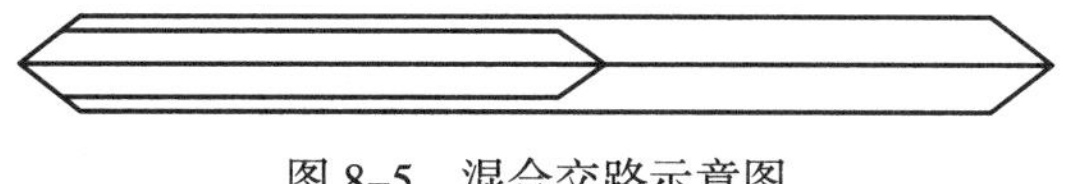

图 8–5　混合交路示意图

知识窗

列 车 交 路

列车交路并不是单一独立运用的，应根据线路工程情况和客流特征，组合应用。例如，大连地铁 3 号线及续建线的列车运行交路共有 4 种，分别为大连站—金石滩站、大连站—九里站、大连站—保税区站、开发区站—九里站，如图 8-6 所示。

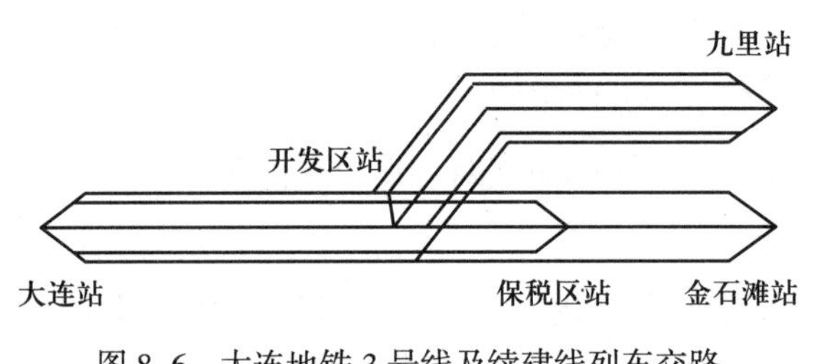

图 8-6　大连地铁 3 号线及续建线列车交路

4. 车辆配备计划

车辆配备计划是指在一定类型设备与行车组织方法条件下，为完成城市轨道交通全日行车计划而制订的车辆保有数计划。根据运用目的不同，城市轨道交通车辆可分为运用车、检修车与备用车三类。

（1）运用车

运用车是为了完成日常客运任务而配备的技术状态良好的车辆，城市轨道交通运用车数与高峰小时开行列车数、列车周转时间、列车编组辆数有关。

（2）检修车

检修车是指处于定期检修状态的车辆。城市轨道交通车辆经过一段时间的运用后，各部件会产生变形或损坏，为保证车辆技术状态良好，确保列车运行安全和延长车辆使用寿命，需要定期对车辆进行各种修程的检修。

（3）备用车

为了适应客流变化，确保完成临时紧急的运输任务，以及预防运用车发生故障，必须保有若干技术状态良好的备用车。备用车数量一般控制在运用车数量的 10% 左右。备用车原则上停放在停车场内或线路两端终点站。

5. 列车运行图

列车运行图是城市轨道交通列车运行时间与空间关系的图解，规定了各次列车占用区间的次序、在区间的运行时间、在车站的到发或通过时刻，在车站的停站时间与折返站的折返作业时间，以及列车运行交路与列车出入段时刻等。它能够直观地显示出各次列车在时间上与空间上的相互位置和对应关系，如图 8-7 所示。

（1）列车运行图基本要素

列车运行图基本要素主要包括横坐标、纵坐标、垂直线、水平线和斜线，见表 8-1。

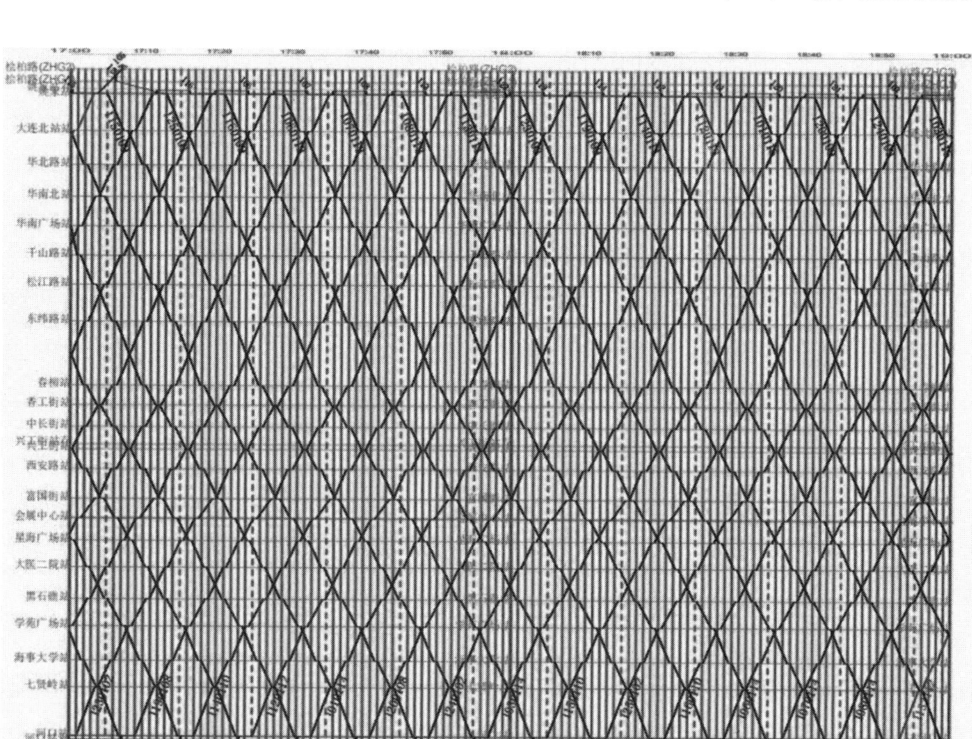

图 8–7　典型的城市轨道交通列车运行图

表 8–1　　列车运行图基本要素

要 素	含 义
横坐标	表示时间变量，按要求采用一定的比例进行时间划分，一般城市轨道交通系统列车运行图采用 1 分格或 2 分格，即每一等分表示 1 min 或 2 min
纵坐标	表示距离分割，即根据线路实际区间里程，采用规定的比例，以车站中心线所在位置进行距离定点
垂直线	一簇平行的等分线，表示时间等分段
水平线	一簇平行的不等分线，表示线路上各个车站中心线所在位置
斜线	表示列车运行轨迹，一般以上斜线表示上行列车运行线，下斜线表示下行列车运行线

（2）列车运行图分类

根据城市轨道交通正线数目、速度、在线列车数等条件，列车运行图可分为不同类型。

按区间正线数目不同，列车运行图可分为单线运行图与双线运行图；按列车间运行速度不同，列车运行图可分为平行运行图与非平行运行图；按上、下行方向列车数不同，列车运行图可分为成对运行图与不成对运行图；按同方向列车运行方式不同，列车运行图可分为连发运行图与追踪运行图；按使用范围不同，列车运行图又可分为工作日运行图、节假日运行图与特殊时期运行图（如春运、夏运、延时、施工运行图等）。

（3）列车运行图编制要素

列车运行图编制要素主要包括时间要素、数量要素和其他相关要素。

1）时间要素主要包括区间运行时间、停站时间、折返作业时间、出入车辆段基地作业时间、线路运营时间和接触网（轨）停送电时间。

2）数量要素主要包括全日时分段客流分布、列车满载率、列车最大载客量、列车入库能力。

3）其他相关因素主要包括与其他交通方式衔接、与大型体育场所与娱乐商业中心的衔接，以及列车检修作业能力、列车试车作业情况、司机作息安排、车站存车能力和电客车能耗等。

（4）列车运行图编制原则

列车运行图是城市轨道交通列车运营的基础资料，科学合理地编制列车运行图是一项烦琐复杂的工作，应遵循以下原则：

1）在保证城市轨道交通系统运营安全可靠的条件下，应适当提高列车的运行速度，缩短列车的运行时间。

2）尽最大可能方便乘客出行，最大限度地节约乘客在途时间，包括在站候车、随车运行和中转换乘用时等。

3）充分利用轨道交通线路能力与车辆能力，经济合理地运用车辆设备，安全有序地安排施工维修时间。

4）在确保满足轨道交通客运量需求的条件下，使运营车数量达到最少。

（5）列车运行图编制

首先，按要求与编制目标确定编图过程中需注意的相关事项，收集编图所需资料并对有关问题进行调研与试验，总结分析现行列车运行图的完成情况和存在的问题，提出相应的改进意见；其次，根据编图原则与具体要求确定全日列车开行计划，计算运行所需的运用车数量并编制草图；再次，征求调度、行车、客运和车辆等部门的意见，对列车运行方案进行调整并详细铺画列车运行图、列车运行时刻表与相关说明等；最后，对列车运行图的编制质量进行全面详尽检查，计算列车运行图的相关指标，并将列车运行图等资料报至有关部门进行审核，待批准后执行。

二、行车调度组织

城市轨道交通行车调度指挥工作主要由所辖线路的控制中心实施，实行“高度集中、

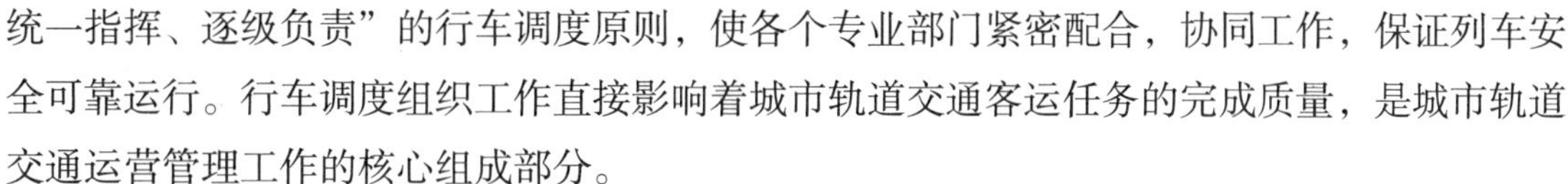

统一指挥、逐级负责”的行车调度原则，使各个专业部门紧密配合，协同工作，保证列车安全可靠运行。行车调度组织工作直接影响着城市轨道交通客运任务的完成质量，是城市轨道交通运营管理工作的核心组成部分。

1. 行车组织基础知识

在城市轨道交通行车调度组织工作中，行车有关人员必须执行控制中心发布的指令，服从行车调度员指挥。行车组织实行“行车调度员—司机”二级管理模式，行车值班员辅助行车工作。

运营线行车组织工作由行车调度员统一指挥，列车运行及相关作业由司机负责，车站的行车工作由车站行车值班员负责，车辆段与停车场的行车工作由信号楼值班员和运转室值班员共同负责。

（1）列车的运行模式

目前，列车运行模式主要包括列车全自动驾驶模式（AM）、有 ATP 防护的人工驾驶模式（ATPM）、点式 ATP 人工驾驶模式（IATPM）、受限人工驾驶模式（RM）、非受限人工驾驶模式（NRM）和自动折返模式（ATB）6 种。

原则上正线按超速防护自动闭塞法运行，列车采用 AM 或 ATPM 模式运行，AM 与 ATPM 模式的相互转换应及时报告行车调度员，AM、ATPM 模式向 IATPM、RM 或 NRM 模式转换时，必须得到行车调度员允许后方可进行。按进路闭塞法运行时，驾驶模式的转换应及时报告行车调度员。

（2）列车车次规定

列车车次以十进制五位数表示，并分成三部分。其中，首位数字表示列车性质，可包含计划开行客车、临时加开客车、调试列车、救援列车、回空列车、施工列车等，见表 8-2。

表 8-2　列车车次首位数规定

首位数字	列车性质	首位数字	列车性质
“1 ~ 4”	计划开行客运列车	“7”	救援列车
“5”	临时加开客运列车	“8”	回空列车
“6”	调试列车	“9”	施工列车

第二、三位数字表示列车出段的顺序；第四、五位数字表示列车目的地码，代表本次列车开往的目的地。

另外，在车站与折返线（存车线）间运行的列车一般情况下可不赋予车次。

（3）调度命令

调度命令是行车调度员在行车工作中对有关行车人员发出的指示或指令，只能由值班行车调度员发布，分书面命令与口头指示，要求术语标准、简明扼要。

1）书面命令由命令号码（从 1 至 100 号循环使用）、受令处所、命令内容、命令时间、受令人姓名、复诵人姓名及发令人姓名（代号）等部分组成。书面命令必须指定人员进行复诵。

在行车组织工作中，遇下列情况时，行车调度员必须发布书面命令，车站行车值班员或信号楼值班员根据行车调度员要求转发给命令执行人：封锁 / 开通区间、封站 / 解除封站、变更行车闭塞法、控制权转换、区间疏导乘客，列车反方向运行、列车限速运行、列车在站通过、列车清人、列车救援、有关人员登乘司机室、开行调试列车 / 过轨列车，以及行车调度员认为有必要发布书面命令的其他情况。

2）口头指示采用应答制，如果行车调度员未做要求，受令人不必复诵命令内容，但必须回答“清楚”或“明白”；受令人在接收命令中如有遗漏或不清之处，应及时与发令行车调度员进行核对。如果调度命令需要以书面形式转交时，必须向命令所涉及的单位或人员及时转交调度命令。

知识窗

列车调度命令

列车调度命令应术语标准，简明扼要，符合城市轨道交通运营管理技术规程。现选取几个典型的调度命令内容作为示例。

1. 封锁区间

受令处所：×× 站至 ×× 站间各站，×× 站交 ××（施工单位）施工负责人

自接触网停电时起至 ×× 时止，将 ×× 站至 ×× 站 × 行区间及 ×× 站 × 行站线间线路封锁，准 ××（施工单位）施工人员进入封锁区间进行 ××（施工名称）施工。又自接触网停电时起至 ×× 时止，将 ×× 设备集中站（车站）至 ×× 设备集中站（车站）控制权下放车站办理。

2. 封锁车站

受令处所：×× 站

自即时起，将 ×× 站封闭。

3. 控制权转换

受令处所：×× 站至 ×× 站间各站

因 ×× 故障，自即时起将 ×× 站至 ×× 站设备集中站控制权下放车站办理。

4. 改按电话闭塞法行车

受令处所：×× 站至 ×× 站间各站

因 ×× 故障，自即时起 ×× 站（或段、场）至 ×× 站（或段、场）× 行停止使用原闭塞法，改按电话闭塞法办理行车。又自即时起将 ×× 至 ×× 设备集中站（车站）控制权下放车站办理。

（4）控制权转换

通常情况下，城市轨道交通系统由各自线路所属控制中心统一集中进行控制。在行车组织工作中，若遇下列情况之一，行车调度员应将控制权由中心控制转换到相关设备集中站进行控制：调度员工作站有关控制指令无法下达时，大屏显示器或调度员工作站失去复示作用或不能正确复示时，按电话闭塞法行车时，以及发生其他必须由车站办理的情况时。

2. 行车组织基本工作

行车组织基本工作主要包括以下内容：

（1）负责组织各车站及有关行车部门按列车运行计划行车，监督各车站及有关行车部门的执行情况，及时、正确地发布有关行车命令及指示。

（2）随时密切关注客流动态，协同有关部门根据客流变化采取相应行车组织方案。

（3）遇到列车严重晚点或突发事件时，及时采取措施，尽快恢复正常运营秩序，防止事故扩大化。必要时，按规定程序及时向上级主管部门汇报，并将有关情况通知相关车站，做好乘客宣传工作，实现对车站客流的有序组织。

（4）遇到列车运行调整时，正确指挥车站及有关行车部门完成相关工作，确保列车运行秩序正常。

（5）负责施工列车、调试列车等上线车辆的调度指挥工作，对夜间轨行区内的施工项目进行组织与管理，确保轨道交通施工安全。

（6）及时、准确填写运营生产、调度指挥等相关报表，并按规定向上级主管部门报告。

（7）做好与其他城市轨道交通运营正线间的联系工作。

（8）及时完成上级主管部门下达的各项工作任务。

知识窗

行车组织工作一日流程

不同城市的轨道交通运营企业，甚至是同一城市不同的轨道交通运营线路，其行车组织工作基本要求与一日流程也会略有不同。以某城市轨道交通运营企业为例，其行车组织工作一日流程如下：

1. 各项施工、维修作业应于首次出段 / 场列车出段前 60 min 结束，并完成注销工作。听取信号楼值班员当日运用车安排情况的汇报。行车调度员应在本线首次出段 / 场列车出段 / 场前 35 min 充分了解车站送电准备工作情况。当确认接触网具备送电条件时，向电力调度员及环控调度员要求接触网送电。因特殊情况全线不能按时送电或部分区段不能按时送电时，应及时查明原因，报告指挥中心调度处。当部分区段不能按时送电时，可先给具备送电条件的区段送电；当全线不能按时送电时，必须按指挥中心调度处指示办理。

2. 本线首次出段 / 场列车出段 / 场前 30 min，行车调度员应完成各种行车设备状态、功能的检查与试验工作，发现故障及时通知有关单位进行维修。行车调度员将当日所需工作图表准备齐全，如果发现下载图号与当日所需图号不符时，及时通知有关人员更正。

3. 运营开始后，原则上行车调度员应严格按列车运行图组织行车。发生突发事件时，行车调度员应及时向指挥中心调度处及相关领导汇报并积极、妥善地进行处置，确保安全、准确地完成运营生产任务。

4. 行车调度员应严格执行交接班制度，做好交接班工作。

5. 每日 16：30—18：00，行车调度员与施工负责人核对当日施工计划。

6. 在线运行的电动列车全部回段 / 场后，行车调度员应根据施工需要及时通知电力调度员及环控调度员接触网停电。如果有需要，可采取分段停电的办法，停电完毕，通知各站。遇夜间接触网不停电时，应通知车站。

7. 夜间，行车调度员必须严格按照计划安排各项施工，指挥施工列车运行。及时处理施工中发生的各种问题，必要时上报指挥中心调度处。

3. 行车组织调整原则与方法

（1）行车组织调整原则

1）当一个调度区段运行秩序紊乱时，行车调度员应及时将情况通报相关调度区段的行车调度员，如果需要配合，应一并提出配合要求，相关调度区段的行车调度员应采取措施积极配合。当运营秩序恢复时，行车调度员应及时通报。

2）当行车设备出现故障时，行车调度员或车站行车值班员必须及时通知有关单位或相关人员进行抢修。由于车辆故障，列车停于有存车能力的车站或折返线、停车线，在得知司机无法修复的报告后，行车调度员应及时通知相关维修人员赴现场进行抢修，待可以运行时，视当时运营情况组织其回段 / 场。

3）列车在运营线被迫停车，司机应迅速判断处理，并报告行车调度员；在段 / 场内准备发出的列车或已在小站台准备发车进入运营正线的列车被迫停车时，应报信号楼值班员。若司机未通报情况，行车调度员应设法与司机取得联系。行车调度员无法直接与司机取得联系时，可令相关车站行车值班员或信号楼值班员向列车司机了解情况后，报告行车调度员。

4）经确认因车辆故障，致使列车在站停车超过图定时间，造成晚点超过 3 min 时，行车调度员应发布列车清人的调度命令；列车在区间停车超过 6 min 时，行车调度员应发布列车救援的调度命令。

5）遇设备、车辆故障等突发情况造成运营线处于阻隔状态或列车运行缓慢时，行车调度员应根据线路特点调整列车运行方式，最大限度维持运营。

（2）行车组织调整方法

行车调度员应严格按照列车运行图指挥行车工作，在列车不能按照运行图运行而进行调整时，应考虑列车的安全运行，做到恢复正点运行与行车安全兼顾。行车调度员可采取的列车运行调整方法如下：

1）始发站提前或推迟发出客运列车。

2）加开或停运客运列车、备用列车替换、变更列车运行交路。

3）组织车站快速进行乘降作业，压缩列车的停站时间。

4）组织列车在站停车改为通过或通过列车改为在站停车。

5）组织列车在具备条件的中间站折返运行。

6）组织列车反方向运行。

7）扣停列车。

8）调整列车运行时间间隔。

行车调度员选择列车运行调整方法时，要依据列车运行的具体情况，实际运营组织工作中往往是多种方法相结合运用。

知识窗

列车故障处理流程

列车故障处理流程如图 8-8 所示。

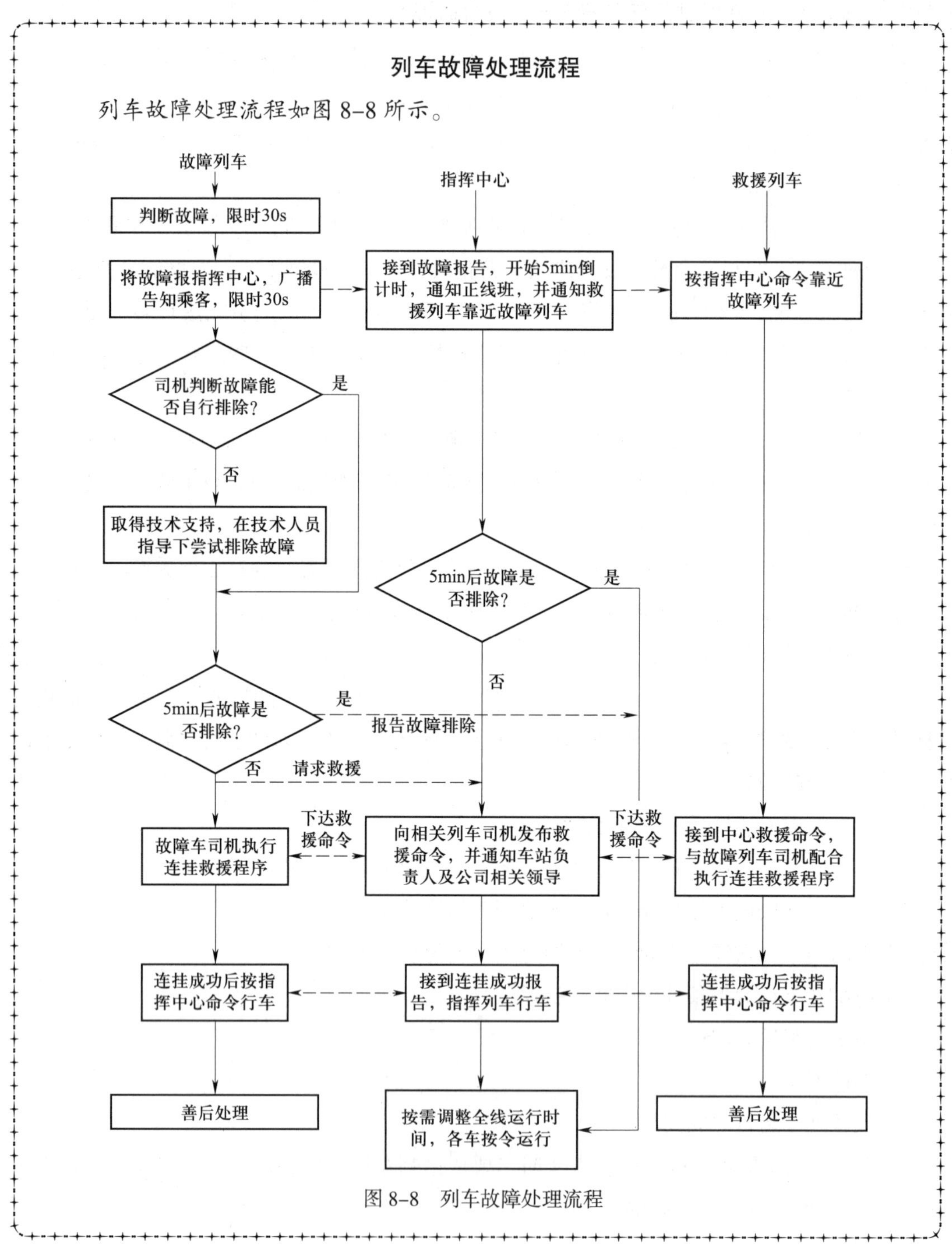

图 8-8　列车故障处理流程

第三节　城市轨道交通客运组织

城市轨道交通车站客运组织是客运服务工作的一个核心环节，是为乘客提供安全、快速、便捷、舒适服务的重要保障。城市轨道交通客运组织是通过合理布置客运有关设备、设施，并对客流采取有效的分流或引导措施来组织客流运送的过程。

一、车站客流特征

城市轨道交通客流与城市其他交通方式客流的时空分布特征基本一致，但由于城市轨道交通的运输能力、线路走向，以及车站的性质、规模、区位、列车运输计划的特点，又有其本身的特征。

1. 车站客流空间分布特征

城市轨道交通建设规模、线路布设形式与走向，以及首末车站所处区位，是影响其沿线客流分布的主要因素。根据不同类型城市轨道交通线路运营情况，可将客流空间分布特征分为均等型、两端萎缩型、中间突增型与逐渐缩小型四类。

（1）均等型

当城市轨道交通线路沿线用地已高密度开发或呈环线布设时，其各站上下车客流接近相等，沿线客流强度基本一致，不存在客流明显突变区段，这种客流空间分布特征称为均等型，其客流空间分布如图 8-9 所示。

（2）两端萎缩型

当线路的两端延伸至还没有完全开发的城市边缘地区或郊区时，线路两端区段的客流小于中间区段的客流，这种客流分布特征称为两端萎缩型，其客流空间分布如图 8-10 所示。

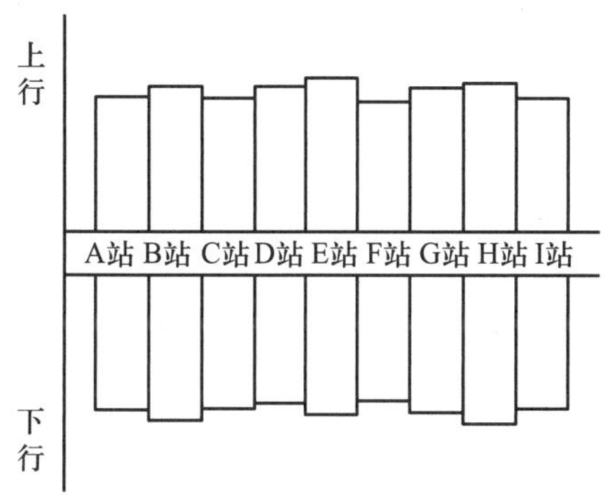

图 8-9　均等型客流空间分布

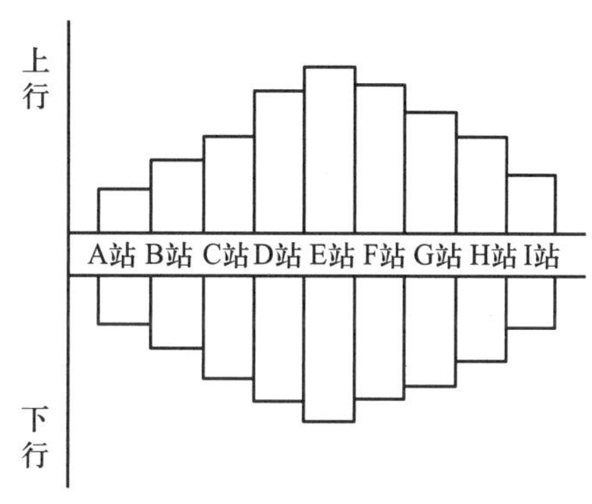

图 8-10　两端萎缩型客流空间分布

（3）中间突增型

当城市轨道交通线路途经大型对外交通枢纽、高密度开发地区或者车站对常规公交线路辐射范围广阔时，位于该区位车站的上下客流明显偏大，线路客流存在突变区段，这种客流分布称为中间突增型，其客流空间分布如图 8–11 所示。

（4）逐渐缩小型

当城市轨道交通线路一端始发车站位于大型对外交通枢纽或接近于城市中央商务区时，随线路向城市外部延伸，线路客流强度逐渐减小，这种客流分布称为逐渐缩小型，其客流空间分布如图 8–12 所示。

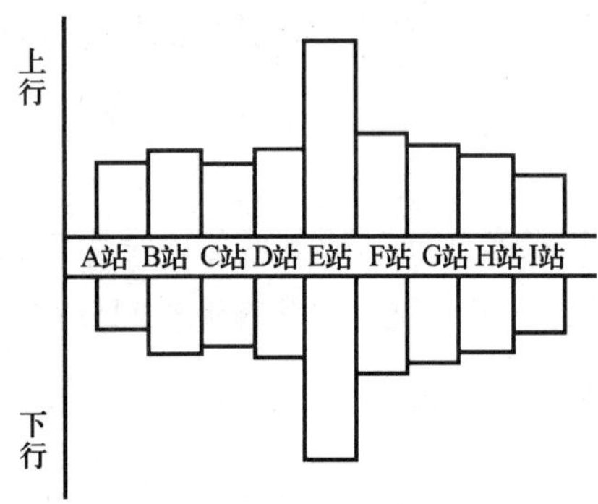

图 8–11　中间突增型客流空间分布

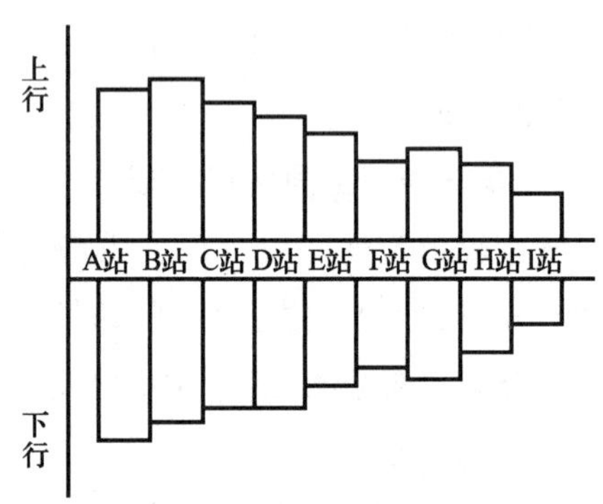

图 8–12　逐渐缩小型客流空间分布

2. 车站客流时间分布特征

城市轨道交通车站客流在全天中不同时间区段的分布是有所差异的。通过对不同城市轨道交通线路车站运营情况进行对比，车站客流时间分布可分为单向峰型、双向峰型、全峰型、突峰型和无峰型。

（1）单向峰型

车站所处的交通走廊具有明显的潮汐特征或车站周边地区用地功能性质单一时，车站客流分布集中，有早晚错开的进站客流高峰与出站客流高峰，这种客流分布称为单向峰型，其客流时间分布如图 8–13 所示。

（2）双向峰型

车站位于综合功能用地区位时，客流分布与其他交通方式的客流分布一致，有两个配对的早晚进出站客流高峰，这种客流分布称为双向峰型，其客流时间分布如图 8–14 所示。

（3）全峰型

城市轨道交通车站位于用地已高度开发的交通走廊或公共建筑与公用设施高度集中的城市中央商务区时，其客流分布无明显的低谷，双向进出站客流全天均相对较大，这种客流分布称为全峰型，其客流时间分布如图 8–15 所示。

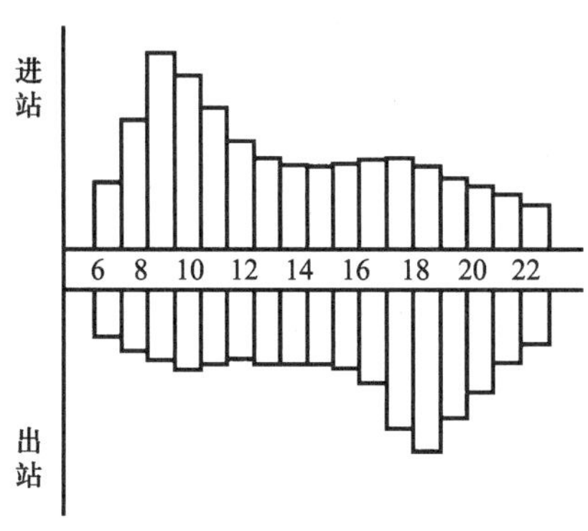

图 8–13　单向峰型客流时间分布

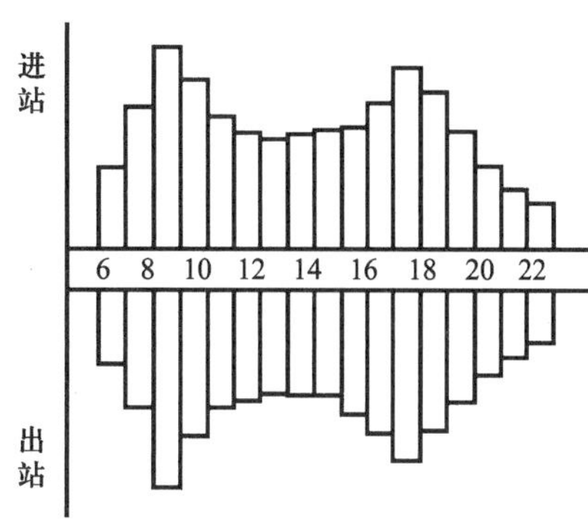

图 8–14　双向峰型客流时间分布

（4）突峰型

城市轨道交通车站位于大型体育场、影剧院等大型公用设施附近，体育赛事或文艺演出散场时，将出现短时间的突变进站客流高峰，而其他车站可能将出现一个突变的出站客流高峰，这种客流分布称为突峰型，其客流时间分布如图 8–16 所示。

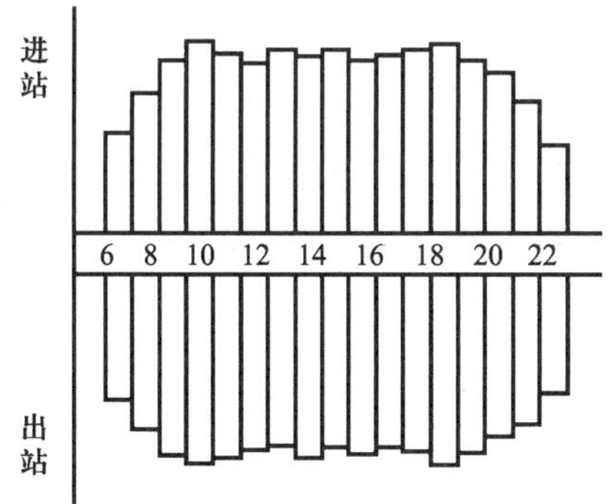

图 8–15　全峰型客流时间分布

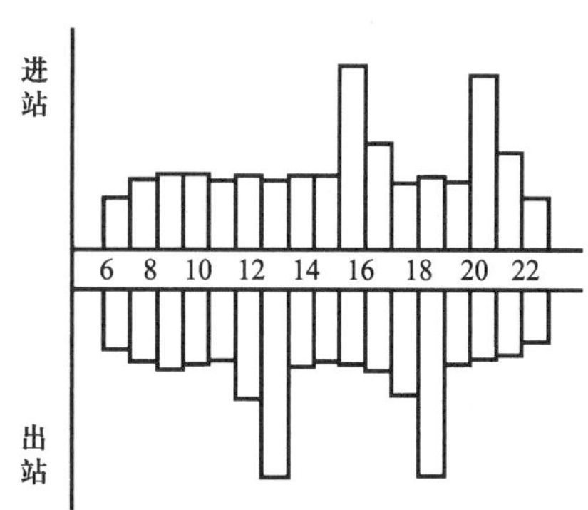

图 8–16　突峰型客流时间分布

（5）无峰型

当城市轨道交通线路运输能力较低或车站位于用地还未完全开发的地区时，车站客流无明显进出站高峰，双向客流全天均较小，这种客流分布称为无峰型，其客流时间分布如图 8–17 所示。

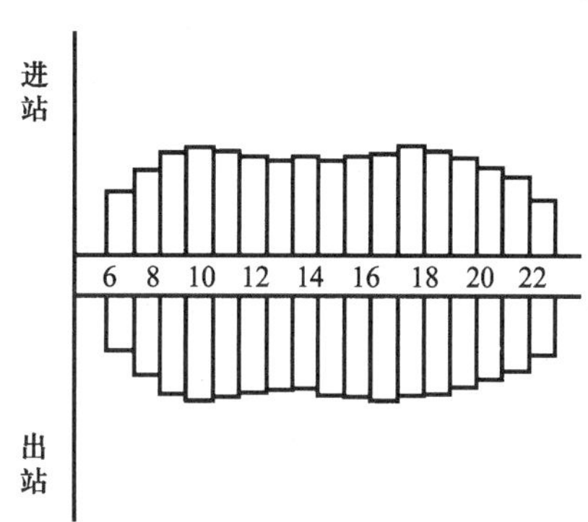

图 8–17　无峰型客流时间分布

二、车站客运组织

车站是城市轨道交通客流的集散地，其客运组织主要包括车站内售检票设备位置设置、车站导向标志设置、车站自动扶梯设置、隔离栏杆等设施的设置，以及车站广播导向、售检票设备配置数量、服务人员配置、应急措施等。

1. 客运组织原则

不论是地下站、地面站还是高架站，城市轨道交通车站进站乘客的基本流线为出入口→购票→检票→通过楼梯 / 扶梯进入站台→乘车，出站的基本流线正好相反，乘客进出站流程如图 8-18 所示。因此，城市轨道交通车站的客运组织应重点把握购票、进出闸与乘车三个环节。

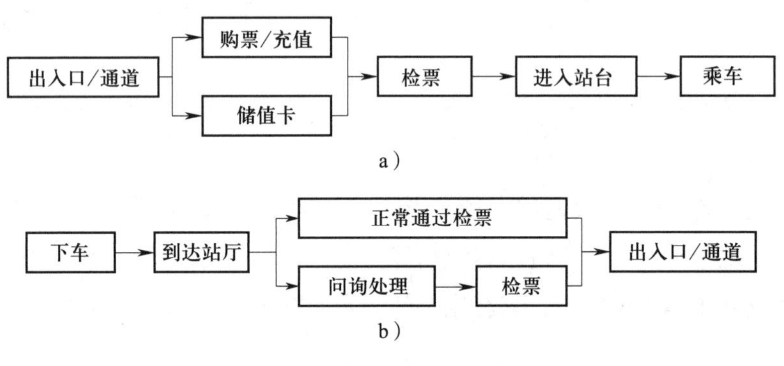

图 8-18　乘客进出站流程

a）乘客进站流程　b）乘客出站流程

根据城市轨道交通客运工作的特点，客运组织应以保证客流运送安全、确保客流运送过程流畅、减少乘客出行时间、避免拥挤、发生大客流时及时疏散为目的。因此，客运组织工作应注重考虑以下原则：

（1）合理安排车站售检票设备、出入口、楼梯位置，进出站乘客动线应简单、明确，尽量减少乘客交叉、对流。

（2）保证乘客换乘其他交通工具时衔接顺利。

（3）完善引导系统，满足快速分流、减少客流聚集与拥挤现象。

（4）满足换乘客流方便、安全、舒适等一些基本要求，如适宜的换乘步行距离、恶劣天气条件下的保护、为残障人士专门设计无障碍通道、良好的照明、开阔的视野，以及突发事件应急预案等。

2. 客运组织方法

（1）城市轨道交通车站内售检票设施位置应与出入口、楼梯保持一定距离，且一般情况下也不应设置于出入口或通道内，从而保证车站出入口与楼梯处的通畅。另外，还应保持售检票设施前通道宽敞，便于疏导售检票设施前客流，避免售检票时乘客排队拥挤，降低效率。

（2）城市轨道交通车站内售检票设施应根据出入口数量相对集中布设，以提高设备使用效率，降低设备使用不平衡程度，便于运营人员进行维护管理，同时也在一定程度上减少乘客进入车站后行走的距离，便于站内的客流组织。

（3）城市轨道交通车站空间相对有限，客流动线冲突降低了乘客行走的速度，同时也不利于车站的运营管理。因此，城市轨道交通车站应对进出站客流进行分流处理，进出车站检票位置应分开设置，确保乘客经过出入口与售检票设施的路线不冲突。

（4）城市轨道交通换乘站客流大且客流动线复杂，进行客流组织管理时，应结合车站实际情况采用合理、科学的换乘方式，总体原则为组织好换乘客流、缩短换乘路径、减少换乘客流与进出站客流的交叉和干扰。

3. 突发客流的组织与调整

城市轨道交通突发性大客流往往发生于节假日出行高峰期、举办重大文体活动、恶劣天气条件等情况下，突发性大客流具有持续时间短、客流冲击强、对车站客流组织压力大等特点。因此，城市轨道交通运营部门必须在保证安全的前提下，及时快速地疏散乘客，恢复正常运营秩序。

城市轨道交通突发客流的组织与调整主要措施包括：

（1）增加列车运能

根据大客流方向，在大客流发生时，利用就近的折返线、存车线调整列车运行方案，加开临时客运列车，增加线路运力，保证有效地疏散大客流。

（2）增加售检票能力

售检票能力是大客流疏散的主要瓶颈，车站设置售检票设施时应考虑提供大客流疏散通道，也可通过事先准备充足车票，在地面、通道、站厅增加设置临时售票点，以及增设临时检票位置等措施疏散大客流。

（3）采取临时疏导措施

在车站大客流组织中，利用临时疏导对客流方向进行限制是一项有效组织措施，主要包括出入口、站厅、站台与站厅楼梯（或扶梯），以及站台的疏导。疏导出入口与站厅时，主要根据临时售检票位置的设置来限制客流的方向，维持出入口、通道与站厅的秩序；疏导站台与站厅楼梯（或扶梯）以及站台时，主要是为了尽量保证客流均匀上下楼梯（或扶梯）和尽快上下列车，保证站台候车安全。主要疏导措施包括设置临时导向标识、设置警戒线或隔离栏杆、采用人工引导和利用站内广播宣传引导等。

（4）关闭出入口或采取进出分流

车站发生突发性大客流，为保证疏散客流的安全，在难以采用有效措施及时疏散客流时，可采取关闭出入口或限制乘客从某部分出入口进出的措施，以便于组织部分客流或延长大客流的疏散时间。

根据城市轨道交通运营管理经验，车站发生突发性大客流时，一般采取三级客流控制措施，见表 8–3。

表 8-3　　车站三级客流控制措施

等 级	管控目的	控制点
第一级	控制站台客流	站厅与站台的楼梯或自动扶梯处
第二级	控制付费区客流	进站检票闸机处
第三级	控制非付费区客流	车站各出入口处

4. 乘客服务系统

为将乘客从出发站运输到目的站，城市轨道交通系统应为乘客创造安全、便利、舒适、快捷的乘车与候车环境，在每一个环节为乘客提供优良的服务。除票务服务外，城市轨道交通乘客服务按内容不同，一般可分为导乘服务、问询服务、特殊服务与应急服务等。

（1）导乘服务

导乘服务主要是指通过车站的各类导向标志、导乘广播，或发布各类信息等，为乘客提供导向服务。例如，城市轨道交通车站各出入口应设立明显的导向标志，方便乘客识别并根据导向标志指示进站乘车，站外导向标志如图 8-19 所示，站内导向标志如图 8-20 所示。

图 8-19　站外导向标志

图 8-20　站内导向标志

（2）问询服务

城市轨道交通轨运营企业应加强与乘客之间的沟通，在互联网上开通官方网站，公布相关的行车信息、票务政策，开设乘客信箱、咨询投诉热线；车站应设置乘客服务中心，现场解答乘客疑问，处理乘客投诉。车站乘客服务中心如图 8-21 所示。

（3）特殊服务

城市轨道交通系统属于城市公共客运系统，应具有公益性质，应当承担社会公益责任。因此，面对老、幼、病、残、孕等特殊群体时，城市轨道交通运营企业应完善相关服务，制定相关政策及特定的服务措施，提高服务质量。广州地铁站设置的母婴室如图 8-22 所示。

图 8–21　车站乘客服务中心

图 8–22　广州地铁站母婴室

（4）应急服务

城市轨道交通系统还应提供协助寻人、寻物等应急服务。例如，发现走失儿童或失散人员时，应通过车站广播等方式帮助寻找或报警；发现乘客丢失物品应代为保管，并尽快寻找失主或交公安机关处理；发现乘客身体不适时，应利用配备的简易救护用品进行简单救治或拨打救援电话等。

第四节　城市轨道交通票务组织

票款收入是城市轨道交通运营收入的重要组成部分，因此，必须做好以确定票制、制定票价、售检票管理等相关内容为核心的票务组织管理工作。

一、票制与票价制定

1. 票制

（1）单一票价制

采用单一票价制时，不论乘客出行距离远近，全线发售的车票均为单一票价。单一票价制的优点是售票速度快、检票可实行单检制，即进站检票、出站不检票，有利于减少轨道交通车站检票人员；缺点是不利于吸引短程乘客。

（2）计程票价制

采用计程票价制时，按照乘客出行距离或区间数量发售不同票价的车票。计程票价制的优点是乘客出行费用负担比较合理，有利于吸引更多的客流；缺点是车票种类较多，车站售检票作业较为复杂。

（3）区段票价制

采用区段票价制时，将轨道交通线路分成若干区段，按在区段内乘车与跨区段乘车发售不同票价的车票。区段票价制兼有单一票价制与计程票价制的特点，尽可能使乘客出行费用负担合理。

（4）区域票价制

采用区域票价制时，将城市轨道交通线网划分为若干区域，按在区域内乘车与跨区域乘车发售不同票价的车票。另外，在区域内乘车又可以分为区域单一票价制与区域计程票价制两类。

2. 票价制定

城市轨道交通作为城市公共客运交通的骨干力量，带有公益性质，不能够单纯地追求盈利，其票价不仅仅取决于本身运营效益，还应考虑其他交通方式的票价水平、城市经济发展水平、居民生活水平、物价政策、企业交通补贴费用，以及乘客承受力等多种因素的影响。因此，城市轨道交通票价需经过政府有关部门综合研究后才能确定。

知识窗

城市轨道交通系统票价体系

目前，我国城市轨道交通系统票价体系大体可分为两类，分别为按里程计价与按区间计价。

大部分城市的轨道交通系统实行按里程计价，且多数起步价为 2 元，其中南京起步价可乘 10 km，武汉可乘 9 km，合肥可乘 8 km，长春可乘 7 km，大连、石家庄、苏州、南昌、南宁、长沙、郑州、西安、重庆等城市可乘 6 km，青岛、无锡、福州等城市可乘 5 km，杭州、厦门、广州、深圳、佛山、宁波、东莞、昆明、成都等城市可乘 4 km。

北京地铁起步价 3 元可乘坐 6 km 以内（含 6 km），4 元可乘坐 6 ~ 12 km（含 12 km），5 元可乘坐 12 ~ 22 km（含 22 km），6 元可乘坐 22 ~ 32 km（含 32 km），32 km 以上部分每增加 1 元可乘坐 20 km。

另外，沈阳、哈尔滨、天津等城市的轨道交通系统实行按区间计价。例如，天津地铁起步价 2 元可乘坐 5 站以内（含 5 站），3 元可乘坐 5 站以上 10 站以下（含 10 站），4 元可乘坐 10 站以上 16 站以下（含 16 站），5 元可乘坐 16 站以上。

3. 车票种类

根据发售形式与使用特点不同，车票通常可分为单程票、储值票、纪念票、应急票、多程票、员工票等几大种类。

（1）单程票

单程票如图 8–23 所示，为日常使用，车票有面值，限当日、当站使用，在下车站由出

站检票机自动收回。

（2）储值票

储值票为日常使用，车票有面值，乘客一次购票、多次使用，并有尾程优惠，可设定使用有效期，使用完毕可回收。

（3）纪念票

纪念票如图 8–24 所示，是为纪念政治、经济、文化等重大事件或题材而限量发售的城市轨道交通车票，兼有乘车与收藏功能。纪念票有面值并有尾程优惠，可设定使用有效期，使用完毕一般不回收。

图 8–23　单程票

图 8–24　纪念票

（4）应急票

应急票是在城市轨道交通突发大客流时所使用的车票，类似于单程票，由车站人工发售，使用有效期与使用车站可设定，一般情况为当日、当站使用，使用完毕后进行回收。

（5）多程票

多程票可设定使用有效期与使用次数，在规定有效期内，每日乘车次数不能超过规定次数，使用完毕后可回收。

（6）员工票

员工票是指城市轨道交通运营企业内部员工进出车站的通行证件。

二、自动售检票系统

自动售检票系统又称 AFC 系统，能够自动、快速地完成客票的发售与认证识别。设在车站各入口、出口处的电子检票设备可对电子车票快速完成识别及相应操作，并利用闸机控制客流通过。各入、出口处检票设备可将客流信息实时传输到车站计算机系统，并可实时通过城市轨道交通计算机网络系统传至中央计算机系统，供客运管理部门随时查询，从而实现城市轨道交通系统客流信息的实时采集。同时，利用计算机网络系统，结算中心还可以实时掌握客票发售情况并进行统计汇总。

自动售检票系统由中央计算机系统、车站计算机系统、自动售票机、半自动售票机、自动检票机、票卡和编码分拣机等组成，如 8–25 所示。

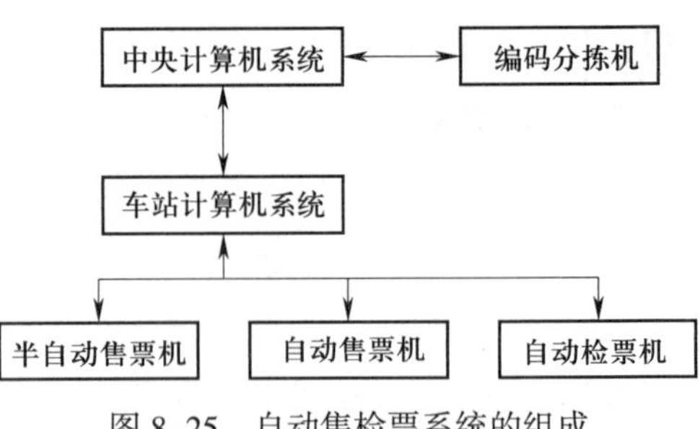

图 8–25　自动售检票系统的组成

1. 中央计算机系统

中央计算机系统是自动售检票系统的控制、管理中心，负责设置收费标准，实时监视所有车站售检票设备的状态及维护信息，收集并保存乘客账户信息、售票信息、扣款信息等自动售检票系统的重要数据。中央计算机系统包括票务中心服务器、工作站与主干网络系统。

2. 车站计算机系统

车站计算机系统是指一个车站内，由各种车站售检票设备作为终端所组成的计算机网络系统，具体职责如下：实时监控、调整车站售检票设备；收集、处理、审查车站售检票的交易数据，统计客流量，提出信息管理报告，并送往票务中心计算机；接受票务中心计算机下载的收费标准，挂失储值票号码等，并将其数据送往车站的各个售检票设备。车站计算机系统是车站终端设备与票务中心的枢纽，既负责管理与监管本站的设备，又负责终端与中央计算机系统之间的信息传递。

3. 车站售检票设备

车站售检票设备是直接面对乘客的票务设备，主要包括自动售票机、半自动售票机、自动检票机、自动验票机与自动加值机等。

（1）自动售票机

自动售票机用于自助购票，能够识别指定的硬币与纸币并退回无法识别的钱币，可以找零，如图 8–26 所示。票盒无票或钱箱已满时，自动售票机能够提示相关信息，设备的状态信息与运营数据自动传输到车站计算机系统。

图 8–26　自动售票机

（2）半自动售票机

半自动售票机用于辅助站务员处理各种售票及查询业务，如发售车票、车票充值、挂失，以及退票、验票、补票等，设备的状态信息与运营数据能够自动传输到车站计算机系统。

（3）自动检票机

根据用途不同，车站自动检票机可分为单向检票机与双向检票机，其中单向检票机可分为进站检票机与出站检票机，自动检票机如图 8–27 所示。

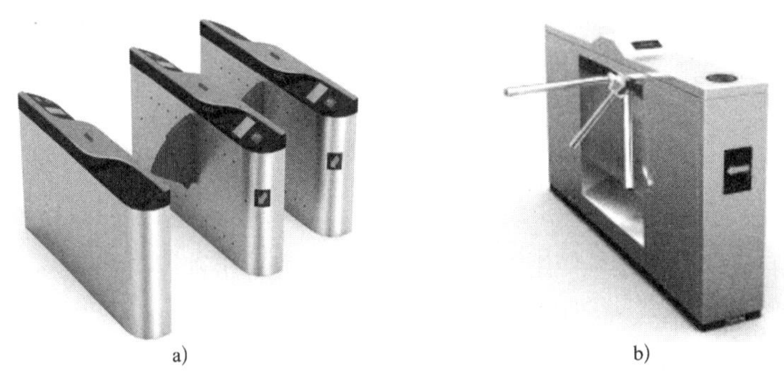

a)　　b)

图 8–27　自动检票机

a）门式检票机　b）三杆式检票机

在入口处，进站检票机自动检查车票的合法性；在出口处，出站检票机在自动检查车票合法性后，对储值票进行扣除乘车费用操作，对单程票进行自动回收。

（4）自动验票机

自动验票机用于乘客自助查询车票的相关信息，包括车票种类、编号、金额、有效期，以及近期若干次乘车记录等。

（5）自动加值机

自动加值机用于乘客自助式对储值票进行充值，用现金充值时能识别伪币，可以找零，具有分析车票与自动显示余额的功能。设备的状态信息与运营数据自动传输到车站计算机系统。

4. 票卡

目前，城市轨道交通所使用的票卡主要有磁卡与非接触式 IC 卡两类。一般情况下，磁卡适用于单程票、多程票与纪念票等票种，磁卡式车票如图 8–28a 所示；非接触式 IC 卡适用于储值票与员工票等票种。

城市轨道交通车票除了磁卡与非接触式 IC 卡外，还可采用筹码（TOKEN）作为媒介。筹码采购成本较低，使用次数可达 1 000 次，并且其回收机械简单、可靠，由于分拣直接在检票机上进行，车票可在站内循环使用。天津轨道交通、南京地铁、厦门地铁均采用筹码型单程票。筹码型车票如图 8–28b 所示。

a)

b)

图 8–28　城市轨道交通票卡

a）磁卡式车票　b）筹码型车票

5. 编码分拣机

新车票在进入自动售检票系统使用前，必须经由编码分拣机进行初始编码（固定数据编制）。每张车票均只有唯一的一个系列编码，此编码将在该车票的使用期内由系统进行识别或跟踪。

车票的编码过程是在中央计算机系统控制下进行的，编码分拣机的操作由工作人员通过控制计算机进行监控并与中央计算机进行通信完成。

三、车票流程与票款流程

车票是城市轨道交通票务系统的流通媒介，票款则是城市轨道交通运营收入的重要组成部分。因此，城市轨道交通日常票务管理工作主要包括车票管理与票款管理，客运人员应掌握车票与票款的流动过程，做好相关管理工作。

1. 车票流程

城市轨道交通车票需在制票中心进行编码、赋值等初始化处理后配送至各个车站，通过自动售票机或半自动售票机发售给乘客。

乘客持车票进入付费区时，自动检票机将对有效车票给予放行，进站时写入进站有关信息，出站时扣除乘客出行费用（储值卡）或回收车票（单程票）。

若遇到出站检票机拒收车票、禁止通行的情况，一般为单程票超程、超时使用或票卡读错等原因，此时乘客需到乘客服务中心请工作人员对车票进行分析处理。

出站检票机回收的单程票可在车站重新发售、循环使用，而储值票则应送交制票中心重新编码后方可配送至车站发售。

城市轨道交通车票流程如图 8–29 所示。

2. 票款流程

城市轨道交通票款来自自动售票机或半自动售票机的车票发售收入，以及乘客购买各种车票所支付的现金。

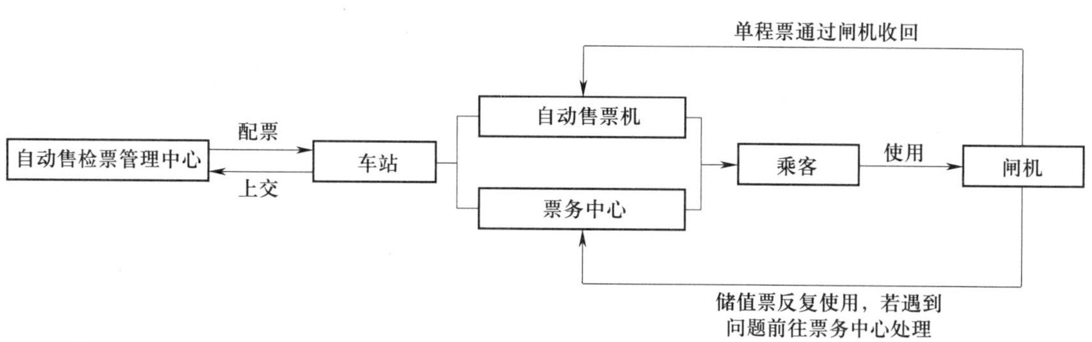

图 8-29　城市轨道交通车票流程

票款由专人定期收取，并根据车站计算机或自动售票机的打印清单进行清点核对后将票款解缴银行，银行出具解款回单，车站将票款现金日报表、银行解款回单交给票务管理部门，票务管理部门将各站的票款现金日报表、银行解款回单汇总后交给财务部门入账。

城市轨道交通票款流程如图 8-30 所示。

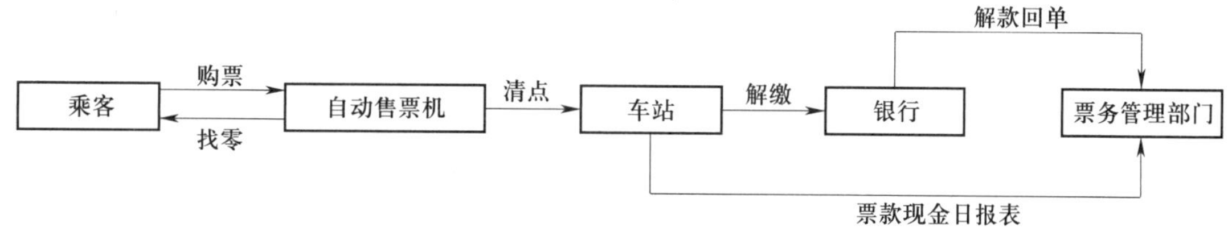

图 8-30　城市轨道交通票款流程

第五节　城市轨道交通网络化运营

随着城市区域的不断扩大与城市经济的持续发展，单一独立而未成体系的城市轨道交通线路已不能适应居民出行的需求，只有能在各线路间互通互换、基本覆盖城市主要区域的轨道交通运营网络，才能够提供更为优质的客运服务，有效解决城市居民出行问题。另外，城市轨道交通车站客流组织设计、安全运营应急措施制定等内容也应根据网络化运营的特点进行早期规划，才能使城市轨道交通运营网络真正发挥作用。

一、城市轨道交通网络化条件

城市轨道交通运营形成网络化必须满足两个条件：

1. 线路数量条件

城市轨道交通运营网络形成的前提条件之一是城市区域内至少有三条以上已开通并各自独立运行的轨道交通线路。

2. 换乘条件

城市轨道交通运营网络形成的另一前提条件是城市区域内各独立运行线路都至少有一个以上与其他线路相连通的换乘车站。

二、城市轨道交通网络化运营要求

1. 对换乘客流组织的要求

城市轨道交通网络化运营后出现的最大变化之一是客运量迅速增加。运营网络化后客运量的增加并不仅仅是各线路客运量的简单叠加，而是因为轨道交通网络运营覆盖面扩大、网络线路间换乘便利性提升后，使得原来不选择轨道交通出行的乘客选择轨道交通方式出行，增加了新的换乘客流。而且，随着轨道交通网络的发展与完善，换乘客运量越来越大，增长速率会越来越快。因此，换乘客流的组织、管理与服务将是城市轨道交通网络化运营后的新课题。

与非换乘客流相比，换乘客流具有“双向流动”与“潮汐式”的动态特征。针对换乘客流特征，在单线运营管理的基础上，换乘客流的组织应围绕“换乘方便、路径合理、信息明确”的服务目标展开。

（1）合理设置换乘区域

在两条轨道交通线路间的换乘客流中，一部分乘客“由此至彼”，而另一部分乘客则是“由彼至此”，因此换乘客流的流动必然是双向的，为实现客流在换乘区域有序、快捷、方便地移动，在客流组织上就必须使各方向换乘客流各行其道，避免不同方向移动的客流发生正面或侧面冲突。应根据换乘车站地理环境、乘客行走习惯、乘客心理等因素，对换乘客流进行综合规划，科学设计乘客移动路径。

（2）加强换乘客流组织

由于城市功能区域分布的不均衡性，双向换乘客流会存在客流量大小的不均等分布，并随着早晚高峰时段的到来形成潮汐式客流特征，进行客流组织时，应根据实际需求有针对性地进行规划与管理。

2. 对客运服务的要求

对于换乘客流来说，客运服务人员应围绕“换乘便捷、路径合理、信息明确”原则开展相关组织管理工作，提升客运服务水平。

（1）换乘便捷优化

换乘便捷一般包括换乘方便性与换乘快捷性。在换乘方便性方面，应保证乘客在换乘过程中尽可能少地执行换乘必需动作，如错层换乘模式下换乘客流在不同层次间的移动等，换乘必需动作越少，乘客换乘方便性越好。在换乘快捷性方面，应充分考虑实际换乘客流需求，合理调整换乘方式、换乘场地、换乘区域面积大小等，保证客流在换乘过程中耗时少、

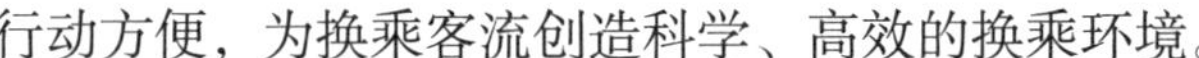

行动方便，为换乘客流创造科学、高效的换乘环境。

（2）合理规划路径

换乘路径的规划一般受到各轨道交通线路站台的位置约束，换乘方式一般包括同站台换乘、站厅换乘、通道换乘与站外换乘等，最合理、最理想的换乘应当是尽量减少乘客的行走距离。因此，在运营管理过程中应根据车站实际结构与换乘客流特征，合理规划换乘路径，缩短换乘距离，避免交叉冲突，继而提高客运服务质量。

（3）明确换乘信息

由于城市轨道交通换乘车站具有内部结构复杂、客流量巨大等特点，易导致车站换乘秩序混乱的情况。因此，换乘车站应设置明确的换乘导向标志牌，张贴醒目的换乘信息标志并利用广播引导乘客进行换乘，使乘客在换乘过程中能够快速、准确地获得有效的换乘信息，辅助乘客方便快捷地完成各线路间的换乘活动。

3. 对清算业务的要求

票款是城市轨道交通运营企业的重要收入之一。因此，城市轨道交通网络化运营对客流统计与票款清算工作均提出了新的任务。

（1）网络化运营票制

交通运输行业的票制多种多样，每种票制均具有各自的适用性。目前，城市轨道交通系统通常采用累进票价制，即是按照乘客的出行距离或区间数计费，车资递增，因此也可称为阶梯票价制。城市轨道交通网络化运营对于票务管理也提出了一系列新的工作任务。例如，设计复杂庞大的轨道交通网络票价表，使得乘客方便准确地获得所需的票务信息，科学合理地制定票价、统计各运营线路的客运量与票款清算等。

（2）客运量分线统计

城市轨道交通客流既是各线路的服务对象，也是各线路衡量绩效指标与安排生产计划的基础依据。因此，客流数据的采集与准确性将直接关系到网络运营的质量。在轨道交通网络中，所有车站都会被赋予唯一的、代表所属线路的车站代码，自动检票系统对乘客的车票进行写读“标注”，继而精确计算出乘客在轨道交通网络中的乘车路径，并归入各线路的客流总量中，得出各运营线路的客流分布情况。另外，自动售检票系统还具有时间记录功能，能够对不同时段的进出站客流、换乘客流等数据进行统计，从而使行车运营管理人员有针对性地采取有关措施，合理安排运能，提高运营效率。

（3）换乘计费原则

越是成熟的城市轨道交通网络，可供乘客选择的换乘路径就越多。城市轨道交通自动售检票系统能够记录乘客进、出的车站与时间，但无法跟踪乘客的换乘车站，难以判断乘客的换乘路径。因此，自动售检票系统采用最短距离算法，即无论乘客出行经过几次换乘，以何种路径到达目的地车站，一律按照出发站与终到站间的最短距离进行计价。

4. 对应急处置的要求

城市轨道交通网络化运营覆盖面广、客运量大，一旦发生突发事件，将给群众出行带来不便，甚至可能导致城市公共交通紊乱。为尽可能降低网络化运营中突发事件的影响程度，城市轨道交通系统必须制定网络化运营应急处置预案，保障轨道交通运营秩序。

（1）避免突发事件影响扩大化

当轨道交通网络中发生突发事件时，应准确迅速处置，与邻线沟通协调，及时采取行车调整、限制换乘等措施，避免突发事件影响扩大化。

（2）客流应急组织管理

当换乘车站发生突发事件时，换乘车站应及时对站内客流进行限流和疏散。当其他车站发生突发事件，影响换乘车站正常运营秩序时，换乘车站应根据影响范围采取相应措施。其中，通往故障车站方向的客流应适当限流甚至禁流；本站到达客流应及时疏散；不途经故障车站的客流，在满足网络运营要求的前提下，按正常客流进行组织管理。

（3）及时发布应急信息

当发生突发事件时，为使乘客配合工作，车站应根据应急处置预案，利用车站广播、车站乘客信息系统、临时导向标志、临时公告等手段，及时准确地向乘客发布应急信息。

思考与练习

1. 简述城市轨道交通运营组织机构设置。
2. 城市轨道交通列车运行图有哪些基本要素？
3. 简述城市轨道交通行车组织调整的基本方法。
4. 城市轨道交通车站突发客流的组织与调整有哪些方法？
5. 简述城市轨道交通自动售检票系统的基本组成。
6. 简述城市轨道交通网络化运营应具备的条件。

第九章　城市轨道交通安全

学习目标：

- ◆ 掌握城市轨道交通安全相关基本概念。
- ◆ 掌握城市轨道交通风险分析要点。
- ◆ 熟悉城市轨道交通系统危险源和系统事故分类。
- ◆ 了解城市轨道交通安全管理与控制。

随着国民经济的持续发展，城市化水平不断提高，我国城市轨道交通运营里程不断快速增长，确保城市轨道交通系统日常的安全运营极其重要，将直接关系到广大乘客及公共财产的安全。因此，城市轨道交通安全问题已成为社会安全极其重要的构成部分，引起了社会各界的广泛关注。

第一节　城市轨道交通安全基础知识

安全是人们在日常生产生活过程中必须坚持的底线，城市轨道交通系统也不例外。人们根据实际经验积累，并运用相关科学研究成果，建立了系统安全学科。该学科应用系统理论观点、方法研究事故过程，分析事故致因和机理，并探讨事故预防和控制策略、事故中的援救措施等内容。

一、安全学科基础理论

1. 安全基本概念

（1）安全

安全可分为两类，即绝对安全和相对安全。绝对安全观认为，安全指没有危险、不受威胁、不出事故，即消除能导致人员发生伤害、疾病、死亡或造成设备财产破坏、损失及危害环境的条件。绝对安全在现实生产系统中是不存在的，是一种极端理想的状态。与绝对安全观相对应的就是相对安全观。相对安全观认为，安全是相对的，绝对安全是不存在的。

（2）危险

危险作为安全的对立面，可以定义为：在生产活动过程中，人或物遭受损失的可能性超出了可接受水平的一种状态。危险与安全一样，都是与生产过程共存的过程，是一种连续的过程状态。危险包含了尚未为人所认知的，以及为人认知但尚未被控制的各种隐患。

（3）风险

风险是描述系统危险程度的客观量，是一个系统内有害事件或非正常事件出现可能性的度量，可把其定义为发生一次事故的后果大小与该事故出现概率的乘积，即具有概率和后果的二重性。

（4）安全性

安全性为衡量系统安全程度的客观量。与安全性相对立的概念是描述系统危险程度的指标——风险，又称危险性。

（5）可靠性

可靠性指系统或元件在规定条件、规定时间内完成规定功能的能力。

（6）事故

事故指在生产活动过程中，由于人们受到科学知识和技术力量的限制，或由于认知上的局限，当前还不能防止，或能防止但未有效控制而导致发生的违背人们意愿的事件序列。其发生可能迫使系统暂时或较长期地中断运行，也可能造成人员伤亡、财产损失或环境破坏，或其中二者或三者同时出现。

（7）隐患

隐患指在生产活动过程中，由于人们受到科学知识和技术力量的限制，或由于认知上的局限，而未能有效控制的有可能引起事故的某些行为或某种状态或二者的结合。隐患是事故发生的必要条件，隐患一旦被识别，就要予以消除或采取措施降低其危险性，减少其被触发的概率。

2. 安全的基本特性

安全是伴随着生产活动过程而存在的，对于所有的生产系统都具有普遍的意义。安全的基本特征主要表现在以下几点：

（1）安全的系统性

安全涉及生产系统的各个方面，包括人员、设备、环境等因素，而这些因素又涉及经济、政治、科技、教育和管理等许多方面。特别是对于城市轨道交通这类开放系统，安全既受到内部因素制约，也受到系统外部因素干扰。安全的恶化状态，甚至事故的发生，不仅可能造成系统内部的损害，而且可能对系统外部环境形成一定影响。因此，研究与解决安全问题应从系统角度着手，利用系统工程手段，进行综合改进。

（2）安全的相对性

在生活中，人们所参与的一切生产活动过程均有安全问题，只是发生事故的可能性有所不同，危害程度不同而已。安全的相对性主要体现在三个方面：一是绝对安全状态是不存在的，系统的安全是相对于危险而言的；二是安全标准是相对于人的认知和社会经济承受能力而言的，不能抛开社会环境单独谈论安全问题；三是人的认知是不断发展的，对于安全机理与运行机制的认知也在不断进步，即安全对于人的认知而言是具有相对性的。

（3）安全的依附性

安全是依附于生产生活活动而存在的，不可能脱离具体的生产生活活动过程而独立存在，只要存在生产生活活动，就会出现安全问题。另外，安全是生产生活的前提与保障，做好安全工作，是生产顺利进行的基础。因此，日常的生产生活中必须长久抓好安全工作。

（4）安全的间接效益性

在日常生产生活中，往往发生事故后造成损害，人们才会意识到安全投入的必要性和重要性。要保证生产生活安全，必须在人员、设备、环境和管理方面有相应适时的安全投入，但安全投入所产生的经济和社会效益却是间接的、无形的，难以定量计算。安全的效益不仅仅是减少造成的直接或间接损失，更重要的是在提高人员素质、改进设备性能、改善环境质量和加强生产管理等方面所创造的经济效益与社会效益。

（5）安全的长期性和艰巨性

人们对安全的认知往往是滞后的，很难预先完全认识到系统存在或面临的各类危险，有时候虽然意识到危险，但受到现阶段技术条件的约束而无法予以控制。随着科学技术的进步与发展，会有新的安全问题不断出现。因此，安全工作是一项长期的过程，必须坚持不懈、始终如一地努力才行。

二、城市轨道交通的安全

在大城市、特大城市中，城市轨道交通系统作为城市公共交通系统的骨干，每日承担着数百万乘客的运输任务。因此，城市轨道交通系统的安全直接关系到乘客的生命与财产安全，甚至影响城市社会经济与民生。城市轨道交通安全一般可划分为两类，即公共安全与运营安全。

1. 城市轨道交通公共安全

每个人都是现代社会的成员之一，若发生社会公共安全问题，会直接影响每个人的切身利益。同时，社会公共安全问题所造成的损害与影响甚至会不断持续，并引起相关领域的一系列反应。

社会公共安全危机一般包括危害公共安全的事件和危害公共安全的行为。危害公共安全的事件主要包括自然灾害、安全生产事故、战争冲突、恐怖袭击等突发性事件；危害公共安全的行为是指行为人故意或过失地实施危害不特定多数人的生命、财产、健康或社会公共财产安全的行为。

城市轨道交通系统也面临着公共安全问题。同社会公共安全问题一样，城市轨道交通公共安全事件一般可分为安全生产事故、人为灾祸、治安事件、自然灾害等类别。根据世界各国的城市轨道交通运营经验，城市轨道交通公共安全的主要威胁如下：

（1）恐怖袭击

城市轨道交通系统具有运量大、空间密闭等特点，易遭受恐怖暴力袭击的威胁。近年来，全球多个城市的轨道交通系统发生恐怖袭击事件，造成了不同程度的人员伤亡和财产损失。例如，2017 年 4 月 3 日俄罗斯圣彼得堡地铁发生恐怖袭击事件，爆炸造成至少 10 人死亡，50 人受伤；2017 年 9 月 15 日英国伦敦地铁区域线一列车车厢发生爆炸，造成 20 多人受伤，并引起严重恐慌，甚至导致踩踏事件。

（2）火灾

城市轨道交通地下线路建筑结构与环境特点决定其发生火灾所造成的损失和伤亡程度最为严重。地铁火灾起因一般可分为人为因素与设备故障因素两大类。例如，2003 年 2 月 18 日韩国大邱地铁发生人为纵火事件，造成百余人死伤。

（3）突发性大客流

由于城市重大节日活动等因素影响，城市轨道交通系统客流量可能瞬间剧增，大量乘客的聚集涌入可能导致群体性伤亡事件的发生。当轨道交通运能与运量之间的矛盾急剧扩大，突发性大客流车站极易形成堵点，从而导致“线瘫”，甚至蔓延到整个轨道交通网络，造成运营秩序混乱，当遇到不可控因素时极易诱发安全事件。

（4）阻碍运营事件

运营故障、乘客滞留或其他群体性行为都可能产生阻碍城市轨道交通系统运营的突发事件，甚至有行为人因各类原因进入轨行区，造成列车被迫停运的事件。

（5）自然灾害和其他意外因素的侵害

自然灾害和其他意外因素也会对城市轨道交通系统的公共安全构成威胁。例如，高架线路、地面线路易遭受台风影响，倒伏树木、电线杆等异物会损害接触网系统。地面线路因台风中断运营如图 9-1 所示。地下线路易遭受暴雨积水侵入，可能威胁其安全运行。

图 9-1　地面线路因台风中断运营

2. 城市轨道交通运营安全

安全生产是指在符合物质条件与工作秩序前提下进行的生产过程中，防止发生人身伤亡与财产损失等生产事故，消除或控制危险、有害因素，保障人身安全与健康，使设备与设施免受损坏、环境免遭破坏的总称。

由此看来，城市轨道交通运营安全是城市轨道交通运营过程中最为重要、最核心的部分。对于城市轨道交通运营本身而言，运营安全不仅仅是生产的基本要求，也是轨道交通运营企业产品质量的第一个重要特征。在运营过程中发生的人员伤亡、设备破损等任何事故，都必然在造成生命财产损失的同时，降低轨道交通运营企业在公众中的声誉。

（1）从业人员行为不当

从业人员行为不当是导致事故发生的主要原因之一。例如，1995 年 6 月 5 日，纽约地铁威廉斯堡大桥通往布鲁克林区方向 J2-125 信号机以南约 5 m 处，一列南行 J 线地铁列车与停在红色信号机处的 M 线地铁列车尾部相撞，造成 1 人死亡，69 人受伤。经调查，地铁列车驾驶员在列车开往威廉斯堡大桥时出现疲劳现象，发现前方停车信号指示时已来不及采取紧急制动措施，最终导致 J 线列车与 M 线列车发生追尾。

（2）设备设施存在隐患

性能良好的设备设施是城市轨道交通系统安全运行的基础，设备的不安全状态可能直接或间接导致运营安全事故的发生。例如，2009 年 6 月 22 日，华盛顿东北部一南行地铁 214 次列车停于红线托腾堡地铁站附近等待进站命令，同向 112 次列车从尾部撞向 214 次列车，造成 9 人死亡，52 人受伤。经调查，此次事故的主要原因是轨道电路模块及自动控制装置等信号系统设备存在故障，使得 112 次列车未能检测到停驶的 214 次列车，最终导致两车追尾相撞。

为保证城市轨道交通系统运营安全，应通过有效措施进行管理与控制：建立、健全城市轨道交通法规体系及安全管理体系；做好城市轨道交通公共区域的安全保卫工作；做好城市轨道交通重点单位、重点部位的安全防范工作；健全和落实确保城市轨道交通安全运营的各项技术措施；制定应对城市轨道交通突发事件的应急预案并组织实地演练。

第二节　城市轨道交通风险分析

城市轨道交通是一个复杂而庞大的系统工程，系统内潜在各种风险。而城市轨道交通风险管理就是将系统内部由风险可能造成的不良影响降至最低的管理过程。因此，风险管理对城市轨道交通系统而言极其重要，良好的风险分析与管理有助于降低风险，避免损失。

一、风险理论

1. 风险概念

（1）风险与危险的区别

危险只是意味着一种坏兆头的存在，而风险则不仅意味着这种坏兆头的存在，还意味着有发生这个坏兆头的渠道与可能性。因此，危险是事物客观属性，是风险的一种提前表征。

（2）风险是一种不确定性

不确定性是某一事件的预期结果与实际结果间的变动，风险是不确定性的一种。由于不确定性因素的影响，对于一个特定的事件或活动，人们不能确知最终会产生什么样的结果，或者能够事先辨识各种可能结果，但仍然难以确定或估计它们发生的概率。不确定性存在的主要原因是人们对未来活动或事件信息的掌握不全面，无法对结果进行准确预计。

（3）风险是可以度量的

不确定性的可能结果是多样的，难以度量，而风险是可以度量的。个别风险事件是难以预测的，但可以通过其发生的概率进行分析，评估其发生的影响，同时利用分析预测的结果为人们的决策服务，从而预防风险事件发生，减少风险发生造成的损失。

2. 风险管理流程

风险管理流程一般包括风险识别、风险分析与评估、风险控制和风险监控，如图 9-2 所示。

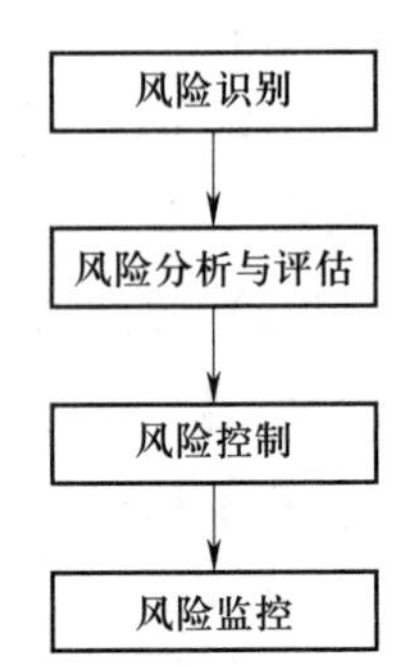

图 9-2　风险管理流程

（1）风险识别

对影响系统的各种因素进行分析，确定系统存在的风险。

（2）风险分析与评估

对存在的单个风险进行量化分析，估算风险事件的损失程度与发生的概率，确认风险出现的时间与影响范围，在此基础之上形成风险清单。综合考虑各种风险对项目目标的影响，确定不同风险的严重程度顺序，确定风险应对措施及相应的成本，论证风险防范成本效益。

（3）风险控制

制定风险管理方案，采取措施避免风险的发生或减少风险造成的损失，即降低风险量。

（4）风险监控

在项目实施过程中，评估风险控制工作的效果，及时发现和评估新的风险，监视残留风险的变化情况，在此基础之上对风险管理方案进行调整。

通常情况下，应对风险时应注意：一是采取措施防患于未然，尽可能消除或减轻风险，将风险的发生控制在一定的条件下；二是通过适当的风险转移安排，减轻风险事件发生后对项目目标的影响。

二、城市轨道交通风险分析

从城市轨道交通事故产生的基本原因看来，可以归结为人员因素、设备因素、环境因素和管理因素等，城市轨道交通风险分析如图 9–3 所示。

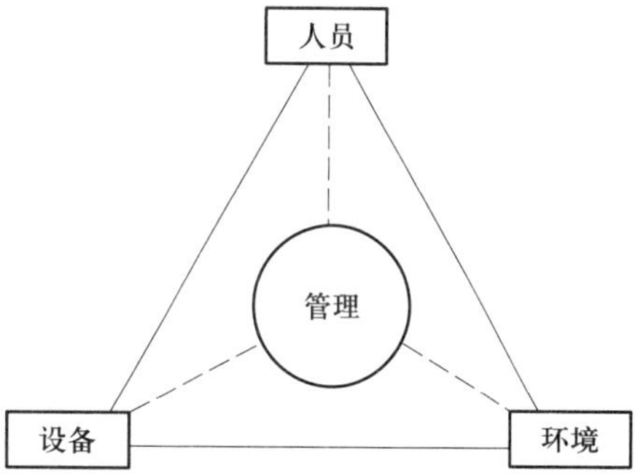

人员
管理
设备
环境

图 9–3　城市轨道交通风险分析

1. 人员因素

影响运营安全的人员因素主要是指人的安全素质，包括思想素质、业务技术水平、生理与心理素质和群体素质，且对不同人员有不同的素质要求。

人员因素是导致城市轨道交通事故的主要原因，一般性事故通常是因为乘客未遵守安全乘车规则，而危险性事故则多由于工作人员未尽到职责。人员因素如图 9–4 所示。

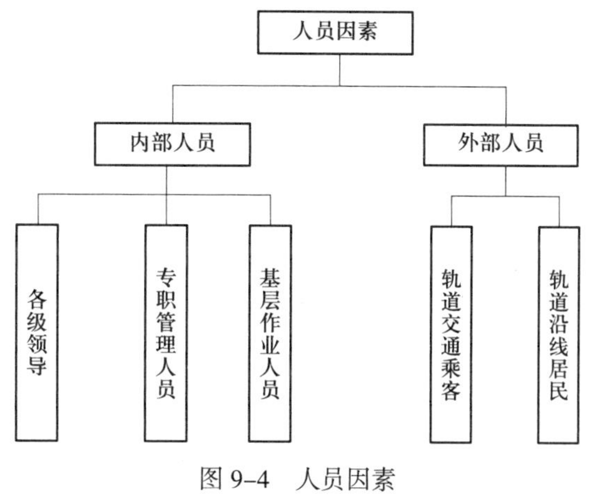

图 9–4　人员因素

2. 设备因素

城市轨道交通安全运营以设备安全运行为基础，设备的不安全状态可能直接或间接使约束、限制风险的措施失效而发生事故。一般情况下，城市轨道交通设备可分为固定设备与移动设备。

（1）固定设备

固定设备主要包括工务设备、机电设备、自动售检票系统、自动扶梯、楼梯、通道等基础设施。

（2）移动设备

移动设备主要包括列车的牵引电动机与制动系统等车辆设备、信号显示与反馈系统等信号设备、监控与调度电话等通信设备、牵引供电和动力照明供电系统等供电设备等。

3. 环境因素

影响城市轨道交通运营安全的另一个重要因素是环境。良好的环境是城市轨道交通安全运营的基础，不良的环境因素是系统发生失控的间接原因。通常情况下，可将影响城市轨道交通安全的环境因素分为内部环境与外部环境，如图 9–5 所示。

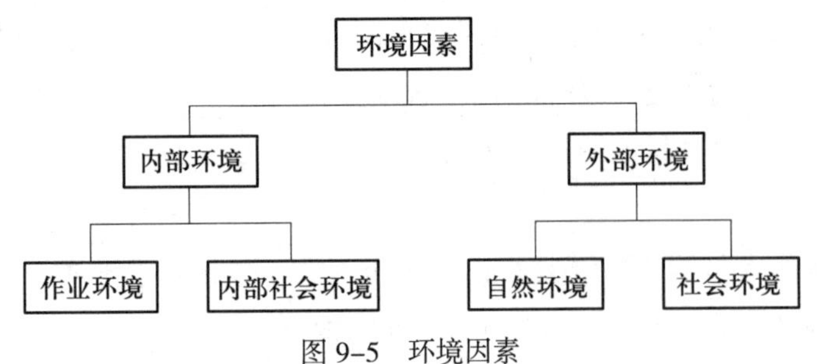

图 9–5　环境因素

（1）内部环境

内部环境主要包括照明、温度、噪声、振动、湿度与通风等作业环境与内部社会环境。其中，通风不畅、隧道散热不良等会导致人员身体不适，电气设备等性能下降会造成设备短路起火，而楼梯、地面湿滑等情况将会给乘客的出行带来一定安全隐患。

（2）外部环境

外部环境则为常见的自然灾害，主要包括地震，以及大雨、大雪、洪水与大风等极端恶劣天气。不良的环境因素组合则构成了轨道交通系统的不安全状态，不仅会威胁列车正常运行秩序，也会对车站运营管理工作造成一定影响。若系统长期处于不良环境下，元件设备还会损坏甚至失灵，危及行车安全。

另外，政治环境、经济环境、技术环境、管理环境、法律环境、社会风气，以及居民家庭环境等社会环境因素也会不同程度地影响城市轨道交通运营安全。

4. 管理因素

所谓管理是指通过计划、组织、领导、控制等手段，结合人力、物力、财力、信息等资源，达到组织目标的过程。影响城市轨道交通运营安全的管理因素主要从管理人员角度考虑，包括安全组织、安全法制、安全技术、安全教育、安全信息和安全资金等因素，如图 9–6 所示。

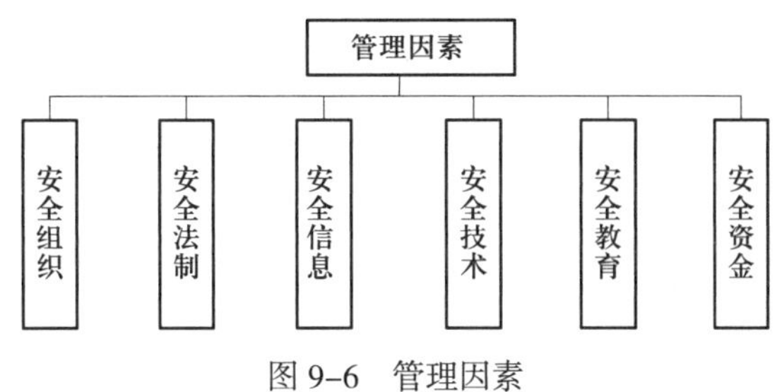

图 9–6　管理因素

（1）专业安全管理

在勘测设计阶段，城市轨道交通系统设计不当很可能造成安全隐患，如暗河、古河道、地下人防设施、地下不明障碍物、承压水地层、复杂地貌条件等各类不良地质条件均可能会潜藏塌方、异常涌水、有害气体堆积等危险。在建设施工阶段，城市轨道交通施工管理不当，也可能导致安全隐患，甚至引发严重的安全生产事故。在运营维保阶段，由于城市轨道交通施工作业多、施工技术要求高、施工机械种类杂、施工环境受约束等原因，导致施工期间易产生安全隐患；另外，施工完毕后，现场处理不清，或遗留施工器具，将会对次日城市轨道交通运营造成严重影响。

（2）客运安全管理

城市轨道交通车站出现乘客过度拥挤现象时，若不及时加以管理与采取措施，或将造成乘客摔倒、踩踏事件。若车站通道与相连开发的地下商业设施等公共场所管理不当，也会产生安全隐患，且会发生连锁事故。车站安检力度不够，将导致乘客违反城市轨道交通运营安全管理的要求，擅自携带易燃易爆、有毒危险物品乘车，形成潜在的安全隐患。因此，客运安全管理应抓住每一个细小疏漏之处，减少事故发生的可能性。

第三节　城市轨道交通事故

一、城市轨道交通危险源与运营状态

1. 城市轨道交通危险源

危险源是指可能造成人员伤害、职业病、财产损失、作业环境破坏或这些情况组合的根源或状态。在城市轨道交通系统中，危险源指影响正常运营、有可能造成人员伤亡、设备

损坏的所有因素，涉及人员、设备、环境与管理各个方面。

根据国内外城市轨道交通事故资料，城市轨道交通危险源包括危险物源、危险能量源与危险功能源三类，由此挖掘所引发的潜在危险状态，可以有针对性地对城市轨道交通运营安全采取管控措施。城市轨道交通系统危险源见表 9–1。

表 9–1　　城市轨道交通系统危险源

编号		危险状态	编号			危险状态
01 碰撞	01	列车与列车碰撞	05 自然灾害	水淹	01	车站（含机房）水淹
	02	列车与轨道上的物体碰撞			02	隧道 / 隧道口 / 地面线水淹
	03	列车与轨道上的人碰撞			03	车辆段水淹
	04	列车与限界碰撞			04	车务控制中心水淹
	05	列车与站台上伸出的物体碰撞			05	主变电站水淹
	06	列车与站台上伸出的人碰撞		地震	06	设计能力可承受地震
	07	列车与车辆段人员碰撞			07	设计能力不可承受地震
	08	站内人员与移动设备碰撞		强风	08	强风使异物入侵动力限界
	09	维修场地人员与移动设备碰撞			09	强风使列车两侧承受极大侧向力
02 脱轨	01	轨道不平顺			10	强风破坏接触网 / 悬挂装置
	02	列车超速行驶	06 外来威胁	01		相邻路面车辆构成的威胁
	03	道岔不到位		02		高架桥梁 / 支柱被路面车辆撞击
	04	轨道上有物体		03		沉降构成的威胁
	05	转向架 / 车轴断裂		04		山体滑坡构成的威胁
03 爆炸	01	乘客携带的易爆品爆炸		05		恶意破坏（如高空抛物）
	02	车辆上的压缩气罐爆炸		06		外来物对接触网构成的威胁
	03	轨道车上的油箱爆炸		07		有害外来物进入车站
	04	变压器 / 整流器爆炸		08		人防设施构成的威胁
	05	车辆段氧气瓶爆炸		09		相邻化工厂 / 输油管 / 加油站爆炸
04 倒塌与侵限	01	隧道衬砌倒塌		10		电磁干扰
	02	高架桥倒塌		11		雷击
	03	车站结构倒塌	07 火灾	01		车站电控箱 / 蒸饭箱失火
	04	车站装饰（含广告牌等）倒塌		02		车站内乘客 / 员工吸烟失火
	05	侵入结构限界 / 动态限界		03		车辆内乘客携带易燃品失火
	06	第一期与第二期动态限界不同		04		轨道上道岔电气设备失火

续表

编号			危险状态
07 火灾		05	变电站供电开关失火
		06	车辆段（含停车场）失火
		07	车务控制中心失火
08 有毒物料		01	列车上释出有毒 / 有害物料
		02	车站内释出有毒 / 有害物料
		03	机房 / 附属建筑释出有毒 / 有害物料
		04	车辆段（含停车场）释出有毒物料
		05	车务控制中心释出有毒 / 有害物料
		06	隧道内释出有毒 / 有害物料
		07	主变电站释出有毒 / 有害物料
		08	有害气体积聚
09 紧急行动		01	列车 / 车站清客
		02	车站疏散
		03	车辆段疏散
		04	车站拥挤
		05	恐怖破坏
		06	列车紧急疏散受阻
10 意外	运行意外	01	人掉进列车与站台间的缝隙
		02	人从列车上跌落轨道
		03	人在列车内跌倒
		04	人被屏蔽门或车门夹住 / 撞击
10 意外	运行意外	05	人被卡在屏蔽门与列车之间
		06	列车脱钩
		07	列车停在超越站台位置
		08	屏蔽门打开时列车移动
		09	接触网断裂跌下触及屏蔽门
		10	列车脱轨撞向屏蔽门
		11	列车运行引起屏蔽门震荡
		12	屏蔽门不能正常开启
	非运营意外	01	人员在扶梯 / 楼梯上跌倒
		02	人员在车站 / 车辆段跌倒
		03	人员在站台跌倒
		04	人员从站台跌落轨道
		05	人员擅入轨道 / 轨旁范围
		06	人员被挤向屏蔽门
11 其他		01	意外停电
		02	意外触电
		03	不正常情况或降级操作
		04	设备积尘发生意外
		05	设备严重受损
		06	乘客行为导致意外
		07	乘客被突出物刺伤 / 划伤

2. 城市轨道交通运营状态

一般而言，城市轨道交通系统存在三种运营状态，即正常运营状态、非正常运营状态与紧急运营状态，如图 9–7 所示。

（1）正常运营状态

正常运营状态是指运营期间的列车运行情况与运行图基本相符的状态。另外，运营期间的运营状态又可分为高峰运营与非高峰运营。针对不同运营状态，城市轨道交通系统应采取不同的客运行车组织方案与运营管理模式。

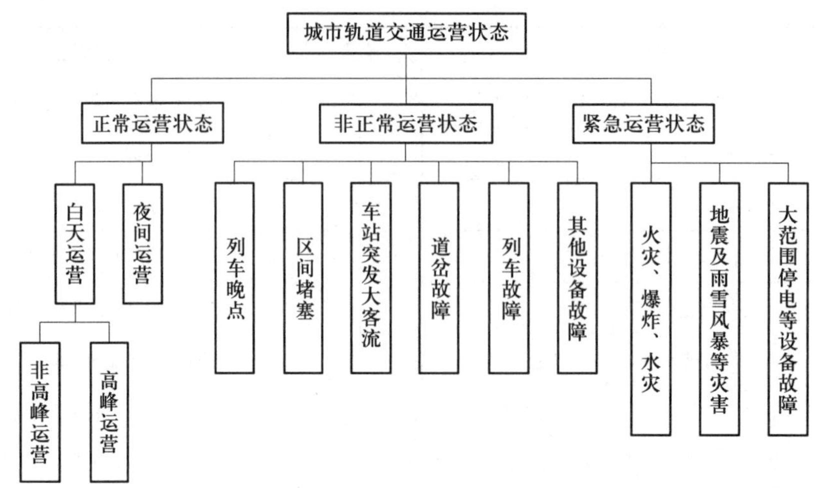

图 9–7　城市轨道交通运营状态

（2）非正常运营状态

非正常运营状态是指因各类原因导致列车晚点、区间堵塞、车站乘客过度拥挤、设备设施故障等影响到正常运营秩序的状态。这种状态可通过行车调度指挥，按照应对方案及时进行调整，在较短时间内使运营恢复正常，不会对乘客人身安全造成影响。

（3）紧急运营状态

紧急运营状态是指城市轨道交通系统发生火灾、爆炸、水灾、地震及雨雪风暴等自然灾害、大范围停电等设备设施故障等情况，导致部分区间或全线无法运营的状态。此类状态有可能造成人员伤亡，必须采取紧急事故处置措施进行自救、减灾与抢险。

二、城市轨道交通事故的定义

城市轨道交通事故是指运营网络内突然发生的，且造成或者可能造成重大人员伤亡、财产损失、行车中断，以及严重危害社会的紧急事件。

实际运营生产中，城市轨道交通事故主要有如下几种：

1. 车辆破损

车辆破损（电客车以一节车辆为基数）一般可划分为报废、大破、中破和小破。其中，报废指直接经济损失为现值的 90% 以上，大破指直接经济损失为现值的 60% ~ 90%，中破指直接经济损失为现值的 40% ~ 60%，小破指直接经济损失为现值的 10% ~ 40%。

2. 列车事故

列车事故主要包括以下几类情况：轨道车单机或挂有平板车进入运营线并编有车次发生的事故，列车和其他调车作业机车与车辆相互冲撞而发生的事故，以及列车在车辆段以调车方式进行摘挂与转线时发生的事故。

3. 冲突

冲突即是指城市轨道交通列车、车辆、轨道车相互间或与设备（如车库、站台、车挡等）及其他车辆间发生冲撞，造成车辆设备破损或破坏。

4. 脱轨

脱轨即是指城市轨道交通电客车、轨道车、平板车的车轮离开钢轨轨面（包括脱轨后自行复轨）。

5. 列车分离

列车分离包括车钩破损分离与车钩自动分离。

6. 挤岔

挤岔是指列车直向通过道岔时，由于道岔位置不正确，尖轨未能与基本轨密贴，车轮在碾压时，将尖轨与基本轨挤开的过程。

7. 列车冒进

列车前端任何一部分越过固定信号显示位置即为冒进，临时变更信号（不论原因）也视为列车冒进。

8. 双线中断行车

双线中断行车是指城市轨道交通上、下行线路中，一条线路发生一站或一区间及以上中断行车的同时，另一条线路也发生一站或一区间及以上中断行车。

9. 单线中断行车

单线中断行车是指城市轨道交通上、下行线路中任何一条线路上发生一站或一区间及以上中断行车。

三、城市轨道交通事故分类

按照事故造成或可能造成的危害程度、人员伤亡、财产损失、影响范围与可控性等情况，城市轨道交通事故由高到低可分为特别重大、重大、较大与一般四级，其中一般事故还可分为 A 类事故、B 类事故、C 类事故与 D 类事故。

1. 特别重大事故

特别重大事故是指符合下列情形之一的事故：造成 30 人以上（含 30 人）死亡，或 100 人以上（含 100 人）重伤；直接经济损失 1 亿元以上（含 1 亿元）。

2. 重大事故

重大事故是指符合下列情形之一的事故：造成 10 人以上（含 10 人）30 人以下死亡，或 50 人以上（含 50 人）100 人以下重伤；直接经济损失 5 000 万元以上（含 5 000 万元）1 亿元以下；轨道交通连续中断行车 24 h 以上（含 24 h）。

3. 较大事故

较大事故是指符合下列情形之一的事故：造成 3 人以上（含 3 人）10 人以下死亡，或 10 人以上（含 10 人）50 人以下重伤；直接经济损失 1 000 万元以上（含 1 000 万元）5 000 万元以下；轨道交通连续中断行车 6 h 以上（含 6 h）24 h 以下。

4. 一般事故

一般事故可分为一般 A 类事故、一般 B 类事故、一般 C 类事故与一般 D 类事故。

一般 A 类事故是指符合下列情形之一的事故：造成 1 人以上（含 1 人）3 人以下死亡或重伤；预计 100 万元以上（含 100 万元）1 000 万元以下的经济损失；轨道交通连续中断行车 60 min 以上（含）6 h 以下。

一般 B 类事故是指符合下列情形之一的事故：造成 5 人以上（含 5 人）轻伤；预计 50 万元以上（含 50 万元）100 万元以下的经济损失；基坑、隧道出现大面积坍塌或发生严重透水等情况，造成城市主干道路交通中断 48 h 以上（含 48 h）；轨道交通连续中断行车 40 ~ 60 min。

一般 C 类事故是指符合下列情形之一的事故：造成 3 人以上（含 3 人）5 人以下轻伤；预计 20 万元以上（含 20 万元）50 万元以下的经济损失；基坑、隧道出现大面积坍塌或发生严重透水等情况，造成城市主干道路交通中断 6 h 以上（含 6 h）24 h 以下；由于地铁施工原因，对地面主要建筑物或构筑物等周边环境或各类重要市政基础设施的安全造成严重影响，产生重大安全隐患，需要组织社会力量紧急抢险；轨道交通连续中断行车 20 ~ 40 min。

一般 D 类事故是指符合下列情形之一的事故：造成 1 人以上（含 1 人）3 人以下轻伤；预计 1 万元以上（含 1 万元）20 万元以下的经济损失；由于地铁施工，对地面主要建筑物或构筑物等周边环境或各类重要市政基础设施的安全造成严重影响，产生重大安全隐患，需要组织社会力量紧急抢险；施工区域发生的各类突发事件尚未对社会公众安全造成影响，且施工单位有能力处理和控制；轨道交通连续中断行车 5 ~ 20 min。

按责任承担方式不同，事故还可分为责任事故与非责任事故。责任事故是指由于有关人员的过失造成的事故。责任事故可进一步分为全部责任事故、主要责任事故与次要责任事故等，或分为肇事者责任事故与管理者（领导者）责任事故等。非责任事故是指由于客观因素或外部原因造成的事故。

四、城市轨道交通事故应急处置

在处置城市轨道交通突发事件过程中，必须牢固树立“安全第一、服务乘客、保畅保通”的思想，坚持“高度集中、统一指挥”的原则，迅速、准确地查明情况，采取有效措施控制事态，减少损失，防止次生灾害的发生，并及时向有关部门报告。在处置突发事件的同时，最大限度地维持运营，并通告相关车站，加强对乘客的宣传、疏导工作，减少突发事件造成的影响。

1. 事故报告流程

城市轨道交通系统发生突发事件后，为降低各类损失，减少事故影响，缩短救援时间，高效准确的请示和报告是事故应急处置过程中的重要环节。事故报告应遵循以下原则：

（1）事故发生后，运营单位应当立即向当地城市轨道交通运营主管部门与相关部门报告，同时通告可能受到影响的单位和乘客。

（2）事发地城市轨道交通运营主管部门接到事故信息报告或监测到相关信息时，应当立即进行核实，对事故的性质与类别进行初步认定，并按照国家规定的时限、程序与要求向上级城市轨道交通运营主管部门与同级人民政府报告，同时，通报同级其他相关部门与单位。

（3）若事故已经或可能涉及相邻行政区域的，事发地城市轨道交通运营主管部门应当及时通报相邻区域城市轨道交通运营主管部门。

（4）事发地城市及以上地方各级人民政府、城市轨道交通运营主管部门应当按照有关规定逐级上报，必要时可越级上报。

（5）对初判为重大以上级别的事故，省级人民政府与中央交通运输主管部门要立即向国务院报告。

2. 事故报告内容

城市轨道交通运营过程中出现事故时，应将事故情况报告行车主管部门或有关领导，并续报突发事故应急处置的进展情况与相关内容。城市轨道交通突发事故报告应做到“快速准确、有序高效、对口汇报”，需包括以下几方面主要内容：事故单位名称、线别、报告人姓名，事故发生的时间（时、分）和地点（站、区间、百米标、线别等），事故概况、人员伤亡、设备损坏情况及对运营的影响，请求救援的事项，以及其他需要说明的内容。

3. 事故处置措施

发生城市轨道交通突发事故后，应按照“统一领导、属地负责、条块结合、协调联动、快速反应、科学处置”的原则，运营单位应立即实施先期处置，全力控制事件发展态势。同时，各有关地方、部门与单位应根据处置要求进行配合。城市轨道交通事故应急处置措施如下：

（1）人员搜救

发生突发事故后，相关部门应及时调派专业救援队伍与装备赶赴现场，并在事发现场开展以人员搜救为目的的应急救援工作。同时，现场各专业救援队伍应加强联系，密切配合，并做好自身安全防护工作。

（2）现场疏散

应立即按照突发事故应急预案进行人员疏散工作，组织引导现场人员迅速、有序地撤离事发地点，并对受影响的城市轨道交通沿线站点实施客流管控工作，必要时采取分区封闭、警戒等措施。

（3）乘客接驳

发生突发事故后，应根据疏散乘客数量与轨道交通运营情况，及时与公共交通运营单位联系，调配公交车辆进行乘客接驳工作，缩短沿线公交车行车间隔，做好乘客转运工作。另外，若影响邻线轨道交通运营秩序时，应组织好乘客换乘，必要时关闭换乘通道，维护正常运营秩序。

（4）交通疏导

设置好地面交通管控区，对事发车站出入口周边交通秩序进行维护疏导，防止引起周边地面交通瘫痪。另外，应开通绿色通道，保障应急救援车辆通行顺畅。

（5）医疗救助

应立即组织当地医疗力量对伤员进行治疗救助，并根据实际需求将重伤员转运到有条件的医疗机构加强救治，增派专家与应急队伍，调配急需医药物资，同时做好伤员与事发现场人员的心理援助工作。

（6）抢险抢修

应立即组织相关专业技术力量进行轨道交通设施与设备的抢修工作，及时开展土建与工务设施等抢险作业，组织车辆应急队伍进行抢险抢修工作，调动机电设备抢修队伍进行事故应急处置。

（7）维护社会稳定

根据突发事故的影响范围、影响程度，划定相应的警戒区域，维护事发现场及周边地区治安秩序。同时，严厉打击借机制造社会恐慌的造谣、传谣等违法犯罪行为，做好各类矛盾纠纷化解与法律服务工作，防止出现群体性事件，维护社会稳定。

（8）信息发布与舆论引导

应采用政府授权发布、记者采访、新闻发布会、专家解读等方式，通过电视、广播、报纸、互联网等多种途径，并利用多种类型新媒体平台，主动、及时、准确、客观地发布突发事件持续动态信息和相关应对工作，及时回应社会关切，澄清不实消息，正确引导社会舆论。

（9）恢复运营

在轨道交通运营突发事故现场处置完毕、次生灾害基本消除的条件下，应及时组织进行重新开通运营的评估工作。当满足恢复运营的条件时，运营单位应尽快恢复轨道交通正常运营。

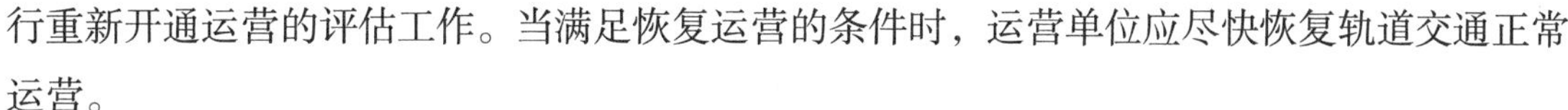

第四节　城市轨道交通安全管理

城市轨道交通运营安全控制一般分为两个阶段，即运营前期安全控制工作与运营过程中的安全控制工作。运营前期安全控制工作是指在城市轨道交通工程建设完成后、开通运营前，运营单位在项目验收、移交过程中必须进行的涉及安全保障问题的工作。运营过程中的安全控制工作是指加强城市轨道交通的运营管理，维护城市轨道交通运营秩序与完善安全管理体系的工作。

一、城市轨道交通安全管理概述

按照事件前后时间节点，安全管理可分为事前安全管理、事中安全管理与事后安全管理三部分。因此，城市轨道交通安全管理也可根据事前、事中与事后三阶段具体开展相关安全管理工作。

1. 安全管理“事前检查验收”

若运营前期的安全控制工作没有做好或出现疏漏，就容易将项目建设期形成的安全隐患带入运营过程。因此，城市轨道交通运营单位必须在开通运营之前，将建设期形成的系统安全隐患排除。

2. 安全管理“过程控制”

安全管理“过程控制”是指围绕城市轨道交通运营生产工作的全过程进行全方位的安全控制，以“安全第一、预防为主”为原则，积极采取有效措施，将事后补救变为事前预防，体现与强化安全运营的“过程控制”。同时，要在第一时间对事故做出反应，降低事故损失。

3. 安全管理“事后控制”

安全管理“事后控制”即是针对城市轨道交通运营生产过程中所发生的事故不断完善应急处置机制与处置程序，增强抢险救援能力和突发事件处理水平，针对事故中暴露出的安全隐患，及时进行排查、整治，保障系统设施设备始终处于良好的状态。

为加强城市轨道交通运营安全生产管理，有效地防范与减少运营生产事故的发生，根据《中华人民共和国安全生产法》《城市轨道交通运营管理办法》及相关法律法规，制定城市轨道交通运营企业领导干部的安全管理与事故责任追究的相关规定，并加以贯彻执行。

城市轨道交通运营企业应以运营主业单位安全责任风险抵押制度为抓手，坚持领导干部安全责任追究制度，对 15 min 以上晚点无理由追究相关单位与领导责任，进一步强化安全激励、约束机制。

二、城市轨道交通对象安全管理

城市轨道交通对象安全管理主要包括人员安全管理、设备安全管理、环境安全管理和作业安全管理。

1. 人员安全管理

为了实现城市轨道交通运输安全，人员安全管理通常以掌握生产规律、自然规律、职工思想变化规律、人员生理心理变化规律为要求，将安全教育培训等工作融入城市轨道交通运营的全过程中，有预见地做好事故预想和预防工作，通过各种形式和方法，对系统内人员进行日常性的安全教育。

（1）加强安全教育工作

应通过安全教育使基层作业人员和各级管理人员牢固树立“安全第一”思想，强化“预防为主”意识，正确处理轨道交通安全与效率、效益的关系。应加强学习城市轨道交通运营生产特点、安全特性、设备性能、专业作业方法及规范要求、事故成因及预防等，掌握运营安全管理体制和各部门安全管理体系的构成与运作、事故预测与预防，以及安全系统评价。

（2）加强安全技能培训

安全技能培训是通过对作业人员进行长期、反复训练及本人实践，把所学到的安全知识转化为动手能力的过程。另外，相关人员应学习与掌握城市轨道交通事故应急处理知识、自我保护和自救互援、事故现场保护方法，以及事故应急处理演习等，有效防止城市轨道交通事故损失扩大，为清理事故和迅速恢复正常运输秩序创造有利条件。

（3）提高人员安全管控

在城市轨道交通系统从业人员安全管理与控制方面，应大力进行职工队伍的思想道德和职业道德教育，对违反作业标准、规章制度的人与事，必须实事求是地予以批评教育，根据损失和责任大小对事故责任者给予相应处罚。应全面强化职工业务培训，特别是非正常情况下作业技能和设备故障应急处理能力培训，落实作业标准化。应提高安全管理人员的综合素质，要求安全管理人员具备良好的思想、业务和身心素质。

（4）构建人员生理心理安全保障体系

应构建运输人员生理心理安全保障体系，建立并逐步完善人员生理、心理指标体系及其标准，加强对运行主要工种人员的选拔与管理。

2. 设备安全管理

城市轨道交通设备安全管理主要针对加强设备维保、提升设备管理、提高基础设备和技术设备性能等方面，开展安全管理的相关工作。

3. 环境安全管理

城市轨道交通环境可分为内部环境与外部环境两个部分，其中内部环境包括作业环境以及由管理行为营造的内部社会环境，外部环境包括自然环境与外部社会环境。通常情况下，作业环境与内部社会环境是可控的，而外部社会环境与自然环境是不可控的，但可通过改善可控的内部小环境适应不可控的外部大环境，保持工作秩序良好，保障职工身心健康，保证城市轨道交通运营安全。

4. 作业安全管理

城市轨道交通运营安全管理不仅应健全安全法律法规与建立安全管理制度，还应将现场作业安全管理作为运营安全管理的出发点与落脚点，严格执行标准化作业和有安全保障措施的非正常情况下作业。

（1）健全安全法律法规

为保障城市轨道交通运输安全，必须将其纳入法制化的管理。因此，应及时制定关于城市轨道交通运输安全的法规、法令，做到有法可依、执法必严、违法必究，从而提升和增强相关人员的文明程度和法制观念。

（2）建立安全管理制度

加强城市轨道交通安全生产，应不断建立与完善安全管理制度，不断提高科学管理水平，积极探索先进的管理方法与手段，运用系统工程的方法分析、评估和控制风险，改进人员、设备、环境和管理等因素，稳定城市轨道交通运营安全状态。

（3）科学制订和完善作业标准

为确保正常情况下的运输安全，需要对运营过程中的重复性作业制定标准，并通过标准的发布与实施实现统一管理，只有在组织、制度、措施与监控等方面严格管理，才能使标准化作业得以实现并持之以恒。

（4）控制非正常情况下的作业

非正常情况下，由于部分作业标准无法得到实施，不得不执行特殊规定，稍有不慎，极易造成事故。非正常情况下的作业控制主要针对非正常情况下的作业特点，采取相应的安全措施与办法。

思考与练习

1. 哪些因素会对城市轨道交通公共安全构成威胁？

2. 城市轨道交通系统风险因素分析包括哪些方面?
3. 城市轨道交通事故有哪些?
4. 简述我国城市轨道交通事故报告流程与内容。
5. 城市轨道交通运营安全管理有哪些具体措施?